Tausend Welten

Uwe Jean Heuser

TAUSEND WELTEN

Die Auflösung der Gesellschaft im digitalen Zeitalter

Berlin Verlag

© 1996 Berlin Verlag
Verlagsbeteiligungsgesellschaft mbH & Co KG
Berlin
Alle Rechte vorbehalten
Umschlaggestaltung: Nina Rothfos und Patrick Gabler, Hamburg
Gesetzt aus der Stempel Garamond und der Frutiger
Druck & Bindung: Friedrich Pustet, Regensburg
Printed in Germany 1996
ISBN 3-8270-0208-7

Gedruckt auf chlor- und säurefreiem Papier

Meinem Vater, natürlich

INHALT

EINLEITUNG

Mit seiner These vom globalen Dorf avancierte Marshall McLuhan zum Medienguru der sechziger Jahre. Der Kanadier, ausgestattet mit einem formidablen Gespür für technologische Trends, versprach sich von der Informationsgesellschaft das Ende der Fragmentierung: Elektronische Medien würden sämtliche Barrieren überwinden und überall neue Zusammenhänge zwischen Menschen und Kulturen schaffen.

In einer Weise hat McLuhan recht behalten. Tatsächlich stellen vernetzte Computer heute beinahe automatisch immer neue Verbindungen zu verwandten Informationen, zu weiteren Quellen und Personen her. Rund um den Globus können Netzreisende miteinander kommunizieren, elektronische Gemeinschaften bilden, sich alle erdenklichen Daten beschaffen. Immer weniger hängen sie von dem Ort ab, an dem sie leben, von lokalen Institutionen und Informationskanälen.

Von dieser Seite aus betrachtet führt die digitale Revolution einen riesigen Befreiungsschlag: Mit Hilfe des Computers schafft sich der Mensch vollkommen neue Horizonte. Aber die gegenläufige Entwicklung hat der kanadische Schnelldenker vernachlässigt, und genau sie spielt in diesem Buch die Hauptrolle: Während die Menschen in der neu geschaffenen digitalen Welt Verbindung über Verbindung knüpfen, erleben wir eine beispiellose Fragmentierung unserer vertrauten Welt. Auf dem Weg in die Informationsgesellschaft lösen sich soziale Institutionen auf, das Fundament des Sozialstaats bröckelt unter dem Einfluß technologischer und ökonomischer Kräfte, weitverbreitete Formen von Gemeinschaft und Solidarität gehen verloren. Im digitalen Zeitalter wird es dem einzelnen leichter fallen, sich solchem Miteinander zu entziehen, das ihm unangenehme Pflichten und Lasten auferlegt.

Schöne neue Welt – häßliche neue Welt: Nicht nur die Arbeitswelt wandelt sich grundlegend und läßt die gewohnten Muster des industriellen Zeitalters hinter sich, sondern auch unser Konsum und unser Sozialleben. Überall trifft man auf ähnliche Auflösungserscheinungen: Während alte Formen des Gemeinsamen verlorengehen, müssen neue sich erst entwickeln. Im Vergleich zur Industriegesellschaft wird die Informationsära daher zunächst einmal unsicherer. Ihr höchster Wert ist Flexibilität. Stabilität durch feste berufliche Karrieren und ein gleichbleibendes soziales Umfeld sind hingegen Errungenschaften des späten industriellen Zeitalters, die immer schwerer zu finden sein werden. Wer trotzdem darauf besteht, muß einen steigenden Preis für diesen Luxus bezahlen.

Dieses Buch zeichnet Konturen der Gesellschaft, auf die wir uns einlassen sollen. Es spürt den technologischen Kräften nach, die in seltener Eintracht mit ökonomischen Tendenzen unser Leben verändern. Es zeigt aber auch, daß diese Kräfte nur eine grobe Richtung vorgeben und keinen bestimmten Weg. Den muß jede Gesellschaft mit ihrer Kultur, ihren sozialen Traditionen und gemeinsamen Glaubenssätzen selbst finden. Eine einheitliche oder gar optimale Form von Informationsgesellschaft – unabhängig von den Gegebenheiten eines Volkes oder einer Region – gibt es nicht. Wer das behauptet und sich dabei auf die Zwänge der Techologie und des weltweiten Wettbewerbs beruft, ist ein Determinist. Und die hatten noch immer unrecht.

Der Weg in die Informationsgesellschaft ist vielmehr eine wirtschaftliche und soziale Entdeckungsreise. Bevor man aber die dabei entstehenden Freiräume ausleuchten kann, muß man sich mit einer anderen Erkenntnis auseinandersetzen: daß neben den phantastischen Möglichkeiten, den neuen Horizonten, die das digitale Zeitalter eröffnet, auch Verluste auftreten werden, daß nicht nur neue Optionen entstehen, sondern auch alte wegfallen. Die Industrieländer sind auf dem Weg in eine Zukunft, in der traditionelle Gemeinschaften, Solidaritätsformen, Klassen nur mehr wenig zählen werden: Sie sind auf dem Weg in eine fragmentierte, in eine zersplitterte Gesellschaft. Aus dieser wieder herauszufinden – das ist die Kardinalaufgabe, vor die uns die vernetzte Zukunft stellt.

1 DIE MACHT DER IDEEN

In welcher Gesellschaft leben wir eigentlich? Auf diese etwas abenteuerliche Frage würden die meisten wohl antworten: in einer modernen demokratischen Gesellschaft der ersten Welt, in einem Industrieland. Auch Zeitungen bezeichnen die führenden Volkswirtschaften nach wie vor als Industriestaaten – ihr Ausdruck der höchsten ökonomischen und sozialen Entwicklungsstufe. Und wenn von einem G7-Gipfel die Rede ist, spricht man wiederum von einer »Konferenz der sieben führenden Industrienationen«.

Das alles ist ein riesiger Irrtum – und nicht nur ein semantischer. In den sogenannten Industrieländern wie Japan, den Vereinigten Staaten oder Deutschland arbeitet heute im Durchschnitt nicht einmal mehr jeder Dritte in der Industrie. Nur noch eine Minderheit der Erwerbstätigen stellt tatsächlich etwas her. Die große Mehrheit verdient ihr Brot mit der einen oder anderen Form von Dienstleistung. Ob Bankangestellter, Versicherungskauffrau, Verkäufer, Programmiererin, Redakteur oder Sekretärin – immer mehr Menschen arbeiten im sogenannten tertiären Sektor der Wirtschaft. Und immer mehr Menschen verdienen ihr Geld im Umgang mit Informationen und Wissen. Sie schaffen Informationen, suchen sie, verarbeiten sie, verwalten sie, verkaufen sie. Statt mit Rohstoffen haben sie es tagein, tagaus mit Symbolen zu tun.

Vor allem dieser Trend, den so viele nach wie vor zu ignorieren scheinen, hat den bekannten amerikanischen Sozialwissenschaftler Daniel Bell schon Mitte der siebziger Jahre dazu angeregt, ein Buch über die Geburt der »nachindustriellen Gesellschaft« zu schreiben. Bei seinem »Versuch in sozialer Vorhersage« kommt Bell zu dem Schluß, daß in den Industriegesellschaften, allen voran in den Vereinigten Staaten, eine völlig neue Sozialstruktur entstehen werde. Sein Landsmann Alvin Toffler, der ebenso erfolgreiche wie umstrittene Zukunftsforscher, erreichte Anfang der achtziger Jahre mit seinem Buch über die »Dritte Welle« noch wesentlich größere Aufmerksamkeit.[1] Gemeinsam mit einigen anderen Autoren wollten beide darlegen, daß der Abschied von der Industriegesellschaft nicht nur eine oberflächliche Veränderung ist, sondern eine tiefgreifende Revolution, daß es nicht nur um eine neue ökonomische Kategorie geht, sondern um einen dramatischen Wandel des wirtschaftlichen und sozialen Fundaments der ehemaligen Industrieländer. Ihre Diagnose: Die Zeitenwende ist vergleichbar mit dem Übergang von der Agrar- zur Industriegesellschaft im vergangenen Jahrhundert. Damals begannen sich die wichtigsten sozialen Institutionen, allen voran die Großfamilie, aufzulösen – und entsprechende neue Strukturen wurden erst langsam entwickelt.

Trotz ihres Publikumserfolges lösten die Bücher von Bell und Toffler erstaunlich wenig Diskussionen aus. Die achtziger Jahre sahen kaum öffentliche Auseinandersetzungen über die Umwälzung der gesellschaftlichen Grundlagen. Und die führenden Politiker hierzulande wie in den anderen sogenannten Industriestaaten handelten so, als ob das alte, industrielle Paradigma noch stehe. »Statt eine Diskussion in Gang zu bringen, scheint Tofflers Buch das Ende markiert zu haben. In den achtziger Jahren gab es nur relativ wenige beachtenswerte Beschreibungen der nachindustriellen Position«, schrieb Fred Block 1990.[2] Fachleute, die sich mit dem Thema befaßt hatten, so der Sozialwissenschaftler aus dem kalifornischen Berkeley weiter, hätten sich schließlich völlig anderen Fragen zugewandt – in dieser Hinsicht eine ziemlich traurige intellektuelle Bilanz der achtziger Jahre.

Politiker ebenso wie Gewerkschafter und andere wichtige gesellschaftliche Gruppen haben die ersten Warnzeichen geflissentlich übersehen, während der Wandel sich immer weiter beschleunigt hat – und zwar nicht zuletzt durch den Computer. Die digitale Revolution hat diesen Wandel zwar nicht angestoßen, ihn aber vielfach verstärkt und in eine bestimmte Richtung gelenkt. Zum einen hat der Siliconchip die Automation in den allermeisten herstellenden Unternehmen enorm vorangetrieben. Das Extrem dieser Entwicklung sind die menschenleeren, hypersauberen Fabrikhallen, in denen Industrieroboter ihren programmierten Dienst versehen. Dementsprechend haben immer weniger Menschen in den Industrieunternehmen Arbeit gefunden, und die Gesellschaft hat sich stetig in Richtung einer Dienstleistungswirtschaft entwickelt.

Zum anderen hat der Computer die zentrale Rolle bei der schnellen Ausweitung der Ideenökonomie gespielt – einer Umwälzung, die dabei ist, eherne volkswirtschaftliche Gesetzmäßigkeiten außer Kraft zu setzen. Das wichtigste Element dieses schnell wachsenden Teils unserer Wirtschaft ist Software. Die Ideenökonomie kennzeichnen Produkte, die vollständig oder zu großen Teilen aus Software bestehen – oder, in anderen Worten, aus Ideen, die sich in irgendeiner Form kodifizieren und an andere weitergeben lassen. Dazu gehören technische Zeichnungen, Blaupausen, Gebrauchsanleitungen und wissenschaftliche Prinzipien ebenso wie Filme, Bücher, Schallplatten – und natürlich Computerprogramme. Software läßt sich als Text oder Zeichnung auf Papier speichern, als Bilderfolge auf Film oder eben immer effizienter als Folge von Bits auf Computerspeichern.

Computersoftware – das sind zunächst Betriebssysteme und Anwendungsprogramme, die bei immer mehr Menschen das Arbeits- und, in weit geringerem Maß, auch das Privatleben regieren. Mittlerweile bestimmt einfache bis hochkomplizierte Software die Arbeitsabläufe in Unternehmen – von der Texterfassung und Bilanzierung bis hin zur gesamten Aufgabenverteilung in Verwaltungen. In einer Reihe von Haushalten rückt der Personalcomputer ebenfalls ins Zentrum des Schreibens, Lernens, Spielens. Abseits dieser klassischen Programme sind Filme, Fernsehsendungen, Videospiele oder Bücher Ideenprodukte, die vermehrt am Computer entstehen und über ihn weitergegeben werden.

Wie auch immer sie ausgedrückt und gespeichert wird – Software hat eine ökonomisch merkwürdige Eigenschaft: Man kann sie nicht aufbrauchen. Ist sie erst einmal entwickelt und gespeichert, läßt sie sich beliebig oft reproduzieren, verteilen und von einer nicht näher bestimmten oder a priori begrenzten Zahl von Menschen gleichzeitig nutzen.

Das von Software bestimmte Ideengeschäft folgt daher einer schlichten Regel: Je öfter man eine Idee verwenden und in Produkte umsetzen kann, desto besser. Wenn die grundlegende Idee erst einmal entwickelt ist, kostet es in der Regel ausgesprochen wenig, sie auf Magnetdisks, CD-ROM-Platten oder über digitale Netze weiterzuverbreiten. Windows 95, das jüngste Betriebssystem für Personalcomputer von Marktführer Microsoft, kostet nicht etwa deshalb soviel, weil Speicherplatten so teuer wären. Im Gegenteil: Den Materialwert des Pakets kann man getrost vernachlässigen. Das Teure daran ist die Software selbst, beziehungsweise deren Entwicklung. Wer sie kontrolliert, kann enorme Profite erzielen. Weil die Herstellung und Verteilung jeder weiteren Windows-Packung wenig kosten, konnte Microsoft-Gründer Bill Gates zu einem der reichsten Menschen in der westlichen Welt werden. Er besitzt die dominante Idee und macht daher die größten Gewinne.

Die neuen Erklärungsmuster sind nicht begrenzt auf die Medien- und Computermärkte. Darüber hinaus regiert Software in solchen Produkten, die wir nach wie vor als reine Hardware ansehen. Ein Beispiel dafür sind Automobile, in denen immer mehr Mikrochips ihren Dienst tun – und das nicht nur in Zusatzgeräten wie dem Radio oder dem digitalen Autotelephon. Angefangen bei der Benzineinspritzung über Bremssysteme bis hin zu Vorrichtungen gegen Diebstahl übertragen die Autobauer dem Chip mehr und mehr Funktionen. In vieler Hinsicht wird das Auto insgesamt zu einem »intelligenten Produkt«.

In etlichen Wirtschaftszweigen gilt es mittlerweile als wichtigstes Erfolgsrezept, den Wert der einzelnen Produkte durch mehr Software zu vergrößern. Früher waren intelligente Produkte »eher eine Rarität«, schreiben die Amerikaner Stan Davis und Jim Botkin, »heute sind sie relativ verbreitet; allerdings denken die meisten Leute dabei an High-Tech-Produkte. Aber selbst die allergewöhnlichsten Dinge können intelligent sein.«[3] Den Autoren geht es um Produkte, die Informationen über ihre eigenen Möglichkeiten aufnehmen und sie dem Benutzer auf praktische Weise mitteilen oder direkt in Reaktionen umsetzen. Kühlschränke, die sich, wenn es notwendig wird, selbst abtauen, sind dafür ein älteres Beispiel, Winterjacken, die warm werden, wenn sie der Kälte ausgesetzt sind, ein neueres. Dazu gehören ebenso Automobile, deren Bordcomputer Verkehrsinformationen aufnehmen und dem Fahrer den besten Weg weisen. Mehrwert durch Informationen schafft auch ein Postunternehmen wie Federal Express, das seinen Kunden jederzeit den aktuellen Standort ihrer Pakete mitteilen und nachweisen kann. Über einen vernetzten Computer können die Kunden nun selbst den Verbleib ihrer Sendung recherchieren – so spart die amerikanische Paketfirma schon jetzt einige Millionen Mark im Jahr, weil sie einen Teil der Kunden dazu bringt, die teure Informationsarbeit mit Freuden selbst zu übernehmen.

Ideenprodukte hat es schon immer gegeben. Doch während sie über Jahrhunderte nur einen relativ kleinen Teil des Wirtschaftens ausmachten, bestimmen sie heute immer stärker die Wertschöpfung in den verschiedensten Branchen. Rohstoffe und andere Ingredienzen klassischer Produkte spielen dementsprechend eine geringere Rolle. Das beliebteste Beispiel dafür sind Mikrochips – sie bestehen bekanntlich aus Sand, einem überaus billigen und nicht gerade knappen Rohstoff.

Dieser Umbruch hat einige Wirtschaftswissenschaftler dazu

gebracht, ihrerseits umzudenken. Nach klassischem Verständnis gehen in die Produktion drei Faktoren ein: Arbeit, Rohstoffe und Kapital. Software kommt in diesem Konzept nicht vor, und in gewisser Weise paßt sie auch nicht zu den anderen Ingredienzen, denn diese lassen sich aufbrauchen: Um mehr zu produzieren, muß man mehr von ihnen einsetzen. Und je mehr man von jedem dieser sogenannten Inputfaktoren einsetzt, desto weniger trägt jeder zusätzliche Einsatz bei. Ökonomen bezeichnen das Phänomen als Gesetz abnehmender Grenzerträge.

Software als Bestandteil von Produkten läßt sich dagegen wieder und wieder einsetzen, ohne daß man mehr davon brauchte. Und während es bei traditionellen Gütern ab einem bestimmten Punkt immer teurer für ein Unternehmen wird, noch weitere Einheiten herzustellen, kann der Produzent Software-intensiver Güter kaum genug Einheiten herstellen, weil der weitere Einsatz des wichtigsten Inputfaktors ihn nichts mehr kostet. Das ist eine der wichtigsten Regeln für diesen Teil der Wirtschaft, der – von den materiellen Einsatzfaktoren her gesehen – vor allem auf Sand baut.

Die Softwaremärkte entsprechen freilich kaum noch dem Idealbild des Wettbewerbs. Danach teilen sich mehrere Wettbewerber die Produktion für einen bestimmten Markt, weil es für jeden einzelnen zu teuer wäre, die gesamte Nachfrage zu befriedigen. Bei Softwareprodukten wird die Herstellung dagegen immer billiger, je mehr ein einzelnes Unternehmen produziert. Insofern haben diese Märkte eine stärkere Tendenz zum Monopol oder zur Beherrschung durch wenige Anbieter als die meisten Märkte für klassische Industriegüter.

Unterhaltungskonzerne machen es vor: Ideen lassen sich wieder und wieder verwenden. So haben es sich die großen Hollywoodstudios zur Regel gemacht, erfolgreiche Filmideen möglichst vielfältig zu nutzen: in unendlich vielen Fernsehwiederholungen rund um den Globus, in Videospielen, die auf den Filmen beruhen, in Vergnügungsparks wie Disney Land, in hinterher verfaßten Büchern zum Film oder zur Serie, in allen möglichen Spielzeugen und Kleidungsstücken. Die Idee ist nun einmal da, und ihre Wiederverwendung ist kostenlos. Damit vergrößert Hollywood freilich auch seinen Vorsprung gegenüber den kleineren nationalen Filmwirtschaften Europas.

Seit einiger Zeit schon betont der in Kalifornien tätige Wirtschaftstheoretiker Paul Romer die ständig wachsende Bedeutung von Software – und damit auch der Ideenökonomie. Die klassische Dreiteilung in Arbeit, Rohstoffe und Kapital ersetzt er für das Computerzeitalter durch die Kategorien »Hardware, Software und Wetware«.[4] Im Gegensatz zur Software gehorchen Hardware und Wetware weiterhin den alten Produktionsgesetzen. Dem Konzept zufolge bezeichnet Hardware alle physischen Objekte, die in einer Produktion gebraucht werden: Maschinen einschließlich des Computers, Rohstoffe, Infrastruktur und so weiter. Und »Wetware« ist ein anderer Ausdruck für das, was Ökonomen in ihrer oft unpersönlichen Sprache als Humankapital bezeichnen: das Wissen, die geistigen Fähigkeiten und Erfahrungen der Mitarbeiter. Der auch nicht gerade glücklich gewählte Ausdruck Wetware soll, so Romer, »alle Dinge beinhalten, die im nassen (wet) Computer des menschlichen Gehirns gespeichert sind«.

Romers Modell ist noch nicht der Weisheit letzter Schluß, aber es zeigt den Wandel. Auch das industrielle Modell war ja nie die ganze Wahrheit, zu jeder Zeit gab es Ideenprodukte. Entsprechend ist der jüngste Wandel zu verstehen: Nicht daß die Produktion klassischer Prägung völlig verschwindet, doch sie verliert weiter an Bedeutung und ist nicht mehr das bestimmende Moment moderner Volkswirtschaften. Wettbewerbsvorteile entstehen nun durch Ideen. Mehr und mehr bestimmt die Software über den Wert von Gütern und über die Wettbewerbsstellung eines Unternehmens wie auch der gesamten Volkswirtschaft. »Bei jedem Schritt von heute an ist es Wissen, nicht billige Arbeit, sind es Symbole und nicht Rohstoffe, die zusätzlichen Wert erzeugen«, schreibt Alvin Toffler.[5] Anders als zu Beginn der achtziger Jahre kommen solche Aussagen nicht mehr von einsamen Rufern in der Wüste. Auch traditioneller orientierte Ökonomen schließen sich dieser Erkenntnis an. So kommt MIT-Professor und Bestsellerautor Lester Thurow in seinem neuesten Buch zu folgendem Schluß: »Wissen und Fähigkeiten beiben nunmehr als einzige Quelle komparativer Vorteile übrig. In der Vergangenheit war es möglich, mehr natürliche Rohstoffe oder mehr Kapital zu haben als ein Konkurrent. Heute kann man nur mehr Wissen haben als der Konkurrent.«[6]

Schon Ende der fünfziger Jahre hat der kalifornische Managementdenker Peter Drucker daher den Begriff des Wissensarbeiters geprägt, dessen Hauptaufgabe es sei, Ideen produktiv ein- und umzusetzen. Vom Programmierer über den Unternehmensberater bis zum Neurochirurgen sind es Menschen, die bei der Arbeit vor allem auf ihr analytisches und konzeptionelles Wissen angewiesen sind. Sie haben gelernt zu lernen und können ihr Wissen so ständig erneuern, ausweiten oder revidieren. Drucker sprengt damit die alte Zweiteilung in körperliche und geistige Arbeit, in Hand- und Kopfarbeit. In vielen Fällen brauchen Wissensarbeiter auch handwerkliche Fertigkeiten, um geistige Kenntnisse umzusetzen. Dagegen nimmt das Gewicht rein physischer Arbeit kontinuierlich ab – ein Phänomen, das auch in Romers Wetware-Konzept zum Ausdruck kommt. Immer mehr Jobs verlangen neue geistige Fähigkeiten, neues Wissen.[7]

Peter Drucker schätzt, daß die Wissensarbeiter bis zum Ende des Jahrzehnts in Amerika mindestens ein Drittel aller Jobs innehaben werden – eine Entwicklung, der Europa folgen dürfte. Das ist gegenüber den klassischen Industriearbeitern und Dienstleistern immer noch eine Minderheit, aber in vieler Hinsicht die dominierende Minderheit. Immer mehr Jobs erfordern zumindest teilweise Wissensarbeiter. Die allermeisten Arbeitsstellen, die neu entstehen, fallen ebenfalls in diese Kategorie – und allemal die gut bezahlten. Die neuen Jobs, so die Erwartung von Peter Drucker, »verlangen Qualifikationen, die Industriearbeiter nicht besitzen und nur schwer erwerben können. Sie verlangen einen

Gutteil formaler Bildung und die Fähigkeit, theoretisches und analytisches Wissen anzuwenden. Sie verlangen einen anderen Arbeitsansatz und einen anderen gedanklichen Zugang. Vor allem aber setzen sie fortwährendes Lernen voraus. Entlassene Industriearbeiter können daher nicht einfach zur Wissensarbeit oder zu Dienstleistungen wechseln, anders als früher arbeitslose Farmer und häusliche Arbeitskräfte, die Industriearbeiter werden konnten. Zumindest werden sie ihre grundlegende Haltung, ihre Werte und Einstellungen revidieren müssen.«[8]

Danach entscheiden die modernen Wissensarbeiter nicht nur über die Wettbewerbsfähigkeit einer Volkswirtschaft. Folgt man Druckers Szenario, dann sind sie auch die wohlhabende und dominierende gesellschaftliche Klasse der Zukunft. Sie verfügen über die Ideen und Konzepte, die künftig Kapital, Rohstoffen und körperlicher Arbeit den ökonomischen Rang ablaufen werden. Um Drucker noch einmal zu zitieren: »Die Produktivität der Wissensarbeit, die immer noch extrem gering ist, wird zur wirtschaftlichen Herausforderung der Wissensgesellschaft. Davon wird die Wettbewerbsposition jedes einzelnen Landes, jeder einzelnen Industrie und jeder einzelnen Institution in der Gesellschaft abhängen.«[9] Zwischen Wissensarbeitern auf der einen und traditionellen Industriearbeitern und Dienstleistern auf der anderen Seite drohe ein neuer Klassenkonflikt. Dabei werde die Produktivität der klassischen Erwerbstätigen »zur sozialen Herausforderung der Wissensgesellschaft. Von ihr wird die Fähigkeit dieser Gesellschaft abhängen, denjenigen, die nicht als Wissensarbeiter tätig sind, anständige Einkommen und damit auch Würde und Status zu geben.«

Die Wissensarbeit verändert ebenso das Machtverhältnis zwischen Mitarbeitern und Unternehmen, verändert die relativen Positionen von Arbeit und Kapital. Darin stimmen die Theorien und Vorhersagen der meisten Postindustrialisten überein.[10] Wissensarbeiter haben weitaus größeren Einfluß als die Arbeitnehmer der Industriegesellschaft. Sie tragen den wichtigsten Produktionsfaktor allzeit mit sich: viele Jahre Ausbildung und

Erfahrung. Ohne dieses Wissen sind alle anderen Faktoren in der Ideenökonomie mehr oder weniger unproduktiv. Peter Drucker geht davon aus, daß sich damit unser Verständnis des Kapitalismus grundlegend wandelt. Kapitalisten stellen traditionellerweise die Hardware bereit. Doch wenn ihre Maschinen und Fabriken an Bedeutung verlieren und statt dessen die Wissensarbeiter den Unterschied ausmachen, sinkt der Einfluß der Kapitalisten: Das entscheidende Produktionsmittel gehört nicht mehr ihnen, sondern den Mitarbeitern. Und dieses Produktionsmittel, die individuelle Kombination von Ausbildung, Erfahrung und Wissen, kann auch nicht in das Eigentum eines anderen übergehen.

Tatsächlich hat eine solche Welt mit dem Kapitalismus, der im neunzehnten Jahrhundert Karl Marx zu seiner Fundamentalkritik veranlaßte, nicht mehr viel gemein. Marx beklagte, daß der Kapitalismus, so wie er ihn kannte und wie er zu Beginn der Industriegesellschaft herrschte, die Arbeiter entfremde. Sie konnten die wichtigen Produktionsmittel, vor allem die Maschinen für die industrielle Massenherstellung, weder besitzen noch mit sich nehmen. Darin liegt der Kern des Konflikts zwischen Arbeit und Kapital. Soweit nun das Konzept der Wissensarbeit zutrifft, geht die Grundlage für diesen industriellen Klassenkonflikt verloren. Das wichtigste materielle Produktionsmittel der Wissensarbeiter ist nicht die Dampfmaschine oder das Fließband, sondern der Personalcomputer, ein Gerät, das jeder für sich nutzt und das die meisten Menschen sich durchaus auch selbst leisten können.

Aus gutem Grund haben sich nicht nur Anwaltskanzleien, sondern auch große Beratungsfirmen oder Werbeagenturen als Partnerschaften organisiert. Ihre Mitarbeiter und deren Wissen sind der entscheidende Produktionsfaktor. Einige Managementdenker und Zukunftsforscher sehen in der Partnerschaft darüber hinaus einen betriebswirtschaftlichen Trend. Dort werden wichtige und erfahrene Mitglieder der Organisation Teilhaber, und das Unternehmen gehört vollkommen denen, die erfolg-

reich für Firmenkunden arbeiten. Freilich gehören Anwaltskanzleien und Unternehmensberater zu den extremen Wissens-
branchen, in denen alleine Mitarbeiter zählen und Hardware
überhaupt keine nennenswerte Rolle mehr spielt. Andere Branchen mit einer weniger extremen Struktur werden andere, neue
Organisationsformen brauchen, um dem wachsenden Einfluß
der Wissensarbeiter zu entsprechen.

Dies alles weitergedacht, ergeben sich vollkommen veränderte
Konfliktlinien in der Gesellschaft: Der Konflikt zwischen
Arbeit und Kapital geht zu Ende, und an seine Stelle tritt ein
neuer, nämlich jener zwischen der »großen Minderheit der
Wissensarbeiter«, wie Drucker es formuliert, und den restlichen
Arbeitnehmern. Der Grund: Die Wissensarbeiter haben nicht
nur großen Einfluß auf ihr eigenes wirtschaftliches Schicksal,
sondern auch auf das der klassischen Industriearbeiter und
Dienstleister – ähnlich wie die sogenannten Kapitalisten in der
industriellen Gesellschaft. Doch dieses Szenario ist noch ein gutes Stück entfernt. So schnell ersetzt ein Klassenkonflikt nicht
einfach einen anderen. Und wie wir noch sehen werden, ist das
ganze Konzept gesellschaftlicher Klassen in der Informationsgesellschaft reichlich fragwürdig.

So ganz überzeugt freilich keine der Theorien. Weder Tofflers
Zukunftskonzept noch Druckers Ansatz rund um die Wissensarbeit vermögen all die neuen wirtschaftlichen Trends zur
Genüge zu erklären. Auch Romers theoretisch weitaus ambitio-
nierterer Ansatz ist noch nicht der Weisheit letzter Schluß. Doch
diese Theorien sind nicht deshalb wichtig, weil eine von ihnen
hundertprozentig stimmt – das wäre, nebenbei bemerkt, in dieser Phase der Entwicklung auch ein bißchen viel verlangt. Sie
sind wichtig, weil sie allesamt die Umwälzung unserer ökonomischen Welt zeigen. Sie weisen auf entscheidende Eigenschaften der Ideenökonomie hin, auf wichtige nachindustrielle Entwicklungen, die in den Erklärungsmustern des industriellen
Zeitalters nicht mehr zu fassen sind und diese daher mehr und
mehr fragwürdig erscheinen lassen. Solche Trends bilden den

Rahmen für die Entstehung der vernetzten Gesellschaft, um die es in diesem Buch schließlich geht.

Zunächst aber gilt es, sich die Natur der Ideenwirtschaft und deren Folgen noch genauer anzuschauen. Eine Eigenschaft vieler Ideenprodukte ist bereits deutlich geworden: Sie widersprechen von ihrer Kostenstruktur her dem Wettbewerbsideal und geben damit dem Unternehmen mit der dominierenden Idee oder dem wie auch immer zustande gekommenen Softwarestandard die Möglichkeit, einen Markt zu beherrschen. Anders als in klassischen Industrien wirken hier auch keine steigenden Kosten für zusätzlichen Ideeninput bei steigender Produktion. Einmal entstandene Vorteile kann ein Konkurrent relativ leicht ausnutzen und in Marktdominanz umsetzen.

Peter Drucker macht dies deutlich, wenn er sagt, daß unvollständiger Wettbewerb ein integraler Bestandteil der Wissenswirtschaft sei. Doch der kalifornische Managementdenker hat auch noch einen anderen Trend erkannt: Die Wissenswirtschaft werde unausweichlich stärkeren Wettbewerb bedeuten, als er in jeder Gesellschaft zuvor möglich war.[11] Das ist nur scheinbar ein Widerspruch, denn marktbeherrschende Positionen sind in der Ideenökonomie nicht nur wahrscheinlicher, sie sind auch wesentlich vergänglicher als auf den klassischen Industriemärkten. Dazu tragen vor allem zwei Faktoren bei. Zum einen lassen sich Ideen und Konzepte nur sehr schwer unter Verschluß halten. Man kann sie kopieren und verbessern, und in vielen Fällen helfen dagegen nicht einmal technische Standards oder das Recht am geistigen Eigentum. Zum anderen haben neue Konkurrenten die gleichen Vorteile, wie sie die derzeit führenden Unternehmen wahrnahmen, als sie den Markt aufrollten. Mit überlegenen Ideen und Konzepten können sie etablierte Gegner aus dem Feld schlagen und den Wettbewerb viel schneller für sich entscheiden, als das in einer klassischen Industrie möglich gewesen wäre.

Das bedeutet: Der Wettbewerb in der Ideenökonomie ist keine stabile Konkurrenz vieler, mehr oder weniger homogener Unternehmen, sondern eher eine rasche Folge beherrschender Positionen auf einem Markt. Damit erhöht sich der potentielle Gewinn für eine gelungene Innovation, aber auch das Risiko, daß diese bald schon wieder obsolet ist. Neue Ideen können sich schnell als überlegen erweisen – vor allem wenn es wenig kostet, sie in Produkte umzusetzen, die sich vermarkten lassen. Junge, vollkommen unbekannte Unternehmen, die mittels eines neuen Computerprogramms oder einer revolutionären Computersprache ihren Aktienwert in kürzester Zeit verzehnfachen, führen dies vor. Oft genug verfügen sie lediglich über ein einziges Ideenprodukt, das ihnen zu einem rasanten Wachstum verhilft.

Es spricht also in der Tat einiges dafür, daß der Wettbewerb in der Ideenökonomie unvollständiger und trotzdem über die Zeit gesehen schärfer wird. Die Firmen haben es mit einer Wirtschaft zu tun, die enorme und schnelle, aber eben auch stets gefährdete Erfolge erlaubt. Immer weniger können sich Unternehmen daher auf eine Marktposition verlassen, und diese volatile Natur der Ideenmärkte muß sich zwangsläufig auch auf die Arbeitswelt übertragen. In dem relativ schnellen Auf und Ab der Ideenwirtschaft lassen sich Arbeitsplätze nur schwer garantieren. So gut es dem Unternehmen auch gerade gehen mag: Ein Arbeitnehmer kann sich immer weniger auf seinen Job verlassen – oder gar auf eine bestimmte Bezahlung. Denn wenn das wirtschaftliche Schicksal der Unternehmen unberechenbarer und veränderlicher wird, überträgt sich das nahezu unmittelbar auf das Schicksal der Arbeitnehmer. Stabilität wird zur Ausnahme.

In einer traditionellen Industriegesellschaft lassen sich Marktpositionen dagegen wesentlich länger aufrechterhalten. Und Umwälzungen sind weder so schnell noch so absolut wie in der Ideenökonomie. Dort stellen sich auch für diejenigen, die sich nicht als Wissensarbeiter verdingen, immer neue Anforderungen – ein weiteres Zeichen für den Wandel des wirtschaftlichen Paradigmas.

Fast alle Postindustrialisten gehen davon aus, daß künftige Arbeitnehmer mehr oder weniger ihr ganzes Leben lernen müssen. Eine einmalige Ausbildung zu Beginn einer beruflichen Karriere reicht immer weniger. Darüber hinaus sind Investitionen in die Aus- und Fortbildung von Arbeitnehmern gerade in der Zeit des Übergangs von einem wirtschaftlichen Paradigma in ein anderes besonders wichtig. In gewisser Weise sind jedoch die Anreize dafür in der Ideenwirtschaft geringer als im stabilen Umfeld der Industriegesellschaft. Die Arbeitgeber spüren weniger Anreize, ihre Angestellten weiterzubilden, wenn diese immer einfacher wechseln können und es zudem immer fraglicher wird, welcher Job morgen überhaupt noch besteht. Und Arbeitnehmer wollen ihrerseits nicht mehr soviel Lernen und Ausbildung in eine Arbeitsstelle investieren, wenn diese immer unsicherer wird. Das heißt, sie werden nicht so sehr gezielt das lernen, was ihr derzeitiger Job verlangt, weil dieses Wissen künftig für sie schneller obsolet werden kann.[12]

Alles in allem ist die Wirtschaft des Wissens und der Ideen eine Welt flüchtiger Vorteile. Sie markiert neue Konfliktlinien und nimmt alten gesellschaftlichen Auseinandersetzungen die Schärfe. Der Wettbewerb entspricht weniger dem alten Ideal, wird dafür aber schneller und umfassender. Auch wenn der Computer nicht am Beginn all dieser neuen Trends stand, hat er sie doch enorm beschleunigt und in vieler Weise geprägt. Aus gutem Grund nennt Paul Romer die Kombination von Software, Hardware und Wetware, die Produktionen nach dem Muster der Ideenökonomie beschreiben soll, die »Computermetapher«.

Daß Software in immer mehr Produkte Einzug hält und immer mehr Produkte dominiert, läßt sich als eine frühe Phase der digitalen Revolution begreifen. Insgesamt machen die bisher beschriebenen Trends das Umfeld aus, in dem die vernetzte Informationsgesellschaft entsteht. Wiederum, so wird sich zeigen, ist es der Computer, der die Umwälzung vorantreibt, einige schon bestehende Trends potenziert und andere hinzufügt – dieses Mal jedoch nicht nur als Instrument, um Software zu entwickeln und zu verbreiten, sondern vor allem als zentrales Kommunikationsmittel in der digitalen Gesellschaft. .

2 WIRTSCHAFT IM NETZ

Bill Gates hat einen Traum. Der Softwarekönig träumt vom »reibungslosen Kapitalismus«. Den neuartigen Marktplatz schafft die Infobahn. Nach Gates' Vision wird in der digitalen Welt Wettbewerb pur herrschen. Durch die elektronische Kommunikation können die Anbieter blitzschnell auf neue Kundenwünsche reagieren und Konkurrenten unterbieten, die auch nur ein wenig zuviel für ihre Produkte verlangen. »Alle angebotenen Güter auf der Welt werden für Sie verfügbar sein, um sie zu prüfen, zu vergleichen und oft wunschgemäß herstellen zu lassen«, verspricht Gates seinen Lesern.[1]

Auf diesem *Super-Markt* sind nicht nur sämtliche Angebote abrufbar und über Video anschaubar, auch die Anbieter sind mehr oder weniger gläsern. Bei jedem können die potentiellen Käufer auf Knopfdruck oder Mausklick Konsumentenberichte darüber einsehen, wie verläßlich er in der Vergangenheit war. Hat ein Anbieter sich einen schlechten Ruf eingehandelt, muß er dies durch niedrigere Preise wieder wettmachen. Viele wirtschaftliche Vermittler büßen ihre Rolle ein – und damit auch ihre Arbeit. Über die Infobahn gehen Produzenten und Kunden direkt miteinander um. Dafür werden immer mehr Beratungsdienste angeboten, die den Menschen durch den Informationswust helfen sollen. Jede noch so kleine Dienstleistung wird gesondert in Rechnung gestellt, jeder noch so kleine Produktunterschied drückt sich im Preis aus.

Auch Produkte, die heute noch Massengüter sind, werden dem einzelnen Verbraucher dann nach Wunsch geliefert. »Von Schuhen bis zu Stühlen, von Zeitungen und Magazinen bis zu Musikalben«, so Gates, würden die Güter auf Anfrage umgehend hergestellt, um den individuellen Vorstellungen zu entsprechen. Wenn Unternehmen den Wünschen der Konsumenten nicht stets folgen, werden sie in Gates' Welt sehr schnell vom Marktplatz gefegt. Auch sonst können die Verbraucher ihren Wünschen und Begehrlichkeiten auf dem elektronischen Markt besser und schneller Ausdruck verleihen als auf herkömmlichem Weg. Gefällt dem Zuschauer beispielsweise in einem Film ein Kleidungsstück des Hauptdarstellers, kann er unterbrechen, um mehr über das Accessoire des Helden zu erfahren – und es schließlich auch gleich zu ordern.

Selbst Kommunikation hat in dieser Welt ihren individuellen Preis. Jeder elektronischen Botschaft ist ein Wert vorangestellt, entweder positiv oder negativ. Mal bekommt der Adressat Geld dafür gutgeschrieben, daß er eine Botschaft annimmt, wie im Fall von Werbesendungen, mal muß er zahlen, wenn die Botschaft für den Empfänger wichtige oder wertvolle Informationen enthält. Auch bei privaten Briefen denkt Gates an diese extreme Form der Monetarisierung. Wenn jemand in der elektronischen Welt schnell gelesen werden will, muß er eben zahlen. Gates gibt zu, daß sich das »etwas merkwürdig« anhöre, doch sei das nur eine weitere Möglichkeit, den Marktmechanismus für die Realisierung des reibungslosen Kapitalismus zu nutzen.

Viele werden dies für einen traurigen Traum halten. Und das ist er in gewisser Weise auch. Doch wenn der Unternehmerkrösus Amerikas träumt, sollte man schon zweimal hinsehen. Bill Gates ist nicht gerade dafür bekannt, daß er einfach vor sich hin phantasiert. In der Regel ist an seinen Szenarien, die er selbst im amerikanischen Sinne des Wortes »Visionen« nennt, etwas dran. Das gilt auch für den reibungslosen Kapitalismus auf der Infobahn. Vieles ist übertrieben, und von manchen Vorhersagen kann man nur hoffen, daß sie sich nicht erfüllen. Und trotzdem ist der Trend nicht zu verkennen: Die Infobahn beschleunigt das Geschehen auf vielen Märkten, sie zerstört liebgewonnene Nischen einzelner Anbieter und gestattet es immer seltener, sich auf einer einmal erreichten Position eine Weile auszuruhen. Vielen regionalen Anbietern wird die digitale Kommunikation neue Konkurrenten bescheren, die ihre Produkte über die digitalen Netze von weither anbieten können. Das trifft nicht nur die Industrieunternehmen, die vielfach schon die Härten internationalen Wettbewerbs gewohnt sind, sondern auch Dienstleister.

In der vernetzten Wirtschaft müssen sich viele Unternehmen tatsächlich immer mehr auf die Wünsche der einzelnen Kunden einstellen. Die Individualisierung, möglich geworden durch die digitale Kommunikation zwischen dem Unternehmen selbst und seinen Kunden, bietet für viele Anbieter eine Gelegenheit, den Wert ihrer Produkte für die Konsumenten zu erhöhen. Denn nichts verkauft sich im Grunde so schlecht wie ein Massenprodukt, das wegen seiner Uniformität kaum einem Verbraucher hundertprozentig zusagt. Doch in der Industriegesellschaft ist das Massenprodukt die Regel, weil es sich viel billiger herstellen läßt als individuelle Produktausgaben und weil zudem die Kommunikation mit den einzelnen Kunden schwerfällt. Die Infobahn eliminiert nun für ihre Nutzer das Kommunikationsproblem, und computergesteuerte Fabrikationen erlauben eine nahezu unendliche Vielfalt von Produkten, ohne daß die Kosten viel höher wären als bei der Massenproduktion. Allgemeiner gesagt: Durch den immer höheren Softwareanteil in Produkten und Produktionsstätten lassen sich einzelne Ausgaben wesentlich billiger nach Wunsch herstellen als noch in der industriellen Wirtschaft. Das gilt wiederum ebenso für materielle Güter wie für Dienstleistungen. Hotelketten, die besondere Vorlieben ihrer Gäste speichern und bei deren nächstem Besuch, egal an welchem Ort, die entsprechenden Dienste vorab bereitstellen, zeigen, wie sich auch Massendienstleistungen individualisieren lassen. Über ein Computernetz kann jede Filiale die erforderlichen Informationen jederzeit abrufen und aktualisieren. Die Ritz-Carlton-Kette baut beispielsweise ein derartiges System auf.

Wer als Anbieter bei diesem Spiel nicht mitzieht, verliert automatisch an Attraktivität für die Kunden. Nicholas Negroponte versteigt sich schon zur Bezeichnung »Post-Informationszeitalter«, um diese Welt zu kennzeichnen.[2] Der Gründer des Medienlabors am Massachusetts Institute of Technology gilt als einer der Begründer der Computerkommunikation und genießt mittlerweile den Status eines Digitalgurus. Für ihn war das Industriezeitalter die Ära der Massenproduktion. Im darauf folgenden Informationszeitalter wurde schon stärker differenziert: So zielten spezialisierte Magazine und Fernsehsender auf bestimmte Interessengruppen und unterschieden zwischen ihnen. Nun aber beginnt nach Negropontes Vorstellung eine Ära, in der an die Stelle von Kunden- oder Zielgruppen jeweils nur noch eine Person tritt. Alles wird auf Wunsch hergestellt, und Informationen werden vollkommen personalisierte Produkte: Jeder erhält, je nach seinen Präferenzen, ein anderes Paket, eine individuelle Mischung.

Das beste Beispiel ist die morgendliche Zeitung. Softwareagenten – das sind lernfähige Computerprogramme – nehmen die Vorlieben des einzelnen auf und stellen ihm dementsprechend seine Informationen aus den verschiedenen Tageszeitungen und Agenturen zusammen. Negroponte nennt dies »The Daily Me«, das tägliche Ich. Diese Zeitung hat dann nur noch eine Auflage von eins. Sie wird Teile aus den herkömmlichen Printmedien enthalten, aber auch Artikel, die zu speziell sind, als daß Redakteure sie in eine traditionelle Zeitung aufgenommen hätten. Haben jedoch sämtliche Nutzer – nicht nur die Leser einer bestimmten Zeitung oder die Abonnenten eines bestimmten Dienstes – Zugriff auf solche speziellen Informationen, werden diese auch eher angeboten.

Das Wirtschaften über die Infobahn führt dementsprechend zu einer enormen Differenzierung. Pakete werden immer weiter aufgelöst. Zeitungen sind dafür nur ein leicht nachvollziehbares Beispiel. Musikplatten oder Programmangebote für den Computer gehören auch in diese Kategorie. Sind derartige Angebote erst einmal abrufbar, lassen sie sich in ganz kleine Einheiten zerlegen, einzeln anbieten und schließlich einzeln berechnen. Unterschiede, die bislang keine Rolle spielten und auch nicht spielten konnten, werden auf einmal herausgestellt.

Dieses Prinzip der Differenzierung beschränkt sich freilich nicht auf Medieninhalte oder, allgemeiner, auf reine Ideenprodukte. Auch die Herstellung anderer Güter auf individuellen Wunsch setzt es voraus: Für den einzelnen werden nur die Teile oder die Funktionen eingesetzt, die seinen Vorlieben entsprechen. Und schließlich gilt es für elektronisch übertragbare Dienstleistungen. Jede einzelne Leistung, jedes einzelne Teil kann auf dem digitalen Marktplatz gesondert angeboten und gesondert berechnet werden – und zwar zu extrem geringen Kosten für die einzelne Transaktion. Und auch bislang kostenlose Güter oder Dienste lassen sich dann mit einem Preis versehen.

So lassen sich immer mehr einzelne Werte in Geld ausdrücken, im Extrem bis hin zum individuellen elektronischen Brief in der Gatesschen Welt des reibungslosen Kapitalismus. Diese durchökonomisierte Welt ist in ihrer Perfektion der Traum von Menschen wie Bill Gates, der sein Software-Imperium auf die Infobahn ausweiten will und außerdem mit einiger Besessenheit an die Segnungen des Marktes glaubt.[3] Zu einem allumfassenden elektronischen Marktplatz wird es indes nie kommen. Viele Güter werden die Menschen weiterhin lieber persönlich im Laden kaufen. Clifford Stoll, einer der ersten lautstarken Kritiker der Infobahn in den Vereinigten Staaten, weist darauf hin, daß sich bislang über Computernetze nur Preise und geschriebene Produktinformationen abgleichen lassen.[4] Die Videoqualität, um Produkte wie Kleidung über das Netz wirklich vergleichen zu können, ist bislang nur wenigen Konsumenten zugänglich. Da überdies ein sicheres Zahlungssystem für die virtuelle Welt fehlt, ist es kein Wunder, daß über das Internet, den Kern der Netzwelt, bis dato nur wenig umgesetzt worden ist.

Doch das nimmt dem Trend zu höherer Differenzierung und intensiverem Wettbewerb nicht seine Wirkung. Zum einen reagieren die Unternehmen mittels Computernetzen immer flexibler auf die Wünsche einzelner Kunden. Zum anderen spielt die digitale Kommunikation zwischen Unternehmen und, mehr noch, innerhalb großer Unternehmen beim Waren- und Leistungsaustausch bereits eine wichtige Rolle. Und ohnedies nutzen Verbraucher Computernetze in wachsendem Maß, um über Medien- und andere Ideenprodukte zu diskutieren und sie auch zu beziehen. Wo immer dies der Fall ist, müssen Mittelsleute um ihre Funktion fürchten. Das gilt nicht nur für Zeitungs- oder Videohändler, zwei der prominentesten Beispiele, sondern zum Beispiel auch für Fernsehsender. Können die Film- und Programmproduzenten ihre Angebote direkt als abrufbare Fernsehdienste anbieten, sind sie nicht mehr so sehr wie in der Vergangenheit auf die Mittelsfunktion der Sender angewiesen.

Soweit die digitale Kommunikation greift, steigt nicht nur der Druck zu mehr Differenzierung und Individualisierung von Produkten, es entstehen auch neue Ebenen interner Subventionierung. Der Begriff aus der ökonomischen Fachsprache bezeichnet Fälle, in denen ein Anbieter mit Gewinnen aus einem profitablen Produkt die Herstellung und den Verkauf eines defizitären Produkts unterstützt, das die von ihm verursachten Kosten nicht allein tragen kann. Wenn nun traditionelle Produktpakete aufgeschnürt werden, läßt sich nicht mehr nur das Paket nach seiner Profitabilität einschätzen, sondern jedes Teil. Ein Beispiel: Solange eine Zeitung als gedrucktes Produkt angeboten wird, kann man nur schwer zwischen den einzelnen Ressorts oder Artikeln differenzieren. Wird sie aber elektronisch angeboten, läßt sich der Wert jedes einzelnen Teils der Zeitung und sogar jedes einzelnen Beitrags anhand seiner Kosten und seiner Nachfrage ermitteln. Damit bekommt der Anbieter neue, genaue Preissignale. Gleichzeitig hat er einen wachsenden Anreiz, die teuren oder wenig nachgefragten Bestandteile aus dem Programm zu werfen oder die entsprechenden Kosten zu verringern.

Nun gibt es genug Beispiele für Unternehmer, die derartige Pakete erhalten wollen und sie intern subventionieren, weil ihnen bestimmte Produkte aus vielfältigen Gründen am Herzen liegen. Doch im Wettbewerb werden sie sich steigendem wirtschaftlichen Druck aussetzen, die interne Subventionierung zu beenden. Dieser Druck wird sowohl von innen kommen, wenn die erfolgreichen Mitarbeiter angesichts der neuen Indizien für ihren hohen Marktwert aufbegehren, als auch von außen: Die interne Subventionierung kostet Geld, und ohne die defizitären Teile kann ein anderer Anbieter die profitablen Teile günstiger verkaufen. Wo Differenzierung zu geringen Zusatzkosten möglich ist, wird der Wettbewerb sie über kurz oder lang auch verlangen.

Die wachsende Differenzierung von Produkten ist indes nur eine der Kräfte, die in der vernetzten Wirtschaft neue Ebenen des Wettbewerbs schaffen und damit zu intensiverer Konkurrenz führen. Eine andere wirkt dadurch, daß sich Raum über die Infobahn nahezu problemlos überwinden läßt. Das bedeutet neue Konkurrenz für viele Dienstleister, die es bislang nur mit Widersachern in der nahen Umgebung zu tun hatten – vor allem, wenn die Natur ihrer Arbeit es gestattet, deren Ergebnisse auch elektronisch zu übermitteln. Dann nämlich können Spezialisten von weither wesentlich einfacher als bisher lokale Anbieter im Preis unterbieten oder in der Qualität überbieten. Anwälte werden sich mit dieser Möglichkeit ebenso auseinandersetzen müssen wie Steuerberater oder selbst Architekten. Dies trifft keineswegs auf alle ihre Tätigkeiten zu, zumindest aber auf solche, die sich leicht standardisieren lassen und keine besonderen örtlichen Kontakte, sondern vor allem fachliches Spezialwissen verlangen.

Umgekehrt liegt darin für einige lokale Dienstleister freilich eine neue Chance: Über die Infobahn können auch sie ihr Expertenwissen weithin anbieten und damit in regionale Märkte eindringen, die ihnen bis dato verschlossen gewesen sind. Hinter dieser Entwicklung liegt noch ein weiterer Trend: Wenn Raum eine immer geringere Rolle spielt und sich der mögliche Kunden- oder Käuferkreis potenziert, werden sich betroffene Anbieter weiter spezialisieren. Viele der noch bestehenden lokalen und regionalen Märkte werden so in einer vernetzten Wirtschaft zerstört oder besser – zu ausgedehnten Märkten erweitert. Während daher die räumliche Differenzierung nachläßt, wächst die Produktdifferenzierung auch in diesem Fall weiter, weil sich Dienstleister infolge der neuen Möglichkeiten auf bestimmte Angebote konzentrieren können.

Womit regionale Anbieter künftig rechnen müssen, das erfahren andere Arbeitnehmer in den sogenannten Industriestaaten schon längst: direkte Konkurrenz von weither über die Computerleitung. Um die Tragweite dieses Phänomens deutlich zu machen, muß man ein wenig weiter ausholen. Seit jeher haben die Ökonomen einen wichtigen Unterschied gemacht zwischen Kapital und Rohstoffen auf der einen Seite und Arbeit auf der anderen. Die beiden erstgenannten Faktoren sind, so nehmen Wirtschaftswissenschaftler in ihren Modellen meistens mit gutem Recht an, international mobil. Das heißt, nationale Grenzen sind für sie kein Hindernis. Die allermeisten Rohstoffe werden auf einem Weltmarkt gehandelt, und Kapital bewegt sich ebenfalls weltweit dorthin, wo es – unter Berücksichtigung aller Risiken – die höchsten Renditen erzielen kann. Nicht so die Arbeit: Sie wird international als immobil angesehen. Ein Arbeiter muß demnach nicht fürchten, daß ihm ein Kollege aus einem anderen Land den Job direkt streitig macht. Das stimmt in der Realität nicht immer: Gerade in Grenzregionen konkurrieren Bürger verschiedener Länder um die gleichen Arbeitsstellen, oder Menschen ziehen ins Ausland, um dort besser bezahlte Arbeit zu finden.

Im großen und ganzen hat sich die Annahme der Ökonomen aber bewährt: Arbeit ist international nicht sonderlich mobil. Gleichwohl konkurrieren Arbeitnehmer in verschiedenen Teilen der Erde schon seit langem über die Preise und die Qualität der Güter, die sie herstellen. Nicht nur für Rohstoffe und Kapital, auch für viele Endprodukte haben sich längst Weltmärkte gebildet. Diese vieldiskutierte Globalisierung löst einen Lohndruck auf Länder aus, in denen besonders hohe Löhne gezahlt werden. Können die Hochlohnländer diesen Unterschied nicht durch höhere Produktivität ihrer Arbeiter ausgleichen, verlieren sie über kurz oder lang Jobs an Standorte mit niedrigeren Arbeitskosten. Insoweit macht auch ein Arbeitnehmer in Südkorea oder Indien seinem Kollegen in Deutschland den Arbeitsplatz streitig. Doch ist dies eine indirekte Konkurrenz, die meistens nur langsam wirkt und zudem neben der eigentlichen Arbeitskraft von vielen anderen Faktoren abhängt, die ebenfalls an der Produktion der Güter mitwirken.

Vor allem betrifft diese Art der Arbeitskonkurrenz – in aller Regel – nur materielle Güter und nicht Dienstleistungen. Denn die meisten Dienste lassen sich nicht transportieren, sie müssen gleich am Ort geleistet werden. Und selbst bei denen, die transportabel sind, beispielsweise auf Papier, lohnt es sich vielfach nicht: Es wäre zu teuer, zu ineffizient oder würde zu lange dauern. Aus diesen Gründen gelten Arbeitsplätze in Dienstleistungsbranchen als vergleichsweise sichere Jobs, die dem internationalen Wettbewerb entzogen sind. Vielfach stimmt das auch: So verdient ein Busfahrer in Berlin zehn- oder zwanzigmal soviel wie ein Kollege in Bombay, obwohl beide etwa das gleiche leisten und auch eine ähnliche Produktivität erzielen. Der Busfahrer in Indien hat es in vieler Hinsicht sogar noch schwerer als sein deutscher Kollege. In diesem Fall funktioniert der globale Wettbewerb aber nicht als Gleichmacher; darüber, wieviel ein Busfahrer verdient, entscheidet nicht dessen Leistung, sondern die Produktivität in anderen Teilen der Volkswirtschaft. In der Industriegesellschaft sind dies vor allem die Unternehmen der produzierenden Branchen und die dort beschäftigten Menschen. In der Ideenwirtschaft sind es hingegen die Wissensarbeiter, die den Wohlstand einer Volkswirtschaft bestimmen.

Auf einmal erlaubt es die Informationstechnologie nun, viele Dienstleistungen doch zu transportieren, und zwar nicht langwierig und ineffizient, sondern in Sekundenschnelle rund um den Erdball. Zeitungen und Fernsehen berichten mittlerweile von Beispielen für diesen neuartigen globalen Wettbewerb. So betreiben Arbeitskräfte in Südasien schon seit 1992 teilweise das Buchungs- und Verrechnungssystem der deutschen Lufthansa. Digitalarbeiter in Südamerika konkurrieren auf dem gleichen Markt. Die Ergebnisse ihrer Arbeit übertragen sie via Satellit oder Telephonleitung zu den Kunden in den westlichen Unternehmen. Neben der Buchhaltung lassen sich so auch Programmierdienste ohne weiteres um die Welt senden.

Ein regelrechtes Softwarewunder hat sich in den neunziger Jahren in Indien ereignet. In Bombay und weiter südlich in Bangalore arbeiten indische Programmierer für Kunden in aller Welt und setzen damit jetzt schon rund eine Milliarde Dollar im Jahr um. Und der Wachstumspfeil zeigt steil nach oben. Bangalore, vor wenigen Jahren noch ein Erholungsziel im Sommer, hat sich gar zum indischen Zentrum der digitalen Technologie entwickelt. Dort lassen mittlerweile von IBM bis Siemens, von Intel bis Microsoft die meisten Elektronikkonzerne der Welt Computerprogramme schreiben und installierte Softwaresysteme warten. Zu einem Drittel der im Westen üblichen Kosten entwickeln die Inder Software für nahezu jedes Problem, das sich mit dem Computer lösen läßt: die Reorganisation des Flughafens in Singapur, die Logistik eines deutschen Containerkais oder die Lagerhaltung der amerikanischen Sportschuhfirma Reebok. Von ihren Bildschirmen aus haben indische Softwaredienstleister eine britische Versicherung umorganisiert – angeblich bisher das größte Projekt seiner Art überhaupt. Der Deutschen Bank schreiben sie Programme für elektronische Bankgeschäfte. Für alle möglichen Unternehmen überwachen und verbessern sie kontinuierlich die Datenverarbeitung. Zudem können sie teure Zeitlücken schließen: Wenn es in Amerika Nacht wird, kommen die indischen Computerwerker zur Arbeit. Diese Konkurrenz für westliche Dienstleister wird wohl kaum erlahmen. Vielen indischen Jugendlichen gelten die Arbeitsplätze an den Bildschirmen als Nonplusultra. Denn sie sind, gemessen an den Verhältnissen des Landes, glänzend bezahlt. Und die Digitalarbeiter bilden eine neue Art von Elite in dem Land, das ein besonderes Klassendenken prägt. Diese Gruppe hat viel gemein mit den Yuppies in westlichen Ländern: Sie ist weltoffen, ehrgeizig und folgt ähnlichen Mustern des Konsums.

Indes kommen die neuen Arbeitsplatzkonkurrenten nicht nur aus Asien. In der Tschechischen Republik, in Polen oder Ungarn sitzen gut ausgebildete Fachkräfte, die für ein Zehntel des Westlohns die Ergebnisse ihrer Arbeit elektronisch an die Kunden im Westen übermitteln. Das betrifft beispielsweise technische Zeichner, Statiker, Konstrukteure. Die Informationstechnologie erlaubt eben nicht nur die Übertragung einfacher und standardisierter Dienste, sondern auch von anspruchsvollen Arbeiten, die hohe Flexibilität verlangen. Sie bedroht nicht nur die Jobs von Billigarbeitern, sondern auch die moderner Problemlöser – oder, um auf die Ideenökonomie zurückzukommen, die Jobs von gut ausgebildeten Wissensarbeitern. Denn über die Datenleitung kommunizieren die Dienstleister rund um den Globus mit den Auftrag- oder Arbeitgebern, sie bekommen notwendiges Feedback und können im Netz gemeinsam mit Spezialisten aus den Unternehmenszentralen an Dokumenten arbeiten. Auch diese Art direkter Rückkopplung und Fernkooperation ist mittlerweile technisch vielfach kein Problem mehr. So können die weit entfernten Mitarbeiter mit der Zeit lernen, sich verbessern und anspruchsvollere Aufgaben übernehmen. Zudem, und das ist in einigen Branchen wichtig, lassen sich die Dienste hin und her transferieren, ohne daß der Zoll einschreiten oder Einfuhrbeschränkungen greifen würden.

Die Busfahrer aus Berlin und Bombay konkurrieren immer noch nicht miteinander – dafür aber andere Dienstleister, großenteils besser bezahlt, deren Arbeitsplätze lange als die sichersten und zukunftsträchtigsten überhaupt galten. Dieser Wettbewerb ist aus zwei Gründen für die betroffenen Arbeitnehmer härter als der, dem sie infolge globaler Produktmärkte ausgesetzt sind: Er kommt plötzlicher, und er ist direkter. So brauchen beispielsweise Computerbuchhalter nicht viel, um ihre Arbeit international zu vermarkten. Im wesentlichen reichen ein Personalcomputer und eine Satellitenschüssel. Die großen Investitionen und die logistischen Voraussetzungen, die eine neue Fabrik in einem Niedriglohnland erfordert, fallen bei den elektronisch übertragbaren Diensten weg, und entsprechend schnell kann die neue Konkurrenz aufkommen. Die Kunden, zumeist Unternehmen in Hochlohnländern wie Deutschland, müssen vergleichsweise wenig einsetzen, um an die Früchte der billigen Arbeit zu kommen; das damit verbundene Risiko ist gering. So können neben den Großunternehmen auch immer mehr Mittelständler von dem weltweiten Dienstleistungsmarkt profitieren. Dabei sollten allerdings nicht die Probleme vergessen werden, die ihnen vielerorts die fremde Sprache, ein anderer Arbeitsstil und auch schlechtere Arbeitsqualität bereiten.

Daß der neue Wettbewerb über die Infobahn trotzdem nicht nur plötzlicher kommt, sondern auch direkter ist als der Produktwettbewerb, liegt in der Natur der Sache: In der industriellen Produktion sind Arbeit und Ausbildungsstand der Arbeitnehmer nur ein Bestandteil, andere, regionale Faktoren begründen darüber hinaus unterschiedliche Lohnniveaus in unterschiedlichen Ländern oder Standorten. Bei der Konkurrenz um Dienstleistungen spielen solche Faktoren jedoch kaum eine Rolle. Der Wettbewerb ist sozusagen Mann gegen Mann oder Frau gegen Frau.

Die besagte Annahme der Ökonomen ist für elektronisch übertragbare Arbeiten in der vernetzten Wirtschaft also nicht mehr haltbar: Auf einmal ist Arbeit international mobil. Unternehmen können bestimmte Arbeitsplätze ohne große Probleme dort ansiedeln, wo es jeweils am günstigsten ist. Oder sie beziehen diese Leistungen gar nicht mehr als Arbeitgeber, sondern als Kunden. In jedem Fall führt die Informationstechnologie zu einem neuen Typ von Wettbewerb, der die Menge der unbedrohten Arbeitsplätze in den Hochlohnländern drastisch verringert. Eine Schutzmauer, die zwar schon löchrig geworden war, aber immer noch eine wichtige Funktion erfüllt, geht verloren.

Auf der Grundlage dieser Möglichkeiten wandeln sich auch die Organisationsformen vieler Unternehmen. Schon seit einigen Jahren lagern sie Funktionen aus und beziehen die entsprechenden Leistungen von externen Anbietern – eine Praxis, die unter dem englischen Ausdruck *outsourcing* bekannt geworden ist. Weil Distanz in einer vernetzten Wirtschaft bei einer Reihe von Arbeiten keine Rolle mehr spielt, wird dieser Trend sich enorm verstärken. Für bestimmte Formen der Auslagerung bilden sich schlicht globale Märkte, und dies passiert ausgerechnet auf solchen Märkten, die bis vor kurzem noch als lokal oder regional vollkommen geschützt galten. Wiederum stehen der Bedrohung von Arbeitsplätzen und Karrieren neue Chancen entgegen, auch für Anbieter aus Hochlohnländern wie der Bundesrepublik. Denn was für das Arbeitsangebot in Entwicklungs- und Schwellenländern gilt, trifft umgekehrt auf Anbieter aus den entwickelten Volkswirtschaften zu: Dienstleistungsunternehmen oder einzelne selbständige Dienstleister können ihre Arbeit ebenfalls im Ausland verkaufen – vor allem, wenn sie einen Wissensvorsprung haben, über besonders effiziente Arbeitsformen oder einmalige Ideen verfügen. Sie kommen also dann zum Zuge, wenn ihr höherer Preis keine Rolle spielt, weil es sich für die internationalen Kunden trotzdem lohnt, ihre speziellen Leistungen zu kaufen.

Die gleichen Informationswege, die zu härterer Konkurrenz führen, können auch zur Kooperation genutzt werden – nicht nur innerhalb, sondern auch zwischen Unternehmen. Das beweisen gerade junge Firmen, die mit Experten in aller Welt zusammenarbeiten, um sich für bestimmte Projekte das jeweils notwendige Wissen und die besten Ideen zu sichern. Ob Werbeagenturen, Unternehmensberater oder Designer, oft haben diese Unternehmen nur eine Handvoll fester Mitarbeiter. Dafür bilden sie aber internationale Kooperationsnetze, um sich für die verschiedenen Aufgaben, die sich ihnen stellen können, zu rüsten. Wenn sie also für eine bestimmte Branche arbeiten müssen oder aus anderen Gründen Fähigkeiten von Spezialisten erforderlich sind, greifen sie auf ihre Kooperationspartner zurück. Oder sie formen auf Dauer angelegte Netze gleichberechtigter Partner, bei denen ein Auftrag an die jeweils geeigneten Mitglieder geht.

In jedem Fall hilft die Informationstechnologie den kleinen Unternehmen dabei, die Vorteile großer Konkurrenten im Wettbewerb auszugleichen. Letztere müssen zwar in der Regel eine überproportional große Verwaltung mit sich herumschleppen, verfügen dafür aber über eine breite Wissensgrundlage, um die unterschiedlichen Kundenwünsche zu relativ geringen Kosten zu erfüllen. Ihr Geschäftsvolumen sorgt dafür, daß die verschiedenen Experten genug Arbeit bekommen. Bei kleinen Unternehmen ist demgegenüber die Gefahr größer, daß ihre Wissensarbeiter einmal überfordert und dann wieder nicht ausgelastet sind. Und sie können sich keine breite Palette von Spezialisten leisten, um schnell reagieren zu können und auf alle möglichen Aufträge vorbereitet zu sein.

Genau diesen Nachteil beheben sie durch Kooperationsnetze auf der Infobahn. Dann können sie wie Großunternehmen agieren, ohne deren permanent hohe Kosten tragen zu müssen. Kleinheit wird auf einmal in vielen Branchen der Ideenökonomie wesentlich attraktiver. Und neu gegründete Unternehmen können damit schnell zu veritablen Konkurrenten für die größeren und etablierten Firmen werden. Sie müssen nicht erst eine bestimmte Größe erreichen, um die Kostenvorteile der »Platzhirsche« wettzumachen, und kommen somit auch mit weitaus geringeren Anfangsinvestitionen aus. In der Folge wird der Wettbewerb schneller und offener, und die in langen Jahren erworbenen Marktpositionen der Etablierten werden unsicherer.

In einer vernetzten Wirtschaft kommt es demnach immer weniger darauf an, daß Unternehmen alle notwendigen Funktionen unter ihrem Dach versammeln. Größe sichert längst keinen langfristigen Vorsprung mehr – im Gegenteil: Die digitale Kommunikation und der blitzschnelle elektronische Arbeitstransfer sorgen für einen neuen alternativen Koordinationsmechanismus, der alle möglichen Leistungen und unterschiedliches Wissen dauerhaft oder nur für ein temporäres Projekt oder eine bestimmte Phase des Marktes zusammenbringt. Und kleine Organisationen können ihre Vorteile besser umsetzen. Oft sind sie wendiger und erfinderischer, und sie hängen weniger an alten Denkmustern und Erfolgsrezepten. Der Trend zur wachsenden Differenzierung und Vielfalt, zur Kleinheit und zum Auseinanderfallen traditioneller Einheiten überträgt sich auch auf die Organisation unternehmerischer Tätigkeiten.

An dieser Stelle möchte ich erst einmal kurz innehalten und die ökonomischen Trends der Informationsgesellschaft, die sich vor unseren Augen abzeichnet, noch einmal im Zusammenhang ansehen. Wir steuern auf eine Wirtschaftswelt zu, in der Ideen Masse als Haupteinflußfaktor ersetzen – und dies auf zwei Wegen: Zum einen steigern Informationen, steigert Wissen den Wert von immer mehr Produkten, und es entsteht außerdem eine Vielzahl neuer Ideenprodukte, zumeist am Computer entwickelt und oft über den Computer verteilt. Wissen und Wissensarbeit werden zum wichtigsten Einsatzfaktor in der Wirtschaft und verdrängen die materiellen Faktoren Realkapital und Rohstoffe als entscheidende Inputs.[5] Damit verliert auch das Eigentum an diesen materiellen Produktionsfaktoren seine übergeordnete Bedeutung; gleichzeitig gewinnen die Wissensarbeiter, die ihr unveräußerbares Kapital mit sich tragen, an ökonomischem und gesellschaftlichem Einfluß. Der Wandel zeigt sich noch in einem weiteren Indiz: Während sich in der Massenwirtschaft der Industriegesellschaft alles quantifizieren ließ und auch mitunter bis zum Exzeß quantifiziert wurde, läßt sich der dominierende Faktor der Ideenökonomie kaum in Mengeneinheiten ausdrücken.

Zum anderen führt der schnell wachsende Softwareanteil in

Produktion und Angeboten im Verein mit den Möglichkeiten digitaler Kommunikation zu einer ungeheuren Vielfalt in der Herstellung. Das Angebot wird individualisiert, die Produkte werden personalisiert. Die Massenproduktion, die der Industriegesellschaft ihren Stempel aufgedrückt hat, ist nicht mehr das Maß aller Dinge. Innovation, sowohl von Produkten als auch von Herstellungsprozessen, zielt nunmehr vor allem auf Flexibilität. Überall werden neue Möglichkeiten geschaffen, sich an den Wünschen einzelner Kunden oder kleiner, homogener Kundengruppen zu orientieren und schnellstens auf veränderte Vorlieben und andere Entwicklungen am Markt zu reagieren. Neue Werte werden kaum noch durch Masse erzielt, sondern vor allem durch Differenzierung.

Dies soll nicht so wirken, als ob die Ökonomie des Informationszeitalters alle industriellen Strukturen schnell hinter sich ließe. Im Gegenteil: So wie heute noch nahezu jede Gesellschaft agrarische Bestandteile hat und braucht, wird sich auch das industrielle Massenparadigma vielerorts halten. Das Argument hier entspringt einer Grenzbetrachtung: In der Zeit nach der industriellen Revolution führten sämtliche Innovationen und technischen Neuerungen dazu, daß Wirtschaft und Gesellschaft mehr und mehr mit den Mustern der Industriegesellschaft übereinstimmten. Seit einiger Zeit ist es umgekehrt: Jede größere Innovation, jede technische Umwälzung führt uns weiter aus der Industriegesellschaft heraus.

Der Japaner Taichi Sakaiya ist anscheinend ein Multitalent. In seinem Heimatland hat er sich nicht nur als Ökonom, sondern auch als Romanautor einen Namen erworben. Aus seiner Sicht wird die wirtschaftliche Zukunft für uns alle weitaus veränderlicher und riskanter ausfallen als das industrielle Zeitalter.[6] In der Ideenökonomie haben die Marktpreise nur noch wenig mit den tatsächlichen Kosten für ein Produkt zu tun. Ist die Idee erst einmal entwickelt, wird sie zu jedem Preis angeboten, so daß die Nachfrage nahezu alleine den Preis festsetzt. Es gibt keinen Mechanismus mehr, der Preise und Kosten einander annähert und eine Verbindung schafft zwischen den ursprünglichen Investitionen in Entwicklung und Produktion auf der einen und den späteren Einnahmen auf der anderen Seite. Sakaiya zufolge ist der Wert von Produkten dann einzig eine Frage subjektiver Präferenzen, die wiederum höchst veränderlich sind und von Modeerscheinungen geprägt werden. Das Wirtschaftsleben, abhängig von dem, was er den Wissenswert nennt, wird damit unbeständiger, und eine heute marktbeherrschende Idee kann schon morgen obsolet werden. Die Preise ändern sich schneller und stärker als unter dem Massenregime der Industriegesellschaft.

Bei der Beschreibung dieser Welt kann der Japaner seine epischen Neigungen nicht ganz verbergen: »Der Wissenswert ist wie eine Sternschnuppe, die nur für den Moment hell leuchtet, in dem sie ein besonderes ›Feld‹ oder eine Atmosphäre sozialer Umstände und Subjektivitäten passiert, die ihr Feuer überhaupt erst verursacht haben.«[7] Er nennt ein Beispiel für die Natur der Ideenwirtschaft: Während ein einzelner Designer einen Hit entwickeln kann, werde es auch wahrscheinlicher, daß ein großes Unternehmen mit tausend Angestellten keinen einzigen Produktschlager auf den Markt bringt und dementsprechend bankrott geht. Sakaiya ist sichtlich skeptisch gegenüber dieser Welt, in der »ein achtzehnjähriger Junge ein Vermögen mit einem Stück Computersoftware machen kann« und die Erfahrung altgedienter Experten nichts mehr zählt.

Die Skepsis des Ökonom-Romanciers hin oder her: Für die Konsumenten heben die neue Vielfalt und die Welt digitaler Kommunikation die Wohlfahrt. Das Neue kostet sie kaum mehr als die alten Massengüter – wenn überhaupt. Diese Entwicklung hat indes ein Spiegelbild auf seiten des Angebots: Die vom Computer vorangetriebene Revolution läßt das Wirtschaften in vielerlei Hinsicht riskanter werden. Flexibilität wird wichtiger und Stabilität immer teurer. Durch Computernetze überwindet der Wettbewerb spielerisch räumliche Grenzen, an die sich regionale Anbieter seit Generationen gewöhnt haben und die ihnen erlaubten, auch auf lange Sicht bestimmte Positionen zu halten. In dieser ökonomischen Welt verschwinden viele herkömmliche Nischen, und andere sind nicht von Dauer. Daß der Wettbewerb dabei intensiver wird, ist nur die eine Seite der vielfältigen Märkte in der Informationsgesellschaft. Andererseits dominiert ein unvollständiger Wettbewerb um kurzfristige Marktbeherrschung. Das ist es, was sowohl Drucker oder Toffler als auch Sakaiya aus der entstehenden Ideenökonomie ableiten: Ideen können schnell zum Markthit werden – und genauso schnell werden sie wieder übertrumpft. *Easy come, easy go,* wie die Amerikaner sagen: Was sich in günstigen Situationen relativ leicht durchsetzen und fernab aller Kostenfaktoren verkaufen läßt, läuft ebenso leicht Gefahr, wieder ersetzt zu werden.[8]

So lösen sich die Grundlagen der Industriegesellschaft mit zunehmender Geschwindigkeit auf: Kleinheit, Spezialisierung und Differenzierung ersetzen das Massenparadigma auf der Ebene des Produkts, des Unternehmens und der Arbeit. Elektronische Arbeit, Dienstleistungen und Ideen werden wie materielle Güter gehandelt – nur schneller. Noch ein weiteres Indiz zeigt, daß die Erklärungsmuster der Industriegesellschaft veraltet sind. Einer der wichtigsten klassischen Erfolgsfaktoren einer Volkswirtschaft, die Infrastruktur, verliert kontinuierlich an Einfluß. Verkehrswege spielen für den Online-Buchhalter in Südasien keine Rolle: Im Extremfall reichen ihm PC und Satellitenantenne, um mit Arbeitgeber oder Kunden in den entwickelten Volkswirtschaften zu kommunizieren. Die Energieversorgung kann zwar zum Problem werden, etwa weil der Strom nicht gleichmäßig aus der Steckdose kommt; aber im Vergleich zur Abhängigkeit einer großen Fabrik von der lokalen Rohstoff- und Energieversorgung wiegt auch dies nicht schwer. Ein stabiler Rechtsrahmen und politische Stabilität verlieren in der digitalen Welt ebenfalls an Bedeutung. Die Investitionen in einen Arbeitsplatz sind gering im Vergleich zu einer industriellen Arbeitsstätte, und die Arbeiten lassen sich bei Bedarf zügig nach Südamerika oder sonstwohin verlagern. Es gibt in diesem elektronischen Geschäft kaum Kosten, die – wie die Investition in eine Fabrikationshalle – ein für allemal verloren sind, wenn es zu unliebsamen Überraschungen kommt.

Das alles gilt nicht nur für die Arbeitnehmer am Netz, auch regionale Entwickler von Ideenprodukten können bei schlechter Infrastruktur besser vorankommen als in den klassischen industriellen Massenmärkten. Für internationale Kapitalanleger ist es weniger gefährlich, in lokale Ideen zu investieren als in lokale Warenproduktion. Denn kein Wirtschaftsgut ist so schnell übertragbar wie Software. Was am Ende zählt, sind die Wissensarbeiter, ihre Ausbildung und bis zu einem gewissen Grad ihr Preis. Es ist daher gar kein so großes Wunder, daß Indien mehr Software exportiert als jedes Land in Europa – und wahrscheinlich sogar mehr als der europäische Kontinent insgesamt.[9] Denn viele Jugendliche genießen dort eine hervorragende Schul- und Ausbildung. Zwar kann fast die Hälfte der Bevölkerung nicht lesen und schreiben, aber Jahr für Jahr werden rund 175000 Studenten, davon alleine 15000 Informatiker, an den wissenschaftlich-technischen Instituten des Landes graduiert – beinahe so viele wie in den Vereinigten Staaten. Und daß ehemalige Ostblockländer wie die Tschechische Republik oder Polen Online-Arbeit exportieren, läßt sich unter diesen Voraussetzungen ebenfalls leicht verstehen. Während die ehemaligen Ostblockstaaten ihre Infrastruktur oft erst mühsam auf einen modernen Stand bringen müssen, verschafft ihnen die digitale Kommunikation die Möglichkeit, ihre Ausbildung und ihren Wissensstand direkt zu verkaufen.

Dies bedeutet vor allem eines: In der Informationsgesellschaft lassen sich die wirtschaftlichen Geschicke eines Landes schneller verändern. Ein Land der Dritten oder Vierten Welt muß nicht mehr alle Stufen infrastruktureller Entwicklung durchlaufen, um im internationalen Wettbewerb erfolgreich zu sein. Wissensarbeiter, deren Fähigkeiten gefragt sind und sich elektronisch übertragen lassen, können nahezu unabhängig von infrastrukturellen Voraussetzungen ihr Geld auf dem internationalen Arbeitsmarkt verdienen, und auch bei den nur durchschnittlich

begabten elektronischen Dienstleistern fällt der Standortab-
schlag geringer aus als in der Industriegesellschaft. Indes
verschwindet wiederum leicht, was leicht kommt: Die internationalen Arbeitgeber können ihre Gunst in der volatilen Ideenökonomie schnell und relativ billig einem anderen Standort
zukommen lassen.

Bei dem abnehmenden Einfluß der Infrastruktur ist ein Faktor
ausgenommen: die Bildung. Gerade weil die anderen, materiellen Voraussetzungen nicht mehr soviel Gewicht haben, wird sie
für die Wettbewerbsfähigkeit auf globalen Ideenmärkten immer
bedeutender. Spätestens seit sich Robert Reich, der Arbeitsmini-
ster in Bill Clintons Regierung, Ende der achtziger und Anfang
der neunziger Jahre in einigen Bestsellern damit auseinandersetzte, ist dies in Amerika wie auch in Europa gesellschafts-
politisches Allgemeingut.[10] Mir geht es dabei hier nur um folgenden Punkt: Auch ein Bildungssystem läßt sich nicht über Nacht
verwandeln, es ist eingebettet in die kulturellen, gesellschaftlichen und ökonomischen Bedingungen des jeweiligen Landes
oder – im Falle Indiens – des jeweiligen Landesteils. China ist
dafür ein weiteres wichtiges Beispiel. Und selbst wenn mehr
Wissensarbeiter herangezogen und ausgebildet werden mit
Fähigkeiten, die in der Informationsgesellschaft einen hohen
Wert haben, dauert es noch eine Generation, bevor sich dies im
Erfolg einer Volkswirtschaft niederschlägt. Das darf man nicht
vergessen, wenn man über das schnell veränderbare wirtschaftliche Geschick von Ländern oder Regionen redet – weder aus der
optimistischen Sicht einiger Entwicklungsländer noch aus der
pessimistischen Sicht betroffener Erste-Welt-Staaten.

Trotz dieser Warnung: Wer es in den Entwicklungsländern
schafft, am internationalen Arbeits- und Ideentransfer der Informationsgesellschaft teilzunehmen, wird sich auch schnell von
den traditionellen wirtschaftlichen Bedingungen seiner Umgebung lösen. So dürfte sich in vielen Ländern, die heute zur
Dritten Welt zählen, eine Gruppe von Wissensarbeitern etablieren, die wiederum dafür sorgen, daß auch der dort heimische

Busfahrer mehr verdienen kann als unter den Mechanismen der Industriegesellschaft. Das folgt ja auch aus Peter Druckers Gedankengebäude, demzufolge künftig die Wissensarbeiter statt der Kapitalbesitzer den Stand einer Volkswirtschaft bestimmen werden. Insoweit können sich zwischen diesen Standorten und den Erste-Welt-Staaten auch die Lebensverhältnisse schneller annähern als bisher. Dies führt dann mitunter zu dem reichlich überspannten Szenario einer Welt, in der sich der Nord-Süd-Konflikt auflöst und wo sich statt dessen durch jede Gesellschaft der gleiche Graben zieht zwischen Gewinnern und Verlierern des digitalen Zeitalters – oder, im amerikanischen Slang, den die Infobahn noch zügiger verbreitet als das Fernsehen: zwischen den *haves* und den *have-nots* auf dem Daten-Highway. Soweit wird es nicht kommen, denn diese Vorhersage ignoriert die unterschiedlichen gesellschaftlichen und kulturellen Bedingungen sowie die Tatsache, daß Länder nach wie vor verschiedenen Entwicklungspfaden folgen werden. Immerhin zeigt sie aber im Extrem die gleichmacherische Tendenz der vernetzten Wirtschaft. Darüber hinaus zählt für die Diskussion hier vor allem eines: Die Informationsgesellschaft verändert neben vielem anderen auch die Bedingungen der volkswirtschaftlichen Entwicklung – ein weiteres Zeichen dafür, daß wir es mit grundlegend neuen Mustern zu tun haben.

In der Natur der vernetzten Ideenökonomie liegen somit zwei – nur scheinbar gegenläufige – Tendenzen: Auf der einen Seite fungiert sie als Gleichmacher über räumliche Entfernung und nationale Grenzen hinweg, auf der anderen Seite aber differenziert, ja atomisiert sie Aufgaben, Angebote, Organisationen. Sie wirkt in Richtung einer zersplitterten Gesellschaft, in der Differenzierung und Veränderlichkeit wirtschaftlicher Positionen anstelle von Massenorientierung und Stabilität regieren. Es ist vor allem die digitale Revolution, die diese Trends um ein vielfaches beschleunigt und verstärkt. Sie entfernt uns immer weiter von den alten Determinanten und etabliert die neuen.

Im kommenden Kapitel geht es nun darum, wie sich diese

Trends in unserer Arbeitswelt auswirken. Soviel ist indes schon klar geworden: Daß Bill Gates vom reibungslosen Kapitalismus spricht, werden viele betroffene Arbeitnehmer, denen die gewohnten Muster abhanden kommen, höchstens als Hohn empfinden. Der Wandel in der Arbeitswelt wird im Gegenteil jede Menge neuer Reibungen erzeugen.

3 VON DER DAMPFMASCHINE ZUM PERSONALCOMPUTER: DIE TAUSEND ARBEITSWELTEN DER INFORMATIONSGESELLSCHAFT

Im Grunde war es nur eine kurze Episode in der Geschichte menschlicher Zivilisation: Die Idee, daß wir alle morgens mehr oder weniger gleichzeitig aus dem Haus gehen, unsere Kollegen an einem bestimmten Platz treffen, dort gemeinsam mit ihnen arbeiten und uns abends wieder auf den Heimweg machen, diese von der Dampfmaschine und der Massenproduktion des Industriezeitalters geprägte Idee ist nach nicht einmal 150 Jahren überholt. Die meisten von uns kennen freilich nichts anderes. Doch immer mehr wird dieses Modell abgelöst von einer immensen Vielfalt neuer Arbeitsformen. Uns steht eine Zersplitterung der Arbeitswelt bevor, die in mancher Hinsicht noch weit über das hinausgeht, was die Menschen kannten, bevor die industrielle Revolution anbrach.

In der agrarischen Gesellschaft arbeiteten die meisten freien Menschen für sich, zu Zeiten, die ihnen weder ein Arbeitgeber noch ein Tarifvertrag diktierten, sondern allenfalls die Natur. Auch Handwerker arbeiteten höchstens in kleinen Gruppen zusammen. Umfangreiche Kooperationen, wie bei der Erstellung einiger feudaler Großbauten, waren zeitlich begrenzt. In der Industriegesellschaft ist die Arbeit dagegen sowohl von der Zeit als auch vom Raum her gebunden. Um an einer Maschine oder gar Fertigungsstraße zu arbeiten, müssen die Menschen sich an einem Ort versammeln, weil sich Leistung und Funktionen der laufenden Maschine weder gut speichern noch allzu weit übertragen lassen. »Räumlich und zeitlich festgesetzte, kontinuierlich abzuleistende Erwerbsarbeit ist eine Begleiterscheinung der frühen Industrialisierung«, faßt der Nürnberger Arbeitsmarktforscher Werner Dostal zusammen, der sich mit dem Umbruch der Arbeitswelt seit einiger Zeit auseinandersetzt.[1] Mit dem Zerfall der industriellen Gesellschaft löst sich auch die entsprechende Arbeitswelt auf. Das alleine wird von Arbeitnehmern eine enorme Anpassungskraft verlangen – und verlangt sie vielfach ja schon heute. Zudem ruhen auf dem überkommenen Arbeitsmodell auch noch die meisten unserer sozialen Institutionen. Aber damit greife ich einige Seiten voraus.

Die Ideenökonomie streift das starre Korsett von Zeit und Raum ab. Der Computer speichert Arbeitsergebnisse, und er überträgt sie rund um die Welt. Immer mehr Menschen können zusammenarbeiten, ohne zur gleichen Zeit am gleichen Ort zu sein. Und immer mehr Unternehmen können darauf verzichten, ihre Mitarbeiter unter einem Dach zu versammeln. Wichtiger noch: Mit der Möglichkeit entsteht vielfach auch der Zwang, die alten, festen Organisationsformen aufzugeben. An ihrer Stelle entstehen flexiblere Firmenstrukturen, die Managementstrategen »virtuelle Unternehmen« getauft haben. Die Amerikaner William Davidow und Michael Malone, der eine Unternehmer und der andere Publizist, versuchen dem Begriff näherzukommen. »Der außenstehende Betrachter«, so schreiben sie, »sieht ein fast konturloses Gebilde mit durchlässigen und ständig wechselnden Trennlinien zwischen Unternehmung, Lieferanten und Kunden. Von innen ist das Bild nicht weniger formlos: Herkömmliche Arbeitsgruppen, Abteilungen und Unternehmensbereiche reformieren sich ständig nach Bedarf. Aufgaben und Einflußbereiche verschieben sich immer wieder – selbst der Begriff des Mitarbeiters gewinnt eine neue Facette, weil einige Kunden und Lieferanten mehr Zeit im Unternehmen verbringen als manche Betriebsangehörige.«[2] Virtuelle Unternehmen vergeben die meisten Dienste und Funktionen jenseits ihres Kerngeschäfts nach außen und arbeiten in vielen Projekten mit anderen Unternehmen zusammen, die über notwendiges Spezialwissen verfügen. Vorgegebene Karrierepfade sind diesen Organisationen zuwider, lebenslange Arbeitsverhältnisse ein Hindernis, langfristig garantierte Gehälter eine Last. Die virtuellen Unternehmen spiegeln den zentralen Wandel in der vernetzten Wirtschaft wider: Flexibilität ist lebenswichtig – und Stabilität teuer.

Asea Brown Boveri gilt in der Großindustrie als Paradebeispiel für eine derart zukunftsgewandte Organisation. Der Weltkonzern für Energie und Verkehrstechnik, 1987 durch die Fusion der schwedischen Asea mit dem Schweizer Unternehmen Brown Boveri entstanden, zählt rund 210 000 Mitarbeiter in 140 Ländern. Doch in der Zentrale bei Zürich leiten ganze 170 Angestellte das Unternehmen. Einen Großteil der Verantwortung tragen die kleinen Tochtergesellschaften und die einzelnen Mitarbeiter. Wer in dem Wettbewerb innerhalb und außerhalb des Konzerns bestehen will, muß selbst etwas unternehmen und vor allem kommunizieren. Selbst Arbeiter in der Produktion sehen, daß sie körperlich immer weniger, psychisch dafür um so mehr belastet werden. Dem Informationsfluß, vor allem über das eigene Datennetz, sind auf allen Ebenen kaum Grenzen gesetzt. Wer an dieser Art von »Networking« nicht teilnimmt, verliert; denn im Netz mit seinen eigenen, ungeplanten Strukturen und Koalitionen entscheidet sich das Schicksal von vielen Plänen und auch von Mitarbeitern.

Das Extrem dieser Entwicklung verkörpern indes die jungen »Netzunternehmen«, die schon das zweite Kapitel gestreift hat. Sie haben, wenn überhaupt, wenige Festangestellte und arbeiten darüber hinaus nur mit jenen Mitgliedern ihres Netzes zusammen, die gegenwärtig nützlich sind. Online können sie auch relativ leicht Kooperationen mit Unternehmen außerhalb eines festen Firmennetzes bilden. So schnell, wie die digitalen Koalitionen entstehen, lösen sie sich später wieder auf. Wenn es sein muß, können sich selbst hundert Kleinunternehmen für ein Projekt auf der Infobahn zusammenfinden und gemeinsam vor übergehend wie ein Großunternehmen agieren. In der digitalen Welt vermögen sie so die Nachteile der Kleinheit zu überwinden; sie erreichen notwendige Größe ohne lästige Masse. Denn zum einen greifen sie über die Infobahn auf die notwendige Wissens- und Fähigkeitsbreite zurück, und zum anderen eröffnet ihnen die digitale Kommunikation Märkte über die alten regionalen Grenzen hinweg. Der amerikanische Trendforscher John Naisbitt hat diese Entwicklung in seinem Buch über das »Globale Paradox« auf den Punkt gebracht: »Je größer die Weltwirtschaft wird, desto mächtiger ist ihr kleinster Mitspieler.«[3] Man sollte hinzufügen: und desto gefährdeter werden Großunternehmen, die nach wie vor alles mit festen Mitarbeitern kontinuierlich selbst erledigen wollen.

Es gibt virtuelle Unternehmen, die lediglich eine Basis schaffen, auf der einzelne Selbständige und kleine Firmen weltweit zusammenarbeiten können. Eines der ersten größeren Beispiele ist Knowledge Net, eine 1993 im amerikanischen Bundesstaat Virginia gegründete internationale Unternehmensberatung, die behauptet, sie könne weltweit in jeder Stadt binnen eines Tages ein Büro eröffnen. Dabei ist das Unternehmen physisch kaum vorhanden, es existiert vor allem in Computernetzen rund um den Globus. Doch binnen eines Jahres hatte die Jungfirma schon mehr als hundert Dienstleistungsfirmen und unabhängige Berater in sechzehn Ländern in ihr Netz aufgenommen. Sie vermitteln Aufträge an andere Beteiligte und erhalten Aufträge von ihnen oder kooperieren bei bestimmten Aufgaben. Fast alle arbeiten auch außerhalb dieses Netzes noch selbständig weiter. Natürlich müßte man dieses Beispiel, wie die meisten anderen aus der digitalen Welt auch, monatlich nachprüfen. In der volatilen Welt der Ideenökonomie ist die Gefahr relativ groß, daß besagtes Netzunternehmen schon nicht mehr existiert oder Form und Namen gewechselt hat.[4]

Das reine Netzunternehmen oder Wissensnetz gleichberechtigter Teleunternehmer ist – noch – ein Ausnahmefall, realisiert vor allem von Ideenproduzenten wie Beratern oder Werbefachleuten und Designern. Doch zeigt es die Richtung, in die sich virtuelle Unternehmen aufmachen. Es weist auf eine höchst unstete Arbeitswelt, in der nur wenige Mitarbeiter auf Dauer die gleichen Aufgaben und Arbeitszeiten behalten und auch nicht allzu viele auf Dauer eine gleichbleibende – oder gar kontinuierlich steigende – Bezahlung genießen werden. Ein dabei immer wichtigeres Phänomen ist Telearbeit, diejenige Organisationsform der Arbeit, die ganz der digitalen Revolution zuzuschreiben ist und auf die ja auch das Netzunternehmen aufbaut.

Die Schätzungen unterscheiden sich sehr – je nachdem, aus welcher Ecke sie kommen. Halbwegs zuverlässig kann man indes davon ausgehen, daß fünf bis zehn Millionen Amerikaner als Telearbeiter wirken. Sie kommen gar nicht mehr oder nur selten in die alten Bürogebäude, sondern arbeiten die meiste Zeit zu Hause oder unterwegs am Computer. Die Ergebnisse ihres Wirkens geben sie elektronisch weiter, und auf die gleiche Art rufen sie notwendige Informationen ab, erhalten aus dem Unternehmen Direktiven und rechnen ihre Arbeit ab.[5] Darunter sind die Wissensarbeiter der Informationsgesellschaft: Redakteure, Forscher, Analysten, die nicht mehr in einem Unternehmen arbeiten wollen. Sie verfügen relativ frei über ihre Arbeitszeit und schenken sich den lästigen alltäglichen Weg ins Büro. In den nördlichen Rocky-Mountains-Staaten der Vereinigten Staaten wie Wyoming und Idaho haben sie schon ganze Dörfer oder Siedlungen gegründet. Vielen Amerikanern gilt die Lebensqualität dort momentan als die beste, angefangen von der frischen Luft über Gewaltlosigkeit bis hin zu günstigen Immobilienpreisen. In Zeiten digitaler Kommunikation gibt es für Berufe wie Verlagslektor oder Programmierer immer weniger räumliche Fesseln. Selbst einige Kundenberater von Banken und Versicherungen, die vor allem am Telephon und am Computer arbeiten, erledigen ihren Job mittlerweile ganz zu Hause.

Die Telearbeit kommt auch auf weniger gut ausgebildete Arbeitnehmer wie Buchhalter oder Schreibkräfte zu. Nicht jeder von ihnen geht freiwillig nach Hause, mitunter haben ihre

Arbeitgeber sie heimgeschickt und ihre physische Arbeitsstelle aufgelöst, um so Kosten zu sparen. Wenn es sich lohnen soll, können sie dabei nicht immer Rücksicht auf individuelle Wünsche nehmen. Denn auf Telearbeit umzustellen lohnt sich vielfach nur, wenn ein Büro oder eine Abteilung auch ganz aufgelöst werden und nicht nur diejenigen gehen, die lieber daheim am Bildschirm sitzen. Sollte den Mitarbeitern zu Hause die Motivation abhanden kommen, stehen in der Regel innerhalb oder außerhalb des Unternehmens andere bereit, um sie in ihrer Funktion zu ersetzen. Auch wenn noch die große Mehrzahl der Telearbeiter freiwillig in das eigene Arbeitszimmer wechselt – eine wachsende Zahl von Arbeitnehmern spürt diese Dynamik und den davon ausgehenden Zwang. Daß Telearbeit mitunter sehr gelegen kommt, zeigte sich nach dem jüngsten großen Erdbeben in San Francisco: Modems waren in der Stadt am Pazifik, angeblich zumindest, nicht mehr zu bekommen. Arbeitnehmer, die nicht mehr ins Büro gelangen konnten, hatten den Bestand schnell gekauft, um sich von zu Hause aus in die Firmencomputer zu begeben und so via Infobahn zu arbeiten.

In Europa haben bislang weitaus weniger Menschen den Weg an den heimischen Bildschirm angetreten. Schätzungen für die alte Welt kommen auf rund zwei Millionen Telearbeiter. In Großbritannien, wo der Telephonriese British Telecom schon 1992 die Türen für 8000 Telearbeiter öffnete, sind mit einer halben bis einer Million die meisten tätig. In Deutschland sind es, gemessen an der Zahl der Erwerbstätigen und am Stand der Telekommunikation, mit allerhöchstens 200 000 digitalen Heimarbeitern die wenigsten. Nach seriösen Schätzungen ließen sich schon jetzt fast zehn Prozent aller Jobs, das wären mehr als zwei Millionen, auf dem digitalen Wege erledigen. Noch gehen hierzulande nahezu alle Telearbeiter freiwillig nach Hause, und viele der Plätze sind in der Testphase. Indes verzerren diese Zahlen das Bild, weil sie Telearbeit nur im engeren Sinn erfassen: als mehr oder weniger vollständige Heimarbeit, bei der den Erwerbstätigen kein betrieblicher Arbeitsplatz mehr bleibt. Im weiteren Sinne revolutioniert die Arbeit am Netz das Berufsleben von ungleich mehr Menschen.

Das gilt ebenso für Teilzeit-Heimarbeiter, die nur einen oder zwei Tage der Woche im eigenen Arbeitszimmer verbringen, wie für diejenigen, die in lokalen Telearbeitszentren arbeiten. Solche »Satellitenbüros«, wie sie in Amerika heißen, bieten elektronische Arbeitsplätze für die Mitarbeiter aller möglichen Unternehmen an. Menschen, die dort arbeiten, üben ihren Job zwar nicht zu Hause aus, sind aber trotzdem von ihrem Unternehmen und den Kollegen räumlich getrennt. Sie nutzen einen Telearbeitsplatz in der Nähe ihrer Wohnung, für den sie selbst oder ihre Arbeitgeber bezahlen. Damit wird die Telearbeit von der Heimarbeit entkoppelt, ohne die Vorteile des dezentralen und digitalen Arbeitsplatzes aufzugeben. Dies ist vor allem wichtig für Menschen, deren eigene Wohnung für Heimarbeit zu klein ist, die sich dort nicht konzentrieren können und während der Arbeit den realen – und nicht nur digitalen – Umgang mit anderen brauchen. Deutsche Landesregierungen fördern mittlerweile solche Zentren vor allem in Regionen, in denen sich kaum Unternehmen ansiedeln – beispielsweise das Telehaus Oberfranken im Freistaat Bayern.

Weitaus größer ist die Gruppe der mobilen Erwerbstätigen, die durch Computer und digitale Kommunikation an gar keinen Ort mehr gebunden sind. So operiert die Vertriebsmannschaft des weltweit führenden Chipherstellers Intel hierzulande nur noch von daheim aus. Viele Vertreter brauchen keinen festen Arbeitsplatz mehr, ihr Büro tragen sie in Form von Laptop-Computer und Mobiltelephon allzeit mit sich. Damit können sie einmal am Tag die Zentrale kontaktieren und Daten austauschen. Doch der Vertreter ist nur ein Beispiel: Ingenieure, die große Maschinen warten oder dringende Reparaturaufträge erledigen, können so ebenfalls wesentlich effizienter arbeiten – wie die meisten, die sich vornehmlich bei Kunden, Lieferanten oder in den Filialen der eigenen Firma aufhalten. Sie sind nicht mehr an eine Region gebunden, weil sie nicht zum Büro zurückmüssen, um ihre Schreibtischarbeit zu erledigen. Verwaltung und Abrechnung lassen sich überall bewältigen. Daher können sie sich auch stärker spezialisieren. Zudem haben sie alle Informationen aus dem Unternehmen via Datenleitung zur Hand. So will die Lufthansa Mitarbeiter, die irgendwo auf der Erde ein Flugzeug reparieren oder warten, mittels digitaler Kommunikation in Sekunden mit Statistiken, Schadensberichten und sogar Ferndiagnosen von weit entfernt sitzenden Spezialisten versorgen. Das System dafür ist längst entwickelt. Der Computer schafft auch die Infrastruktur für eine neue Klasse von »Manager-Nomaden«[6]. Damit sind leitende Angestellte und Unternehmer gemeint, die ebenfalls die meiste Zeit unterwegs arbeiten. Ihre Firmenkonferenzen finden in der Regel im Computernetz statt, und auch administrative Entscheidungen fällen sie online. So kommt es zu jungen Unternehmen, die praktisch nur noch in der digitalen Welt existieren und von Fachleuten geleitet werden, die immer gerade dort sind, wo ihr Wissen den größten Mehrwert erzeugt. Sie mögen weit voneinander weg wohnen und in verschiedenen Regionen reisen, trotzdem betreiben sie ein gemeinsames Unternehmen. Davon gibt es zwar wenige, die aber einen wichtigen Trend erkennen lassen: Der Computer läßt selbst den Bossen nur noch wenig Gründe, es sich in der Zentrale gemütlich zu machen – vor allem, wenn immer weniger Angestellte kontinuierlich dort arbeiten und die Mitarbeiter außerdem selbst immer mehr Verantwortung übernehmen.

Eng verknüpft mit den verschiedenen Formen der Telearbeit ist ein anderes Phänomen: Aus Arbeitnehmern werden Selbständige. »Im Jahr 2000 wird der größte Arbeitgeber das Selbst sein«, sagt Nicholas Negroponte. Wie so oft, erwartet er auch hier zuviel zu schnell. Doch die Tendenz ist nicht zu übersehen. Teils ist dafür die flexible Natur der Ideenökonomie verantwortlich, die Unternehmen dazu veranlaßt, Leistungen lieber extern und auf Zeit zu beziehen, als auf Dauer die sonst dafür benötigten Angestellten zu bezahlen. Teils liegt es auch daran, daß die Unternehmen teure Sozialleistungen sparen wollen.

Deshalb bringen sie Angestellte dazu, zu eigenverantwortlichen Lieferanten zu werden. Schließlich gibt es genug Wissensarbeiter, die aus freien Stücken den Weg in die Selbständigkeit gehen, weil sie dann betrieblichen Zwängen entkommen können und auf Kollegen keine Rücksicht mehr nehmen müssen. Sind sie erst einmal selbständig, zählt ganz allein ihre Leistung. Wieder andere wollen aus den verschiedensten Gründen schlicht zu Hause arbeiten.

Was immer die Motive sind: Die Computerkommunikation hat in vielen Fällen auch diese Arbeitsform erst möglich gemacht. Sie erlaubt die räumliche Entfernung zum Kunden und damit oft zum ehemaligen Arbeitgeber. Anderen gestattet der digitale Marktplatz, für ein spezialisiertes Angebot und das spezialisierte Wissen mehrere weit voneinander entfernte Kunden zu finden und für sie zu arbeiten. Zudem ist die Datenautobahn für viele Wissensunternehmer ein billiger und effektiver Weg, um die für die Arbeit notwendigen Informationen zu suchen und zu beziehen. Schließlich verschafft die digitale Welt Unternehmen, die ihre Mitarbeiter zu selbständigen Heimarbeitern umfunktionieren wollen, noch ein schlagkräftiges Argument: Wenn man so die Kosten nicht senken könne, heißt es dann, müsse man die Dienste eben nach Polen oder Indien vergeben – online, versteht sich. Oft ist das kein willkommener Scheingrund mehr, sondern dahinter steht tatsächlich ein enormer Wettbewerbsdruck.

Nach – wiederum mit Vorsicht zu genießenden – Schätzungen arbeiten zwölf Millionen Amerikaner selbständig von zu Hause aus. Noch einmal so viele sind Teilzeit-Selbständige. Immerhin hat sich diese Zahl in zwanzig Jahren verdoppelt, und vieles spricht dafür, daß die Entwicklung damit erst begonnen hat. In Deutschland sind dem Mikrozensus zufolge insgesamt nur gut drei Millionen Menschen selbständig, doch andere Schätzungen kommen auf immerhin acht Millionen freie Dienste- und Produktanbieter. Die Diskrepanz ergibt sich nicht nur aus einer engen Definition von Selbständigkeit, sondern auch aus dem Umstand, daß heute viele Teilzeitarbeiter nebenher freiberuflich Geld verdienen – und oft verdienen müssen. Deutschland zählt mittlerweile immerhin 4,5 Millionen Teilzeitkräfte. Unter den »Ein-Mann-Unternehmern« sind neben Wissensarbeitern auch ehemals angestellte Busfahrer, Baggerführer oder in einem Schlachthof tätige Fleischer. Doch hier ist erneut der Blick auf die gegenwärtige Veränderung wichtig: Die meisten neuen Selbständigen gehen mit Informationen und mit Ideen um.

Desgleichen darf man die wachsende Zahl derer, die nur Teilzeit arbeiten, auf Zeit oder lediglich für ein Projekt anheuern, nicht ausschließlich auf die digitale Revolution schieben. Dahinter liegt auch der Wille der Unternehmen, dem Sozialsystem die Beiträge vorzuenthalten und sich wegen des Arbeits- und Kündigungsrechtes auf keine Festangestellten mehr einzulassen. Doch der Computer und die Wirkungsweise der Ideenökonomie treiben diesen Trend an. Zum einen entsprechen die ganztags beschäftigten Festangestellten vielfach nicht mehr den Anforderungen des Ideengeschäfts. Und zum anderen eröffnet die Infobahn Unternehmen alternative Wege, um die Leistungen zu beziehen. So kommt es zu einer Vielzahl von Arbeitsformen und -arrangements, so steigt auch die Zahl derer, die nicht nur einem, sondern zwei oder drei Jobs nachgehen. Der Teilzeitangestellte, der nebenher als Einzelunternehmer agiert, scheint dabei eine besonders beliebte Form zu sein. In jedem Fall wird die Grenze zwischen Selbständigen auf der einen Seite und Arbeitern und Angestellten auf der anderen fließend. Wer in schneller Folge projektorientierte Jobs annimmt, ist zwar angestellt, geht aber Risiken wie ein Unternehmer ein und wird dafür in der Regel auch besonders entlohnt. Dagegen arbeiten viele ehemalige Angestellte nun als Selbständige für das gleiche Unternehmen. Sie sind ebenso kontinuierlich tätig wie früher und haben nach wie vor nur den einen Arbeitgeber, der jetzt aber Kunde heißt. Sie können leichter in die Arbeitslosigkeit entlassen werden, doch abgesehen von diesem Risiko hat sich ihr eigentliches Arbeitsleben nicht gewandelt. Deshalb ist es mitunter gar nicht so falsch, sie als Scheinselbständige zu bezeichnen – vor allem wenn der ehemalige Arbeitgeber sie in diesen Status gezwungen hat und ansonsten exakt das gleiche von ihnen erwartet wie früher. Im Grunde ist der Angestellte aus dem ersten Fall weitaus selbständiger als der von einem ehemaligen Arbeitgeber abhängige »Unternehmer« aus dem zweiten.

Die Effekte der vernetzten Wirtschaft lassen nur eine Deutung zu: Mischformen werden zur Regel. So wird die Informationsgesellschaft nicht mehr von einem standardisierten Arbeitsverhältnis bestimmt, nicht mehr von einem Modell, dem wie in der Industriegesellschaft die allermeisten Erwerbstätigen unterliegen. Statt dessen entsteht ein Kontinuum unterschiedlicher Organisationsformen der Arbeit. Sie liegen irgendwo zwischen abhängiger Erwerbstätigkeit und Unternehmertum, zwischen Voll- und Teilzeit, zwischen permanenter Anstellung und kurzfristiger, projektbezogener Zusammenarbeit. Dieser Umbruch löst drei Entwicklungen aus, die ich im folgenden beleuchten will. Erstens zählt die individuelle und kurzfristige Leistung mehr als bisher. Zweitens wird das Erwerbsleben damit für die meisten von uns unsicherer. Und drittens darf und muß der einzelne wesentlich mehr selbst entscheiden als unter dem Paradigma der Industriegesellschaft.

»Leistung muß sich in Deutschland wieder lohnen«: Die Informationsgesellschaft schickt sich an, diese christlich-liberale Forderung aus den achtziger Jahren zu erfüllen – allerdings wohl nicht so, wie es deren konservativen Urhebern vorschwebte. Sie hatten – und haben großenteils noch – eine Welt im Sinn, in der jemand Wohlstand erreicht, der nach einer Ausbildung auf Dauer hart und gewissenhaft in seinem Beruf arbeitet, Erfahrung sammelt, Karriere macht. Doch in der Ideenökonomie ändern sich Anforderungen und Erfolgsfaktoren schnell, und der Wert einer Leistung kann nur auf kurze Zeit bemessen werden. Deswegen scheuen virtuelle Unternehmen kaum etwas so sehr wie die Idee, Karrierewege vorzuzeichnen oder die Charakteristika einer Arbeitsstelle im einzelnen zu definieren. Wissen und

Fähigkeiten, die Leistung des einzelnen zählen für ein Projekt, für ein Angebot und für die Zeit, in der ein bestimmtes Produkt am Markt reüssiert. So kommt es dazu, daß eine Leistung heute, in einer bestimmten Situation, hoch entlohnt wird und den Arbeitgebern oder Kunden morgen nur noch eine durchschnittliche Bezahlung wert ist – oder im schlimmsten Fall auch gar nichts mehr. Weil die vernetzte Wirtschaft darauf drängt, finden Unternehmen immer neue Wege, um diese Veränderlichkeit an die Erwerbstätigen weiterzugeben. Eine solche Arbeitswelt verlangt nicht nur fortwährendes Lernen, weil man sich auf altes Wissen und alte Ideen immer weniger verlassen kann. Sie fordert auch eine Art von Offenheit des einzelnen, die in der Industriegesellschaft kaum von Bedeutung war: Er wird öfter das Aufgabenfeld zu wechseln haben, die Menschen, mit denen er arbeitet, die Kunden, für die er tätig ist. Er wird öfter Änderungen hinzunehmen haben, die in der alten Arbeitswelt als Karriereknick galten – abnehmende Bezahlung oder verringerte Kompetenz. Die Arbeitszeiten werden wechselhafter sein. Auch für diejenigen, die einem Unternehmen als Angestellte permanent verbunden bleiben, wird das Arbeitsleben unsteter.

Die Leistung wird indes nicht nur – zeitlich und projektbezogen – portioniert, sondern auch individualisiert. Am besten zeigt dies die Telearbeit: Sie reißt die Arbeit aus dem Zusammenhang eines Büros oder einer Abteilung. Wie lange ein individueller Telearbeiter braucht, um eine Aufgabe zu erfüllen oder eine Idee zu entwickeln, spielt für die Bezahlung keine Rolle mehr, ebensowenig, zu welcher Tageszeit gearbeitet wird. Es ist eine Entwicklung vom »Zeitlohn« zum »Stücklohn«, wenn man so will – nur daß sich der Marktwert der einzelnen Leistung in der Informationsgesellschaft durchschnittlich viel schneller verändert als unter den Gesetzen des industriellen Zeitalters.

Der Computer entbindet die Kooperation mit anderen von Orts- und Zeitbeschränkungen und macht den einzelnen Telearbeiter dadurch unabhängiger von Kollegen und Chefs – oder allgemein von sozialem Druck am Arbeitsplatz. Dafür zählen

Termine, die von außen diktiert werden, also von Kunden, Lieferanten und Konkurrenten, um so mehr. In dieser Welt wird es dem einzelnen Erwerbstätigen daher ungleich schwerer fallen als heute, sich gegen kurzfristige Zusatzarbeit und immer neue Abgabezeiten zu wehren.

Was die Teleheimarbeit in Reinkultur bedeutet, erweist sich als Trend der gesamten vernetzten Wirtschaft: Die Arbeit des einzelnen läßt sich besser von der anderer trennen, sie läßt sich durch den Computer besser festhalten, elektronisch dokumentieren und individuell bewerten. Das gilt in den meisten Ideenunternehmen, die Aufgaben dezentralisieren und einem einzelnen Mitarbeiter zurechnen. Der Computer gestattet es, ohne große Kosten Unterscheidungen zu treffen, die früher, wenn überhaupt möglich, viel zu teuer geworden wären. Daß Gütermärkte in der Ideenökonomie immer weiter differenziert werden, ist schon deutlich geworden. Ähnliches passiert in der Arbeitswelt: Wo früher das gleiche bezahlt wurde, kann nun bis ins Extrem differenziert werden. Gleich lange anwesend zu sein, zählt nicht mehr so viel – auch nicht, gleich lange sein Bestes zu geben. Noch offensichtlicher wird diese Entwicklung bei denen, die aus dem Angestelltenverhältnis in die Selbständigkeit wechseln. Sie bieten ein bestimmtes Produkt an, dessen jeweiliger Wert ihnen alleine zukommt. Das ist für viele, die diesen Weg freiwillig gehen, das wichtigste Motiv, abgesehen von dem allgemeinen Wunsch nach Unabhängigkeit. Sie wollen nicht mehr für eine Gruppe arbeiten, in der sie mehr leisten, als es dem eigenen Gehalt entspricht, wollen also die anderen mit ihrer Leistung nicht mehr subventionieren. Um noch einmal die Parallelen zu den Produktmärkten zu zeigen und den Faden aus dem vorhergehenden Kapitel aufzunehmen: Die vernetzte Wirtschaft macht auch auf der Arbeitsseite Schluß mit vielen Formen interner Subventionierung. Denn wo diese sich kostenlos oder zumindest ohne große Mehrkosten aufheben läßt, entsteht auch ein Druck, dies zu tun.

Wenn die Bewertung der Arbeit sich derart auf aktuelle Leistung und auf den aktuellen Marktpreis bestimmter Fähigkeiten und Ideen konzentriert, müssen andere Faktoren zwangsläufig schwächer werden – zum Beispiel die Seniorität im Sinne langer Firmenzugehörigkeit. Diese Art Mechanik der klassischen Industriekarriere kann in der neu entstehenden Arbeitswelt der Ideenökonomie, in der die Zeit immer weniger zählt, nur zum Relikt werden. Bedeutsam bleibt dagegen Erfahrung, die sich in Ideenprodukte umsetzen läßt: Der Alterserfolg ist abhängig davon, wertvolles Wissen zu sammeln – mit der Betonung auf wertvoll.

Ebenso verliert die soziale Rolle des einzelnen in der Arbeitsgruppe, die Haltung der anderen ihm gegenüber, an Bedeutung für die Frage, wie die Arbeit bewertet wird. Auch wird es schwieriger, schlicht nach dem Geschlecht zu differenzieren. Immer noch werden Frauen in vielen Unternehmen und Branchen schlechter entlohnt als Männer, die das gleiche leisten. Die vernetzte Wirtschaft verspricht ihnen eine bessere Behandlung – einige Frauengruppen setzen denn auch darauf, daß die digitale Arbeitswelt die Emanzipation im Berufsleben fördert. Und schließlich läßt die Konzentration auf die Leistung des einzelnen weniger Möglichkeiten, Menschen ob ihrer Herkunft zu protegieren oder links liegenzulassen. Freilich gilt dies nicht, wenn solche Charakteristika einen besonderen Wert am Markt haben. So schmücken sich bestimmte Banken mit überdurchschnittlich vielen adligen Namen. Das hat unter Studenten zu dem Witz geführt, daß sich in der Finanzbranche der Doktortitel durch ein »von« spielend ersetzen lasse. Neben den damit oft einhergehenden familiären und gesellschaftlichen Kontakten liegt das an der Vertrauenswürdigkeit, die solche Namen, ob nun zu Recht oder nicht, nach außen immer noch vermitteln.

In seinem schon eingangs erwähnten Buch behauptet Daniel Bell, daß die nachindustrielle Gesellschaft von ihrer inneren Logik her eine »Meritokratie« sei.[7] In einem solchen Umfeld begründen nur Fähigkeiten und Bildung einen unterschiedlichen Status und unterschiedliches Einkommen. Alle Unterschiede, wirtschaftlich wie gesellschaftlich, sind das Verdienst (die *Meriten*) des einzelnen, unabhängig von Familie, Herkunft oder Hautfarbe. Das Humankapital ist in dieser Gesellschaft das Maß aller Dinge – und zwar nicht, wie in einer »Technokratie«, gemessen an akademischen Graden oder anderen abstrakten Vorgaben, die den Platz des Menschen in der Gesellschaft a priori bestimmen, sondern an dem, was jemand mit diesem Humankapital tatsächlich leistet. Der Wettbewerb zwischen den Menschen ist somit intensiver als in einer Gesellschaft, die auf einem Klassensystem oder anderen leistungsfremden Kategorien aufbaut. Weil ungeachtet arbiträrer Klassengrenzen die Aufgaben entsprechend dem Wissen und den Fähigkeiten vergeben werden, führt die Meritokratie auch zu höherer wirtschaftlicher Effizienz. Den erfolglosen Menschen bleiben weniger Entschuldigungen vor sich und vor anderen, und die Erfolgreichen leben noch mehr als sonst in dem Verständnis, daß sie ihren Erfolg, ihren Status und ihre Autorität ganz und gar verdient haben – und deshalb niemandem etwas schulden.

Die Meritokratie ist ein Modell, keine jetzige oder künftige Wirklichkeit, und zudem sagt sie nichts darüber aus, auf welche Art von Sozial- und Umverteilungssystem sich die Menschen schließlich einigen. Trotzdem benennt Bell damit einen bedeutsamen Trend in der Arbeitswelt der Informationsgesellschaft: das Primat der Leistung und des individuellen Verdienstes. Noch nicht erkennen konnte er, daß die vernetzte Wirtschaft eine immense Differenzierung mit sich bringt, daß sie traditionelle Arbeitspakete aufschnürt, daß sich mittels digitaler Kommunikation individuelle Arbeit genauer und leichter abgrenzen, übertragen und dokumentieren läßt.

So werden ehemals homogene Gruppen auseinandergerissen. Einmal kommt es dadurch zu neuen Unterschieden innerhalb eines Büros oder einer Abteilung. Und je nach den »Launen der Ideenmärkte« ändern und verkehren sich diese Unterschiede auch viel schneller als gewohnt. Zum anderen bringt die neue Differenzierung über die eigene Firma hinaus das Gefüge sozialer Gruppen durcheinander. Viele Menschen, die sich einer Gruppe zugehörig fühlten, werden in der Informationsgesellschaft umlernen müssen, weil sich die Wertigkeit ihrer Fähigkeiten wandelt. Ihre Titel und Karrieren verlieren an Bedeutung, ihr Selbstverständnis steht auf Kriegsfuß mit der Realität der Ideenökonomie. Ob jemand ein Staatsexamen mit Prädikat hat, von Beruf Maschinenbauer ist, Buchhalter, Finanzmakler oder selbst Programmierer: Diese Kategorien bedeuten immer weniger einen bestimmten Lebensstandard und einen bestimmten sozialen Status. Denn hinter diesen Kategorien und Arbeitsmodellen steht noch das Verständnis der Industriegesellschaft. Zu beobachten ist diese Entwicklung heute schon in einigen Branchen, doch lange Zeit noch wird sich dieser Wandel weiter beschleunigen und nicht nur die Ökonomie, sondern auch das gesellschaftliche Leben durcheinanderbringen.

Der zweite Trend, den ich hier besonders beachten will, betrifft das hohe Risiko im Arbeitsleben. In der Informationsgesellschaft können sich die Menschen weit weniger als bisher darauf verlassen, daß sie kontinuierlich beschäftigt und gleichbleibend bezahlt werden. Deshalb müssen sie im Durchschnitt ihres Arbeitslebens nicht automatisch weniger verdienen; für viele wird das Gegenteil zutreffen. Und insgesamt werden sie auch nicht unbedingt weniger arbeiten. Aber sowohl die Arbeitszeit als auch das Geld lassen sich nicht mehr so einfach planen, und sie verteilen sich nicht mehr so gleich über die Jahre wie nach den gewohnten wirtschaftlichen Mustern. Die Bezahlung – und für viele auch ein Teil des Selbstwertgefühls – verläuft über die Zeit gesehen im Zickzack. Jungunternehmer können wohl am besten nachvollziehen, was nun auch auf viele andere zukommt.

Damit schafft die vernetzte Wirtschaft ein Problem: Die meisten Menschen mögen solche Risiken nicht – auch wenn sich am Durchschnittseinkommen, das sie erwarten können, nichts ändert, ja oft selbst dann nicht, wenn dieser Durchschnitt mit steigender Unsicherheit ein wenig wächst. Denn in der Risikoökonomie könnten sie ja auch zu den Verlierern gehören und weit hinter dem zurückbleiben, was sie vorher als sicher ansahen. Diese Möglichkeit bereitet vielfach enormes Unbehagen. Daß auf der anderen Seite größere Erfolge winken, vermag dies nicht wettzumachen: Die Furcht vor Verlusten übertrifft bei uns oft die Freude auf neue Chancen.[8]

Stabilität wird in der Ideenökonomie zu einem teuren Spaß. Man kann sich kaum vorstellen, daß kontinuierliche Jobs mit konstanter Bezahlung vollkommen verschwinden werden, denn zu viele Menschen werden ihre Arbeit weiter so organisieren wollen. Doch die Arbeitgeber oder Kunden werden das Risiko, dem sie ausgesetzt sind, weitergeben. Das heißt: Wer wirtschaftliche Stabilität will, muß dazuzahlen. Die Stabilitätsfreunde werden um so mehr von ihrem Verdienst einbüßen, je veränderlicher und flexibler die Ökonomie wird. Weil die Menschen nun einmal so sind, wie sie sind, wird die vernetzte Wirtschaft Risiko immer besser entlohnen oder, andersherum, denjenigen, die an der altgewohnten Kontinuität hängen, die Quittung ausstellen. Das kann zu einem merkwürdigen Resultat führen: Wenn die Menschen im digitalen Zeitalter insgesamt soviel erwirtschaften wie vorher auch, sinkt trotzdem der von den einzelnen empfundene Wohlstand in der Volkswirtschaft.

Sich auf ein unsicheres Arbeitsleben einzulassen ist für wohlhabende Menschen einfacher als für ärmere. Wer Vermögen hat oder soviel verdient, daß er auch dann nicht darbt, wenn sein Wissen an Marktwert verliert und sein Einkommen auf einmal fällt, kann mit dem Risiko vergleichsweise leicht umgehen. Dagegen droht ärmeren Menschen weit schneller eine existentielle Krise, wenn der Verdienst kräftig schwankt und keine hinreichenden Reserven vorhanden sind. Sie müssen öfter auf das soziale Sicherungssystem zurückgreifen – wie dieses System in der Informationsgesellschaft auch aussehen mag. In dieser Hinsicht hat wirtschaftliche Stabilität schon immer vor allem denen geholfen, die weniger begünstigt sind oder weniger leisten.

Bleibt noch der dritte Trend der digitalen Arbeitswelt: Der

einzelne wird selbständiger. Seine Entscheidungsgewalt nimmt zu, und er hat Zugang zu immer mehr Informationen. Die industrielle Hierarchie ging davon aus, daß sich die Komplexität des Wirtschaftens von den Arbeitern ganz unten fernhalten und an die Manager übertragen lasse. Harvard-Professorin Shoshana Zuboff zufolge begründeten von jeher nicht nur Effizienzgesichtspunkte diese Organisationsform, sondern auch die Tatsache, daß sich so einige Mitglieder der Organisation hoch bewerten ließen und andere entwertet wurden.[9] In der vernetzten Wirtschaft wird es jedoch zum Imperativ, die Probleme und die Komplexität dort anzugreifen, wo sie anfallen – ob nun während der Herstellung, während eines Verkaufs oder einer Lieferung. Dank der Computerkommunikation kann der einzelne zuständige Mitarbeiter alle für die Entscheidung relevanten Informationen abrufen und sich so, ohne weitere Kosten, den notwendigen Überblick verschaffen. Er muß freilich mit dem Wissen auch umgehen können und Zugang dazu haben. Daraus folgt nicht nur eine enorme Dezentralisierung, sondern auch, daß der intellektuelle Teil, der Wissensteil der Arbeit auf allen Organisationsstufen wächst. »Um Informationen in Wohlstand umzumünzen«, schreibt Shoshana Zuboff, »müssen mehr Mitglieder eines Unternehmens die Möglichkeit bekommen, mehr zu wissen und mehr zu machen.«

Die risikoreiche und individualisierte Arbeitswelt führt zu einer Ermächtigung des einzelnen. Sie verspricht mündige Arbeitnehmer, die nicht nur selbständiger werden, sondern vielfach auch selbstbewußter. Darin mag man die Umkehr der von Karl Marx beklagten Entfremdung des Arbeiters entdecken. Jedenfalls stellen viele Experten die neue Autorität des einzelnen und die gleichmäßigere Verteilung von Entscheidungsmacht als die Sonnenseite der digitalen Arbeitswelt heraus. In dem neuen System, schreibt Paul Romer, »werden Firmen zunehmend die Neugier und den Willen zum Experimentieren nutzen, die jedem Menschen angeboren sind«[10]. Auch die Tofflers freuen sich auf eine neue Arbeitswelt, in der horizontale Selbstregulierung der zentralen Kontrolle den Rang abläuft.[11] Sie sehen einen neuen Typ von Arbeiter entstehen – »jemand, der denkt, nachfragt, Neues einführt und unternehmerische Risiken trägt, eine Kraft, die man nicht leicht ersetzen kann«[12].

Die Ideenökonomie reduziert die berufliche Aufgabe des Menschen nicht auf eine spezialisierte Handbewegung oder eine Verwaltungsarbeit. Wenn überhaupt, läuft sie Gefahr, den einzelnen nicht zu unter-, sondern zu überfordern, ihm Entscheidungen aufzubürden, an die er nicht gewöhnt ist. Ebenso werden Arbeitnehmer und Neu-Selbständige sich weit mehr als gewohnt selbst disziplinieren und organisieren müssen. Diese Entwicklung wird noch eine Reihe von Erwerbstätigen ihre traditionellen Jobs kosten. Für sie kommen die digitale Revolution und der mit ihr verbundene wirtschaftliche Wandel zu schnell voran. Damit soll allerdings die befreiende Wirkung bei der Arbeit nicht kleingeredet werden – im Gegenteil: Das vielleicht größte positive Potential der vernetzten Wirtschaft liegt genau darin. Junge Menschen müssen weniger gegen Seniorität und andere leistungsfremde Strukturen anrennen, ihrer Erfindungskraft stellen sich weniger Hürden in den Weg. Statt mit einer Ausbildung festgelegt zu sein, werden sich vielen zwei, drei oder mehr berufliche Chancen in verschiedenen Phasen des Arbeitslebens eröffnen. Rein formelle Autorität, die nicht auf Wissen, sondern auf einem Organigramm gründet, läßt sich besser abschütteln. Keine Frage: Die digitale Arbeitswelt birgt eine große befreiende Kraft, eine Chance auf echte Mündigkeit der Arbeitenden.

Charles Handy bezweifelt indes, daß die westlichen Volkswirtschaften dieses Potential auch zu realisieren wissen. Dabei zählt der Ire zur Handvoll weltweit bekannter Vordenker der Geschäftswelt – eine Profession, die sich in der Regel durch einigen Optimismus auszeichnet. Doch Handy war schon immer der ungewöhnlichste Vertreter dieser elitären Gruppe. Ende der achtziger Jahre prophezeite er, daß im Jahre 2000 die Hälfte der Erwerbstätigen in den Industrieländern außerhalb herkömmlicher Organisationen arbeiten würde. Viele würden ihre Dienste selbständig anbieten, zu Hause arbeiten, nur noch zeitweise beschäftigt sein. In dieser Flexibilität sah Handy vor allem einen Weg zu mehr persönlicher Freiheit und Erfüllung.[13] Mit seiner Zukunftsskizze hat er, vom Trend her, bislang recht behalten. Doch der Kapitalismus habe sich nicht als das flexible Instrument erwiesen, für das er gehalten wurde, schreibt Charles Handy heute. Nicht nur, daß die Unternehmen die Zahl der Erwerbstätigen drücken, wo es nur geht, statt deren Fähigkeiten zu entwickeln und zu nutzen, nicht nur, daß deswegen die einen heute siebzig Stunden in der Woche arbeiten und die anderen ohne Arbeit bleiben: Vor allem sind die Menschen laut Handy extrem verwirrt. Sie können immer mehr leisten und sich leisten, gleichzeitig wird ihr Leben aber auch immer unsicherer. Mit anderen Worten: Die Instabilität der vernetzten Wirtschaft macht es dem einzelnen schwer, die neue Selbständigkeit zu nutzen und sich mit ihr anzufreunden – auch wenn, so ließe sich hinzufügen, mehr Unsicherheit und wachsende Autonomie zwei Seiten der gleichen Medaille sind.

Handy feiert mittlerweile den Erfolg seiner dritten Karriere und gibt damit selbst sein bestes Beispiel dafür ab, wie es gehen sollte. Begonnen hatte er als junger Manager beim britischen Ölkonzern Shell. Später wurde er Professor in London, ehe er in den achtziger Jahren in die derzeit laufende Karriere umstieg – als Denker, wie er selbst sagt. Die Menschen sollten sich darauf einrichten, lebenslang zu lernen und in ihren Fünfzigern noch einmal etwas Neues anzufangen.

Als erfolgreicher Wissensarbeiter hat er gut reden. Aber in der Tat verwirrt die digitale Arbeitswelt zunächst. Ein Zeugnis davon gibt der ehemalige Kommentarchef der amerikanischen Zeitschrift *Business Week*.[14] »Willkommen in der Firma, die nicht da ist«, so die bittere Überschrift: Er kann nichts anfangen mit Arbeitgebern im Netz, die aufhören zu existieren, wenn der Strom abgeschaltet wird. Die neue Arbeitswelt ist ihm zu riskant, zu unzuverlässig, zu beunruhigend. Nur wer unabhängig und hart genug sei, könne überleben. Zudem fehle den individuellen Netzarbeitern die Motivation eines gemeinsamen Ziels. Der Mann, wohlgemerkt kein ausrangierter Industriearbeiter, sondern ein erfolgreicher Wissensarbeiter, ist froh darüber, daß er in dieser neuen Welt nicht mehr arbeiten muß. Diese Haltung ist darüber hinaus nicht nur eine Frage des Alters: Seine Sorgen teilen auch Menschen, die noch eine Weile arbeiten werden.

Weil wir dem schnellen Wandel vielfach widerstehen, ändert sich die Arbeitswelt nie so schnell, wie die Technologie es zuließe. Schon heute wäre es kein Problem mehr, in vielen Firmen austauschbare Büros einzurichten und damit Geld zu sparen. Wer den jeweiligen Platz gerade nutzt, legt eine Diskette ein. Schon erscheinen seine elektronischen Akten auf dem Personalcomputer, das Telephon nimmt seine Durchwahl an, und auf dem Flachbildschirm an der Wand erscheint sein Lieblingsphoto. Die wenigsten Unternehmen haben dies bisher umgesetzt, weil es den Arbeitnehmern widerstreben würde.[15] Sie müssen erst langsam ein Umfeld schaffen, in dem sich die Mitarbeiter mit den technischen Möglichkeiten anfreunden können. Menschen ändern sich nun einmal nicht so schnell, wie Technologien oder Märkte es in Umbruchphasen wie dieser vermögen.

Genauso zutreffend ist freilich auch: Je mehr Effizienz die neue Technologie gewinnt, desto stärker wird der Druck auf die Unternehmen und die Erwerbstätigen, sich doch darauf einzulassen. So war Telearbeit schon vor fünfzehn Jahren möglich – und sie wurde schon damals als Kern einer neuen Arbeitswelt gefeiert; aber erst langsam haben sich die notwendigen Bedingungen entwickelt, damit sie sich auch durchsetzt. Erstens wird die digitale Kommunikation immer billiger und einfacher. Zweitens wandeln sich viele Firmen zu virtuellen Unternehmen, die hinreichend dezentral und flexibel sind, um mit der Telearbeit echten Mehrwert zu schaffen. Und drittens drängen die Ideenökonomie und der internationale Arbeitswettbewerb darauf, Telearbeit in ihren verschiedenen Formen einzusetzen. Damit können Unternehmen nicht nur nach außen schnell reagieren, sondern auch nach innen: Wenn ein Firmenstandort unter einem Engpaß leidet, kann Telearbeit in anderen Regionen dies in Minutenschnelle ausgleichen. Sich der neuen Arbeitswelt zu widersetzen wird immer schwieriger – oder für den einzelnen zumindest teuer – werden. Beim Übergang in die Informationsgesellschaft steht auf der einen Seite der Konsument, der es schätzt, wie individuell und flexibel die Ideenökonomie ihn bedient. Auf der anderen Seite ist dieser Konsument gleichzeitig der auf Stabilität und Sicherheit bedachte Arbeitnehmer. Eine echte Wahl läßt die Informationsgesellschaft indes nicht: Die dem Konsumenten liebgewordene Welt wird sich durchsetzen, und seine andere Seite, die Arbeitnehmerseele, muß damit zurechtkommen.

Für die meisten Menschen wandelt sich die Arbeitswelt zwar nur schrittweise, halten Flexibilität und Selbständigkeit nach und nach in die Arbeits- oder Lieferverträge Einzug. Am Ende der Entwicklung steht indes: Arbeitsstellen, wie wir sie kennen, sind der Informationsgesellschaft fremd.[16] Es ist schon komisch: Zunächst galt die industrielle Arbeitswelt als schlimmste Form der Ausbeutung, als unmenschliche Maschinerie – was sie nach heutigen Maßstäben vielfach ja auch war. Doch schließlich haben sich die Bedingungen so weit verbessert, daß in den westlichen Gesellschaften kaum etwas so begehrt ist wie »normale« Jobs. Und ausgerechnet jetzt sollen wir uns schon wieder von ihnen verabschieden.

In der Tat werden dauerhafte Arbeitsstellen immer knapper, das zeigt die Arbeitslosenstatistik ebenso wie zunehmende Selbständigkeit und Zeitarbeit. Arbeit dürfte es gleichwohl auch in der Ideenökonomie ausreichend geben. Nur wird sie im digitalen Zeitalter wieder anders verpackt. Die entscheidende Einheit ist nicht mehr die Arbeitsstelle, sie ist der Ideenökonomie zu unflexibel, sondern die anfallende Arbeit oder das jeweilige Projekt. In gewisser Weise bewegen wir uns wieder auf eine handwerkliche Welt zu. Gefragt sind dann weniger solche Menschen, die sich an eine bestimmte Stellenbeschreibung halten können, als diejenigen, die selbständig genug sind, um ohne die altgewohnte Struktur auszukommen. Klassische Hierarchien gehen unter in der vernetzten Wirtschaft, in der sich viele Arbeiten von Orts- und Zeitbezügen lösen und der einzelne mehr und mehr selbst zu entscheiden hat.

In dieser zersplitterten Arbeitswelt ist reine Teleheimarbeit ebenso nur ein Extrem wie die Vollzeitarbeit im Büro, Unternehmertum ebenso wie permanente Beschäftigung. Freizeit und Ferien werden ungleich variabler. Und es wird weit mehr als bisher dem einzelnen überlassen bleiben, wann er sich zur Ruhe setzt. Im neunzehnten Jahrhundert haben Industrialisten die Arbeit vereinheitlicht und verstetigt. Historisch gesehen nur kurze Zeit, zwei bis drei Menschenleben später löst sich diese homogene Struktur wieder auf und zerfällt in viele Formen – die tausend Arbeitswelten der Informationsgesellschaft.

4 AM ENDE DER GEMEINSAMKEIT

D as Szenario könnte einfacher und erschreckender kaum sein: Die digitale Revolution spaltet die Gesellschaft in eine kleine Elite, die sogenannten *haves*, und das Gros der Verlierer des Informationszeitalters, die *have-nots*. Auf der einen Seite stehen danach die klugen Ideenunternehmer mit den richtigen Fähigkeiten und dem geeigneten Wissen, die sich mittels der Infobahn bereichern und schließlich eine neue Oberklasse bilden. Auf der anderen Seite des Grabens mühen sich schlecht bezahlte Industriearbeiter, deren Talente kaum mehr gefragt sind, sowie Digitalnomaden, die ihre Dienste häppchenweise anbieten müssen und der unsicheren Informationsökonomie ebenfalls nicht froh werden.

In unterschiedlichen Versionen taucht die Drohung der Zweiklassengesellschaft immer wieder auf. »Die High-Tech-Revolution wird die Spannung zwischen Arm und Reich weiter vergrößern und das Land in zwei feindliche Lager spalten«, erwartet der amerikanische Sozialkritiker Jeremy Rifkin zumindest für die Vereinigten Staaten.[1] Er sieht »soziale Unruhen und offene Klassenauseinandersetzungen« entstehen, wie sie »die Moderne noch nicht erlebt hat«[2]. Der Soziologe Theodore Roszak fürchtet für alle, die keine Computerexperten sind oder werden wollen. Dieser »Rest von uns«, so schreibt er, »sind viele von uns: Menschen ohne die Zeit, das Talent, die Neigung oder das Geld, um sich in diese Technologie oder irgendeine andere zu vertiefen«[3]. Während eine Wissenselite die digitale Welt für sich zu nutzen wisse, müsse der Rest sich mit Spielprogrammen und anderen armseligen Massenwaren begnügen. Folglich bleibe die Mehrheit auf der Infobahn unmündig und machtlos. Auch Managementstrategen wie Stan Davis und Jim Botkin gehen davon aus, daß die Klugen in der Informationsgesellschaft immer klüger, die Reichen immer reicher werden. Um die Menschen mit zuwenig Wissen und Talent kümmere sich die Privatwirtschaft gewiß nicht, der Staat könne nur versuchen, den künftigen Wissens- und Bildungsgraben nicht allzu breit werden zu lassen.[4]

Die Liste der Zweiklassentheorien läßt sich nahezu beliebig erweitern, und selbst optimistische Autoren wie Peter Drucker tragen dazu bei. Seine Furcht: In der Informationsgesellschaft werden die Wissensarbeiter und die klassischen Dienstleister einen gefährlichen Klassenkonflikt austragen. Schon macht er aus, daß auch schlanke Wissensfirmen, beispielsweise Anwaltskanzleien, traditionelle Dienste wie die Dokumentation nach außen vergeben und sich von den entsprechenden Mitarbeitern trennen; damit machen sie die Spaltung auch organisatorisch perfekt. Abwenden ließe sich ein neuer Konflikt nur, wenn die Dienstleister selbst produktiv genug blieben, um Wohlstand zu schaffen. Die neue Oberklasse werde sich jedenfalls von ihnen trennen und sie auf Dauer auch nicht subventionieren wollen. Im Gegensatz zu Rifkin oder Roszak geht Drucker immerhin davon aus, daß die Klassen sich nicht so klar voneinander trennen lassen wie im industriellen Kapitalismus. Die Grenze werde wesentlich durchlässiger sein.[5] Auch in Deutschland hat die These vom tiefen Graben, der sich durch die Informationsgesellschaft ziehen wird, viel Aufmerksamkeit erzeugt. Gegnern der Infobahn ist sie zum liebsten Argument geworden, so daß selbst der Bonner Forschungs- und Bildungsminister Jürgen Rüttgers bei jeder Gelegenheit wiederholen muß: »Es darf nicht zur Zweiklassengesellschaft kommen.«

Dieses Endzeitszenario, obwohl in der öffentlichen Diskussion eine Art Selbstläufer, verfehlt das Wesen des digitalen Zeitalters. Die Idee einer von zwei oder drei Klassen und ihren Konflikten bestimmten Gesellschaft ist überholt. Sie stammt aus der Industriegesellschaft, in der man klar zwischen Arbeit und Kapital unterscheiden konnte, und zuvor noch aus der agrarischen Feudalgesellschaft, die zum Wohle der kleinen Oberklasse zwischen Adel, freien Bürgern und Leibeigenen unterschied. Nunmehr zeichnet sich indes die Auflösung gesellschaftlicher Klassen ab. In der zersplitterten Gesellschaft, auf die wir uns zubewegen, werden sich solche relativ homogenen Großgruppen vorerst nicht mehr bilden. Die Trends der digitalen Revolution, die Entwicklungen der vernetzten Wirtschaft sprechen dagegen. Zum einen werden sich unendlich viele Arbeitsformen zwischen Selbständigkeit und Arbeitnehmerschaft bilden; zum anderen wird es keineswegs so sein, daß die einen reine Wissensarbeiter, die anderen reine Handarbeiter sind, daß die einen nur mit digitalen Symbolen und die anderen nur mit physischen Objekten umgehen. Verschiedene Aufgaben unterscheiden sich vor allem durch den Anteil des Wissens, und auch der Übergang vom Dienstleister zum Wissensarbeiter ist fließend. Gleiches gilt für die Nutzung der Infobahn im heimischen Wohnzimmer: Die Menschheit wird sich nicht aufteilen in passive Konsumenten, die nur digitale Lustbarkeiten beziehen, und die Elite, die miteinander kommuniziert und sich weltweit informiert. Wo man hinsieht, findet man eine enorme Differenzierung, aber keine festen Kategorien, die neue Trennlinien begründen könnten. Die Informationsgesellschaft hat viele Klassen – oder eben keine. Der Klassenbegriff, wie wir ihn kennen, wird dabei jedenfalls ad absurdum geführt. Eines ist damit freilich noch nicht ausgeschlossen: daß wenige Menschen oder Unternehmen den Zugang zur Infobahn kontrollieren und alle anderen sich ihrer Macht fügen müssen. Dieses Orwellsche Szenario ist zwar eine – ziemlich unwahrscheinliche – Möglichkeit, die jedoch der Informationsgesellschaft nicht entspräche. Diese fußt ja auf Dezentralisierung und Differenzierung, zwei Prinzipien, die es schwer machen, zentrale Kontrolle auszuüben.

75

Hinter der Grabentheorie steht bei einigen Skeptikern indes die Befürchtung, daß ein gewichtiger Teil der Erwerbstätigen überhaupt nicht das Zeug zum Wissensarbeiter hat. Sie glauben nicht, daß die allermeisten Menschen mit Symbolen umgehen oder einen Computer sinnvoll nutzen können. Wer aber diesen Anforderungen der Informationsgesellschaft nicht genügt, so die Logik, wird seinen Job verlieren und keinen neuen finden. In der Tat steigt der Wissensanteil vieler Aufgaben in der Ideenökonomie, und ganz ohne die erwähnten Fähigkeiten werden die meisten langfristig kaum noch Geld verdienen können. Doch aus dem Argument spricht erstens eine abschätzige Haltung gegenüber einem Teil der Menschen und ihren geistigen Möglichkeiten. Und zweitens ist das Argument statisch: Es stellt nur die Frage, ob Industriearbeiter und Dienstleister jetzt und sofort in einen Wissensjob wechseln könnten. Wenngleich Industrieunternehmen heute schon den Wissensanteil ihrer Fabrikjobs erfolgreich steigern, würde vielen von ihnen ein abrupter Wechsel schwerfallen. Oft fehlen dafür die geeignete Ausbildung, die Erfahrung und Gewöhnung. Das gilt übrigens nicht nur für Menschen, die bislang vor allem mit den Händen gearbeitet haben, sondern auch für Verwaltungsangestellte, die stets strikten Anweisungen und Routinen gefolgt sind und nun auf einmal selbst entscheiden sollen.

In der Tat wird dieses Problem vor allem diejenigen treffen, die den Übergang von der industriellen in die digitale Arbeitswelt von jetzt auf gleich bewältigen müssen. Das bedeutet aber noch lange nicht, daß ein großer Teil der Menschen dauerhaft durch die Anforderungsraster der Ideenökonomie fallen wird oder gar fallen muß. Zum einen wird sich die Ausbildung ändern, zum anderen wird vieles, was jetzt noch neu ist, mit der Zeit selbstverständlich. Dabei wird es zwar nicht mit jeder neuen Generation von Software einfacher, den Computer zu nutzen – mitunter werden die Programme sogar komplizierter, weil sie mit neuen Funktionen überfrachtet werden. Aber je mehr die Menschen mit der digitalen Technologie bei der Arbeit und zu Hause umgehen, desto geringer wird in der Regel ihre Scheu. Jeder kann das nachvollziehen, der einst versucht hat, sich den Computer mit einem Handbuch oder auch in einem Kursus zu erschließen, und heute damit umgeht, ohne über die einzelnen Arbeitsschritte überhaupt noch nachzudenken. Und heutige Teenager sind mit der digitalen Symbolwelt ohnedies vertrauter als ihre Eltern und Großeltern – selbst durch banale Anwendungen wie Videospiele. Schließlich ist auch die in der Ideenökonomie geforderte Flexibilität eine Sache des Lernens und der Gewohnheit.

Viele Menschen, schreibt Paul Romer, »können nur sehr schwer den Gedanken akzeptieren, daß jeder Arbeiter in einer Organisation, von der Führungsspitze bis zur Basis, ein ›Wissensarbeiter‹ werden kann, wenn er die Gelegenheit dazu bekommt. Dabei ist diese Idee nicht unplausibler – und nicht unwichtiger – als die Behauptung, daß man eine Handfeuerwaffe aus austauschbaren Teilen zusammenbauen kann.«[6] Recht hat der zukunftsgewandte Ökonom aus Kalifornien – auch in die Informationsgesellschaft wird Routine einkehren. Dann verlieren Aufgaben, die derzeit großen Lernaufwand und eine besondere Auffassungsgabe verlangen, ihren Schrecken und werden alltäglich.

Vielfach wird dieser Prozeß, wird der Übergang von der einen in die andere Ökonomie als Problem der alten Generationen hingestellt. Wer seit dreißig Jahre in dem industriell geprägten System arbeitet, kommt, so die Logik, schwer davon los. Im Alter ist die Weltauffassung nicht mehr flexibel genug, ist man in seinem Leben zu eingefahren, um mit den neuen ökonomischen Gesetzen noch zurechtzukommen. Doch so eindeutig ist die Generationenbilanz nicht. So hat die vernetzte Wirtschaft auch für ältere Menschen befreiende Momente zu bieten. Nach dem alten Paradigma jedenfalls haben sie, typisch rigide industrielle Struktur, mit 65 Jahren mehr oder weniger ausgedient, ob sie nun wollen oder nicht. Wer danach noch weitermachen will, muß sich in der Regel besonders beweisen. In der Ideenökonomie wird die Altersbarriere durchlässiger. Menschen, die im hohen Alter noch ihre Arbeit anbieten wollen, die über besonderes Wissen und marktfähige Ideen verfügen, haben es leichter, diese umzusetzen. Allerdings veralten Wissen und Erfahrungen auch schneller, und darin liegt vor allem eine Gefahr für ältere Erwerbstätige, die an stabile Verhältnisse gewöhnt sind und dementsprechend nicht an die Notwendigkeit, fortwährend zu lernen. Und hier schließt sich der Kreis wieder: Im Informationszeitalter lassen sich die gesellschaftlichen Gruppen und ihre Schicksale nicht mehr so klar bestimmen und voneinander trennen.

Dies ist wohl die richtige Stelle, um auch der zweiten Lieblingsdiskussion in Sachen Informationsgesellschaft kurz nachzugehen. Ich meine die fruchtlose Debatte um die Frage, ob die digitale Revolution nun mehr Arbeitsplätze schafft, als sie vernichtet, oder umgekehrt. Nicht nur Autoren wie Jeremy Rifkin behandeln das Problem ausführlich. Regelmäßig publizieren Consultingfirmen und öffentliche Institute neue Schätzungen über die Jobbilanz der Infobahn, und auch in Deutschland wird diese Debatte mit Leidenschaft geführt. Es fing an mit irgendwelchen obskuren Prognosen aus Brüssel oder Bonn, wonach die digitale Kommunikation zehn Millionen neue Arbeitsplätze in Europa schaffen werde. Andere erwarten dagegen, daß der Computer im Gegenteil unter dem Strich noch viele Jobs vernichten wird.

Dabei handelt es sich größtenteils um Leserei im Kaffeesatz. Die neuen Aufgaben entstehen durch Ideen und Innovationen, die sich nicht vorhersagen lassen. Das wiederum liegt in der Natur der Sache: Wirtschaftlicher Wettbewerb ist ein Entdeckungsprozeß, dem die digitale Kommunikation neue Tore öffnet. Ebensowenig läßt sich absehen, wie bestimmte Aufgaben und Positionen durch einen höheren Wissensanteil und einen anderen Zuschnitt transformiert werden. Außerdem ist das Geschehen auf dem Arbeitsmarkt keine unabhängige Größe, sondern hängt auch davon ab, wie die Gesellschaft ihre sozialen Institutionen anpaßt, wie sie das Schul- und Ausbildungssystem ändert und auf welche gemeinsamen Ziele sie sich verständigt.

Noch wichtiger aber ist etwas anderes: Wie gesehen, wird der Arbeitsmarkt der Zukunft mit dem heutigen nicht mehr vergleichbar sein. Tatsächlich vernichtet die vernetzte Wirtschaft Arbeitsstellen im Sinne der Industriegesellschaft – und zwar sehr viele. In der zersplitterten Arbeitswelt der Informationsgesellschaft wandelt sich damit auch der Begriff der Arbeitslosigkeit. Zählt man zu den Arbeitslosen weiterhin alle Menschen, die keinen stetigen und regulären Job haben, werden sich irgendwann gigantische Raten errechnen lassen. Denn immer wieder werden Erwerbstätige vorübergehend keiner bezahlten Arbeit nachgehen oder nachgehen können, sie werden nur Teilzeit arbeiten oder eine Auszeit am Arbeitsmarkt nehmen, um Neues zu lernen. Arbeitslos zu sein bedeutet in der Ideenökonomie nicht mehr das gleiche wie bislang. Daher nutzt es – ähnlich wie bei der Klassenfrage – wenig, das alte Konzept in die Zukunft fortzuschreiben. Es ist, überspitzt gesagt, ein weiteres Beispiel für den mißlungenen Versuch, eine neue Gesellschaft mit den Kategorien der alten zu begreifen.

Statt dessen sollte man sich vor allem mit einem Trend auseinandersetzen, den die schnell zunehmende Differenzierung auslöst und dem dieses Kapitel nun nachgehen soll: Auf vielen gesellschaftlichen Ebenen trennen sich die Menschen voneinander, sie geben altgewohnte Formen der Solidarität auf. Gemeinschaftsbildende Institutionen der Industriegesellschaft gehen unter den neuen Vorzeichen nach und nach kaputt. Das ist schon deshalb kein Wunder, weil wir das gesellschaftliche Leben in großen Teilen über die Arbeit bestimmen. Doch die Grundlage dessen, das industrielle Modell von Beruf und Karriere, stimmt eben immer weniger. Um noch einmal den Arbeitsforscher Werner Dostal zu zitieren: »Aus dem Arbeitsmarkt wird ein Markt für Güter und Dienstleistungen. Dieser Markt wird in Informationssystemen transparent gemacht.« Seine Schlußfolgerung: »Das Normalarbeitsverhältnis wird es mit Multimedia kaum mehr geben.«[7] Aber genau darauf, auf die stetige, abhängige Erwerbsarbeit, ist ein großer Teil des Gemeinwesens ausgerichtet –

vor allem das in den vergangenen hundert Jahren langsam gewachsene Sozialsystem in Deutschland.

Wird dieser Kern des Sozialstaats nicht mit Bedacht verändert, so wird er in der Informationsgesellschaft zwangsläufig auseinanderbrechen, denn der Sozialversicherung gehen dann schlicht die Beitragszahler aus. Zunächst verliert sie hochqualifizierte Wissensarbeiter, denen die vernetzte Wirtschaft neue Wege in die Selbständigkeit öffnet. Gerade diese Mitglieder kann das schon schwer belastete Sozialsystem am allerwenigsten entbehren. Sie sind, im Jargon der Versicherungen, seine besten Risiken. Solange die Wissensarbeiter bei einem Unternehmen angestellt sind, zahlen sie hohe Beiträge, und sie beanspruchen nur selten Geld aus der Arbeitslosenkasse. Gehen sie eigene Wege, läuten sie eine Abwärtsentwicklung für das System ein. Mit jedem, der geht, müssen die verbleibenden Mitglieder eine größere Last tragen. Denn zudem wird die Sozialversicherung ja künftig nicht weniger beansprucht, sondern allenfalls mehr als heute. So sind in der Ideenökonomie Erwerbstätige nach der alten Definition öfter arbeitslos als bisher; in Zeiten ohne Auftrag oder Beschäftigung vergrößern sie noch die Gruppe der Empfänger. Auch bei anderen Säulen des Sozialsystems ist, um es vorsichtig auszudrücken, keine Entlastung in Sicht. Die gerade erst eingerichtete Pflegeversicherung wird über die nächsten Jahre mit einiger Sicherheit nur teurer werden. Die soziale Krankenversicherung wird vielleicht nicht teurer, sortiert dafür aber immer mehr Leistungen aus. Bleibt die staatliche Rentenversicherung – ein weiteres Beispiel dafür, wie über Zukunft verhandelt wird, indem man den Status quo fortschreibt. Dort wird mit Prognosen und Szenarien operiert, die dreißig Jahre und länger in die Zukunft reichen. Daß in der entstehenden Informationsgesellschaft viele Arbeitnehmer selbständig oder teilselbständig werden, spielt in den Diskussionen um die Rente aber merkwürdigerweise kaum eine Rolle. Dabei dürfte die digitale Arbeitswelt das gesamte System weit gravierender beeinflussen als veränderte Alterspyramiden und ein zu niedriges

Rentenalter, zumal dieser Wandel die Eigenart hat, daß er sich mit jeder neuen Phase weiter beschleunigt.

Doch zurück zum Ausstieg der Wissensarbeiter aus dem Sozialsystem: Die soziale Last wächst weiter – und damit vergrößert sich der Anreiz für andere Arbeitnehmer nur weiter, ebenfalls auszusteigen. Auch sie bieten dann ihre Dienste selbständig an und vermindern ihre abhängige Erwerbsarbeit zumindest soweit, daß sie keine oder nur noch geringe Sozialbeiträge berappen müssen. Die Abwärtsspirale setzt sich dadurch fort: Immer weniger Erwerbstätige sind gezwungen, einen immer größeren Teil ihres Einkommens in das Sozialsystem zu stecken – ohne große Hoffnung, viel davon noch einmal wiederzusehen. In der Folge steigen noch mehr Arbeitnehmer aus, und die Sozialversicherung verkommt zu einem System von Armen für Arme – und bewegt sich zurück in eine Richtung, aus der sie sich im Verlauf eines Jahrhunderts langsam und mühsam hat befreien können.

Diese Entwicklung ist mehr als nur ein mögliches Szenario. Sie folgt vielmehr dem Wesen der Fragmentierung in der vernetzten Wirtschaft. Wenn in der Ideenökonomie immer neue Arbeitsformen entstehen und viele Menschen ganz oder halb selbständig arbeiten, mal gar nicht tätig sind und dann wieder zweihundertfünfzig Stunden im Monat arbeiten, erodiert das soziale Fundament zwangsläufig. Auch die Unternehmen sind vielfach daran interessiert, die Dienste nicht mehr von Mitarbeitern, sondern von Ein-Mann- oder Ein-Frau-Unternehmen zu beziehen. So können sie nicht nur flexibler handeln, sie sparen auch ihren Anteil an den Sozialbeiträgen. Oder sie stellen auf Teilzeitarbeit und Nebenbeschäftigung um, was in geeigneten Situationen das gleiche bewirkt.[8] Da mögen Bonner Sozialpolitiker die sogenannte Scheinselbständigkeit in Fällen anprangern, in denen ehemalige Mitarbeiter nur pro forma als Unternehmer agieren, aber weiter einzig von der Firma abhängig sind, für die sie schon bisher als Arbeitnehmer tätig waren. Vielleicht können sie per Gesetz diese unliebsame Form der Selbständigkeit sogar beschränken. Sie mögen ebenso versuchen, die Arbeit zu Hause am Bildschirm rechtlich besser in das bestehende Korsett einzupassen. Verhindern können sie mit derlei Ausbesserungsarbeiten nicht, daß sich die öffentlich organisierte Sozialgemeinschaft auflöst, allenfalls können sie diese Entwicklung ein wenig verzögern. In der Ideenökonomie werden jede Menge neue Arbeitsformen hinzukommen, die es gestatten, am Sozialstaat traditioneller Prägung vorbeizuwirtschaften. Dieses Kontinuum läßt sich nicht in den Griff bekommen, ohne Abschied zu nehmen von der Idee eines »normalen« Arbeitsverhältnisses – und damit vom zentralen Baustein des Sozialsystems.

Der beschriebene Trend wirkt zwar schon seit einiger Zeit, aber die Möglichkeiten der vernetzten Wirtschaft potenzieren ihn auf dramatische Weise. Indes verleitet er schon heute zu – teils verwegenen – politischen Kalkulationen. Einigen neoliberalen Politikern und Ökonomen in Deutschland darf man wohl unterstellen, daß sie hoffen, die digitale Revolution würde erreichen, was sie selbst auch ansatzweise nie geschafft haben. Sie könnte, so die Überlegung, das in ihren Augen teure und strikte Sozialsystem beseitigen und so der Wirtschaft zu mehr Flexibilität und Schwung verhelfen. Als sich der Bonner Technologierat, ein eigentlich recht harmonisches Zukunftsgremium mit Mitgliedern aus Politik, Wirtschaft und Wissenschaft, im Jahre 1995 mit der Informationsgesellschaft auseinandersetzte, kam es nur bei dieser Frage zu nennenswertem Streit. Vor allem der Vordenker der Industriegewerkschaft Metall, Walter Riester, wollte es nicht hinnehmen, daß die vernetzte Wirtschaft die gewohnten Arbeits- und Sozialstrukturen zerstört.

Allerdings stellt sich den Gewerkschaften in der digitalen Arbeitswelt noch ein ganz eigenes, existentielles Problem. Wenn sich die ehemals wohldefinierte Gruppe der Arbeitnehmer auflöst, wenn die Arbeit flexibilisiert und individualisiert wird, bricht ihren Vertretern die Basis endgültig weg. Es wird schwerer und schwerer, größere Gruppen von Arbeitnehmern auf einen Nenner zu bringen und entsprechend zu vertreten. Manche wechseln gar als Selbständige auf die andere Seite oder begeben sich irgendwo zwischen die gewohnten Kampflinien. Verbraucherschützer wissen das genausogut wie Lobbyisten oder Politiker: Je heterogener eine Gruppe ist, desto schwerer läßt sie sich sinnvoll vertreten. Wenn dann wiederum der einzelne aus der Vertretung keinen Nutzen mehr zu ziehen vermag, kehrt er ihr irgendwann den Rücken.

Daher müssen sich die Strategen der Gewerkschaften auch jetzt schon auf eine Art dauerhaftes Rückzugsgefecht gegen die Trends der Ideenökonomie einlassen. Nicht nur, daß ihnen Mitglieder abhanden kommen: Der Wandel in der Arbeitswelt zwingt sie, den gemeinsamen Nenner der Interessenvertretung fortlaufend zu reduzieren. So lassen die mit den Arbeitgebern geschlossenen Verträge wachsenden Raum für die einzelnen Unternehmen und Arbeitnehmer, sich flexibel zu einigen. Vor allem bei den Arbeitszeiten gewähren sie teilweise einen Spielraum, den noch vor fünf Jahren alle Beteiligten entrüstet abgelehnt hätten. Als Modell gelten die Verträge zur Beschäftigungssicherung in der Metallindustrie. So kann der Arbeiter in einem Metallbetrieb mehr als vierzig Stunden die Woche arbeiten, in einem anderen nur dreißig, ohne daß Überstunden gezählt werden. Und zusätzliche Stunden oder Unterzeiten lassen sich im Extrem über zwölf Monate verrechnen. Bei all den neuen Wahlmöglichkeiten formulieren die Tarifpartner auch gleich die verschiedenen Arbeitsmodelle aus, die der allgemeinen Vereinbarung entsprechen. Unter diesen können dann die Firmen und ihre Mitarbeiter, der jeweiligen Lage entsprechend, wählen. Nicht nur in einigen Industriezweigen, auch bei vielen Dienstleistern muß das Arbeitszeitkonto des einzelnen Mitarbeiters nur noch einmal im Jahr ausgeglichen werden. Obwohl viele es noch nicht wahrhaben wollen, schaffen die Gewerkschaften – gemeinsam mit den Arbeitgeberverbänden – zunehmend einen Rahmen für verschiedenste Wege, die Arbeit zu organisieren, statt die Bedingungen für ein einziges, reguläres Arbeitsverhältnis zu definieren. Damit entfernen sie sich von ihrer historischen Rolle, doch auf dem Weg in die digitale Arbeitswelt ist das nur der Anfang. Es wird noch ungleich schwerer werden, unter den Erwerbstätigen gemeinsame Interessen zu definieren und diese dann auch noch wirksam zu vertreten. Das sollte keine Überraschung sein: Die Gewerkschaften sind ein Produkt des industriellen Zeitalters und seiner Arbeitswelt, sie sind eine jener gemeinschaftsbildenden Institutionen, die sich in der Informationsgesellschaft aufzulösen drohen. Ihrer Natur nach brauchen sie einen Widerpart, heißt der nun Kapitalist oder schlicht Arbeitgeber. Und dessen Bild wird vor ihren Augen verschwimmen.

Die vernetzte Wirtschaft führt indes nicht nur dazu, daß sich große soziale Institutionen auflösen. Auch im kleinen gehen gewohnte Formen der Solidarität kaputt, die wir oft gar nicht als solche wahrnehmen. Erst der Verlust macht sie sichtbar.

Zunächst betrifft dies noch einmal die Arbeit, die sich im Zuge der digitalen Revolution so radikal individualisiert. Die digitale Arbeitswelt erlaubt nicht nur, sondern verlangt auch, weit mehr als gewohnt zwischen den einzelnen Arbeitskräften und zwischen ihren Leistungen zu differenzieren. Die wenigsten Arbeitnehmer werden heute nur nach ihrer Leistung bezahlt. In jeder Firma, in jedem Büro arbeiten einige mehr und besser, als es ihrer Bezahlung im Vergleich zu den Kollegen entspricht, andere weniger und schlechter. Teilweise nehmen die Mitarbeiter die Diskrepanz gar nicht wahr, teilweise spüren sie diese aber auch ganz genau. Beim Nachdenken darüber fallen den meisten von uns jedenfalls entsprechende Fälle ein. Bemerkenswert ist dabei vor allem folgendes: In der Regel wird es akzeptiert, daß die Arbeitsleistung weiter auseinanderklafft als Lohn oder Gehalt.

Mitunter hängt der Erfolg einer Gruppe oder einer Abteilung dauerhaft von ein oder zwei Kollegen ab, ohne daß diese entsprechend bezahlt werden – oder dies auch nur verlangen. Das können Arbeitssüchtige ebenso sein wie Menschen, die ihre Arbeit schlicht gerne haben oder die damit verbundene Anerkennung schätzen. Vielfach schleppen Büros und Teams ein Mitglied bewußt mit durch, das in privaten Schwierigkeiten steckt oder dem Druck am Arbeitsplatz nicht standhält. Oder sie gestehen den einzelnen Mitarbeitern hin und wieder Erholungszeiten am Arbeitsplatz zu, ohne etwas zu sagen.

Ich möchte all das als implizite Solidarität bezeichnen. Es sind tägliche Formen der Gemeinschaft, über die vielfach nicht einmal geredet wird. Arbeitnehmer sehen darin mitunter eine Art Versicherung für den Fall, daß sie selbst einmal den Anforderungen bei der Arbeit nicht gewachsen sind. Vielerorts gehört solches Gruppenverhalten auch zur ungeschriebenen Arbeitsethik, oder es wird zumindest als unabänderlich hingenommen. Zwar begehren vor allem jüngere Kollegen schon einmal dagegen auf, meistens aber ohne Rückendeckung der schweigenden Mehrheit und dementsprechend auch ohne großen Erfolg. Diese Ausdrucksweisen impliziter Solidarität ergeben sich nicht nur in Büros, sondern genauso in Fabrikhallen oder auf Baustellen. Damit sich diese Gemeinschaftsformen entwickeln und halten können, ist indes etwas anderes notwendig: eine halbwegs stabile Arbeitsumgebung. Die fraglichen Gruppen müssen auf Dauer angelegt sein, tatsächlich einige Zeit zusammenbleiben und gleichbleibende Aufgaben erfüllen.

In der Informationsgesellschaft wird derlei relative Gleichheit mehr und mehr verschwinden. Die wachsende Zahl der Selbständigen und Teilselbständigen wird in der vernetzten Wirtschaft ohnedies nur für die tatsächlichen Produkte ihres Wirkens entlohnt. Schwankt ihre Arbeitskraft oder die Verwendbarkeit ihrer Ideen, macht sich das schnell bemerkbar. Zudem können die Kunden ihnen schnell die Treue kündigen. Diejenigen, die als Arbeitnehmer am meisten über ihre Entlohnung hinaus geleistet haben, dürften oft als erste in die Selbständigkeit gehen. So entziehen sie sich der Gleichheitstendenz innerhalb einer Gruppe oder Firma, und den Zurückbleibenden entziehen sie einen wichtigen Beitrag. Am Beispiel des Journalismus läßt sich das noch einmal nachvollziehen. Werden die Artikel einer Zeitung elektronisch angeboten, wächst der Druck, die Schreiber entsprechend der Nachfrage für ihre Artikel zu honorieren. Zudem können die schreibenden Wissensarbeiter ihre Produkte auch direkt über die Infobahn anbieten, sofern sie einen hinreichenden Ruf genießen. Damit entgehen sie endgültig den Mechanismen der impliziten Solidarität am Arbeitsplatz.

Die zersplitterte Arbeitswelt nimmt den gewohnten Gemeinschaftsformen die Basis. Wenn die Erwerbstätigen ihre Aufgaben ständig neu bestimmen müssen, kurzzeitige Zweckbündnisse statt permanenter Gruppen bilden, wenn sie über die Infobahn oft räumlich und zeitlich voneinander getrennt kooperieren, dann verliert die Arbeit ihren Charakter als Platz der Gemeinschaft. Gleichzeitig wird dieser Verlust vielen Arbeitnehmern erstmals ins Bewußtsein bringen, wie ihre industriell geprägte Arbeitsgemeinschaft funktioniert hat – beziehungsweise, wieweit sie doch von einer reinen Verdienstwirtschaft entfernt ist.

Daneben lösen sich in der Informationsgesellschaft auch andere gemeinschaftsbildende Institutionen auf. So wird Bildung in wachsendem Maß zu einer individuellen Angelegenheit. Ob nun durch interaktive Lernprogramme auf dem Computer oder durch Fernunterricht über die Infobahn – die digitale Revolution schafft Alternativen zum Klassenraum und zum Vorlesungssaal. Die Bildung spiegelt damit wider, was auch die vernetzte Wirtschaft ausmacht: größere Flexibilität für den einzelnen, um genau das zu lernen, was jeweils am dringendsten scheint, und die Entkoppelung des Lernens von einem bestimmten Raum und einer bestimmten Zeit. Ähnlich wie bei der Arbeit dringt der Computer dabei nicht nur in die Wohnung ein, sondern bestimmt auch Teile des Unterrichts in den klassischen Lernstätten. Schüler aller Altersgruppen sollen heute lernen, Computer zu benutzen, um dann mit Hilfe der Digitalknechte wiederum besser zu arbeiten und besser zu lernen. Nicht umsonst hat beispielsweise der amerikanische Präsident Bill Clinton schon früh versprochen, sämtliche Klassenzimmer in den Vereinigten Staaten zu vernetzen. Und in Deutschland, wo mittlerweile ein weniger ambitioniertes Programm läuft, nimmt die Kritik an der mangelnden digitalen Ausrüstung von Schulen und Universitäten stetig zu. Ich will hier nicht in die Diskussion um Telelernen und um den Computer als Lerninstrument einsteigen, mir geht es darum, daß sich auch das Lernen von den alten Gemeinschaftsformen entfernt. Denn auch das Klassenzimmer und der Seminarraum sind Orte impliziter Solidarität. Durch ihre Teilnahme am Unterricht unterstützen vor allem Lernende, die das jeweilige Fach besser beherrschen und eifriger zu Werke gehen, die anderen Teilnehmer. Wenn sie dazu übergehen, auf digitalem Wege zu lernen, bilden sie sich selbst vielleicht effizienter als zuvor, den anderen geht dabei aber etwas verloren.

Damit soll nun bestimmt kein Szenario heraufbeschworen werden, nach dem die Menschen vor den Bildschirmen vereinsamen. Das Beispiel der Bildung macht aber deutlich, daß die Fragmentierung der Gesellschaft im Informationszeitalter, daß die aufgezeigten Muster der Auflösung und Differenzierung über das reine Wirtschaftsleben hinaus greifen. Diese Entwicklung reicht bis zu banalen Gemeinschaftserlebnissen, wie sie das Massenmedium Fernsehen früher vermittelt hat und in seltenen Fällen noch vermittelt. Die digitale Technologie, ob nun als jederzeit abrufbares Programm oder als Satellitenfernsehen mit einer Unzahl von Kanälen, ist dabei, dem ein für allemal ein Ende zu machen. Nicht nur die Zeitung wird daher auf der Infobahn zum individuellen Medium, dem *Daily Me*, die Nutzer stellen sich auch das Fernsehprogramm nach Zeit und Inhalt selbst zusammen. Kaum mehr wird man davon ausgehen können, zur gleichen Zeit mit einem großen Teil der Zuschauer oder zumindest des eigenen Umfeldes die gleiche Sendung anzuschauen. Kaum mehr wird ein Medienereignis am nächsten Tag zum Schlager in sämtlichen Flurgesprächen. Für die meisten scheint dies nur eine Marginalie, kaum der Erwähnung wert. Kommunikationswissenschaftler glauben indes, daß sich damit die Natur unserer Medienerlebnisse gründlich verändert.

Als Beispiel steht das digitale Fernsehen zudem für die Individualisierung des Produkts in der gesamten Ideenökonomie. Auf immer mehr Märkten schaffen Unternehmen Mehrwert, indem sie auf die Wünsche des einzelnen Kunden reagieren und quasi nach Maß fertigen. Der Konsum wird dadurch extrem differenziert; es wird zwischen Wünschen einzelner Kunden unterschieden, die bislang als einheitliche Gruppe erschienen. Wiederum hebt die digitale Revolution damit Gemeinsamkeiten auf und zieht neue Trennlinien. Und die Beziehungen zwischen Anbietern und Kunden differenzieren sich ähnlich den Beziehungen auf dem Arbeitsmarkt. In dieser Konsumwelt wird es vielfach noch schwerer als bisher sein, Gemeinschaftsinteressen der Verbraucher zu formulieren und wirksam zu vertreten. Das ist etwas gänzlich anderes als die Kritik, daß die Verbraucher durch Teleshopping an der Glotze hängen, statt einkaufen zu gehen, und so ihre sozialen Kontakte einbüßen. Es geht um Fragmentierung und nicht um Vereinsamung.

Ein kleines Zwischenfazit: Auf diversen Ebenen bildet sich in der Informationsgesellschaft ein Trend zur Entsolidarisierung. Alte gemeinschaftsbildende Institutionen lösen sich auf, herkömmliche Ausdrucksformen impliziter Solidarität gehen verloren. Oft treibt neben der Technologie eine hohe wirtschaftliche Dynamik diesen Prozeß voran – auch für die Menschen, die den alten Zustand gar nicht aufgeben wollen. Es entsteht eine Gesellschaft im Übergang, in der neue Formen der Solidarität erst noch gefunden werden müssen. »Bislang entwickeln sich die Muster von Moralität, Gemeinsamkeit und Gefühl viel langsamer als die Technologie«, schreibt Shoshana Zuboff stellvertretend für viele, die sich mit der vernetzten Wirtschaft und ihren Folgen befassen. »Aber ohne sie ähnelt der Begriff der Informationsökonomie dem dummen Kaiser aus dem Märchen – nackt und in Gefahr.«[9]

Folglich lautet die nächste Frage: Welche neuen Wege suchen sich soziale Gemeinschaft und Solidarität in der veränderten Gesellschaft? Die amerikanischen Soziologen Jerald Hage und Charles Powers geben eine eindeutige und einleuchtende Antwort: *fluid networks*.[10] Diese würden, so ihre Vorhersage, zur »entscheidenden Form sozialer Organisation im nachindustriellen Zeitalter«[11]. Gemeint sind damit Netze mit fließenden Grenzen, die Individuen und Organisationen in der digitalen Welt bilden und die sich ständig verändern. Sie entsprechen der Natur der vernetzten Wirtschaft, die weniger auf formelle Strukturen baut als auf ein Kontinuum veränderlicher Formen und Beziehungen. In der Informationsgesellschaft wandeln sich die Aufgaben, die sozialen Rollen und damit auch die Interessen des einzelnen viel schneller als im industriellen Zeitalter. Dementsprechend müssen sich auch die jeweiligen Gemeinschaften stetig wandeln können; feste Blöcke werden in dieser Welt nicht lange durchhalten. Vor allem über die Infobahn können die Menschen solche neuen Gemeinschaften und Bündnisse eingehen und sie veränderten Bedingungen anpassen.

Die *fluid networks* sind freilich noch nicht die ganze Antwort – nicht einmal in der betrieblichen Organisation. James Champy ist einer der bekanntesten Managementdenker der neunziger Jahre, der jenen Sturm mitentfacht hat, der unter dem Namen »Business Reengineering« durch viele Betriebe fegt. Zwar sind Organisationen in der vernetzten Wirtschaft vor allem darauf angewiesen, schnell reagieren zu können. Trotzdem, und darin liegt Champys Bedenken, muß ein Unternehmen nach wie vor ein gemeinsames Ziel haben, ein definierendes Element, das die verschiedenen Mitglieder und ihre Projekte umfaßt. Gleiches gilt für temporäre Organisationen, die sich in der Netzwelt für ein Projekt oder eine Aufgabe bilden. Allein die Möglichkeit, gemeinsam einen Gewinn zu erzielen, reicht nicht aus, um die Mitarbeiter zu motivieren und zusammenzuhalten. Wenn die altbekannten formalen Strukturen einbrechen, sind die Organisationen sogar noch mehr als früher auf gemeinsame Ziele oder Werte angewiesen. Das läßt sich nicht nur für Unternehmen nachvollziehen. Auch insgesamt sind die temporären Bündnisse der Netzwelt in hohem Maß von gemeinsamen Einstellungen und Motiven abhängig. Denn in der Informationsgesellschaft gehen nun einmal formale Elemente und materielle Grundlagen verloren, die ehemals Gemeinschaften ausmachten: die Trennlinie zwischen Kapitalist und Arbeiter beispielsweise oder der soziale Status, der sich mit einer bestimmten Karriere verbindet. Mit anderen Worten: Es fehlt die Basis für die dauerhaften Gruppen der Industriegesellschaft, an ihre Stelle treten vor allem Werte, Einstellungen, persönliche Präferenzen. In einer Welt, in der sich wirtschaftliche Positionen schnell verändern und gesellschaftliche Beziehungen differenzieren, begründen sie soziale Gemeinschaften, die über ein vorübergehendes, rein interessenmotiviertes Zweckbündnis hinausreichen. Mit ihrer Hilfe läßt sich eine Vorauswahl treffen und der riesige Kreis derer beschränken, mit denen der einzelne Mensch und die einzelne Organisation in der digitalen Welt potentiell zusammenarbeiten und anderweitig gemeinsam handeln können. Werte bringen, soweit existent, eine Art dauerhafter Struktur in die zersplitterte Wirtschaft und Gesellschaft des digitalen Zeitalters.

Welche Formen die Solidarität in der Informationsgesellschaft auch annehmen wird: Die Bereitschaft der Menschen, mit Ärmeren zu teilen und Risiken wie Arbeitslosigkeit und Krankheit gemeinschaftlich abzusichern, dürfte erst einmal abnehmen – und das nicht nur, weil die abhängige Erwerbsarbeit als gemeinsamer Nenner der Solidargemeinschaft wegfällt, sondern vor allem deshalb, weil die Ideenökonomie stärker als ihre industrielle Vorgängerin auf die Leistung des einzelnen setzt. Auf dieser Grundlage fällt es der Gesellschaft nicht nur ungleich schwerer, die gewohnte wirtschaftliche Stabilität zu garantieren, sie kann auch die alte Verteilung des Wohlstands kaum aufrechterhalten. Zum einen gehen die Einkommen auch innerhalb ehemals homogener Gruppen weit auseinander, und zum anderen dürfte eine Wirtschaftsform, die derart die momentane, individuelle Leistung betont, die Einstellung zur Umverteilung ändern. Zwar ist es durchaus denkbar, daß andere Einflüsse demgegenüber den Wert von Solidarität in der Gesellschaft wieder erhöhen. Zunächst aber geht die Bereitschaft zu teilen zurück, wenn sich die Leistungsphilosophie vollständig etabliert.

In jedem Fall geht die für uns »normale« gesellschaftliche

Struktur nach und nach verloren. Die großen Fortschritte in der Zivilisation seien Prozesse, die Gesellschaften, in denen sie passieren, nahezu zerstören, bemerkte der britische Mathematiker und Philosoph Alfred North Whitehead. Der 1947 verstorbene Wissenschaftler brachte mit diesem Satz die Natur des Wandels, der hier untersucht wird, auf den Punkt. Im folgenden Kapitel geht es nun um die Frage, wie die sogenannten großen Industrienationen, allen voran die Vereinigten Staaten, darauf eingestellt sind – oder besser: warum Amerika den Weg in die Informationsgesellschaft im Alleingang zu bestimmen scheint.

5 INFORMATIONSGESELLSCHAFT *MADE IN AMERICA*

Großbritannien, damals noch die Weltmacht Nummer eins, begab sich vor gut zweihundert Jahren als erstes Land auf den Weg in die Industriegesellschaft. Und es waren Briten wie der Sozialforscher Arnold Toynbee, die dem dadurch ausgelösten Wandel im neunzehnten Jahrhundert nachspürten und ihn in Worte faßten. In seinen später veröffentlichten Vorlesungen analysierte Toynbee das Phänomen der »Industriellen Revolution« und machte den Begriff damit populär. Dabei konzentrierte er sich ganz auf die »sozialen Probleme, die heute die Welt bewegen, denn Sie können sicher sein, daß diese Probleme nicht von vorübergehender, sondern von dauerhafter Bedeutung sind«[1]. Toynbee, den manche seiner Zeitgenossen für ein Genie hielten, starb 1883 im Alter von kaum mehr als dreißig Jahren, ohne daß er so bekannt geworden wäre wie andere Sozialforscher seines Landes.

Die digitale Revolution heute ist dagegen zuallererst Sache der Amerikaner. Von Nicholas Negroponte bis Bill Gates, von Peter Drucker bis Alvin Toffler kommen die bekannten Ausrufer der Informationsgesellschaft allesamt von jenseits des großen Teiches.[2] Dort ist der neuerliche Wandel am weitesten vorangeschritten und bereits so fest in der Politik und im öffentlichen Bewußtsein verankert, wie es in Deutschland und anderen europäischen Ländern frühestens zum Ende des Jahrzehnts der Fall sein dürfte.

93

In den Vereinigten Staaten geht die Beschäftigung mit der digitalen Welt quer durch die politischen Parteien. Der demokratische Vizepräsident Al Gore hat sich die Infobahn ganz oben auf seine Fahnen geschrieben und bei jeder Gelegenheit versucht, den Ausbau des digitalen Highways zu beschleunigen. Auf der anderen Seite beschwört Newt Gingrich, der republikanische Sprecher des Repräsentantenhauses, die wirtschaftlichen und politischen Möglichkeiten, die von der digitalen Revolution ausgehen. Und wo sonst als in Amerika hätte das Manifest »Cyberspace and the American Dream: A Magna Carta for the Knowledge Age«[3] entstehen und für soviel Aufmerksamkeit sorgen können. Darin werben libertäre Publizisten wie George Gilder für den Aufbruch in die digitale Welt – mit amerikanischem Pioniergeist und ohne staatliche Regulierung. Bewußt ziehen sie in der Schrift Vergleiche zum Amerika des achtzehnten Jahrhunderts und zur Entwicklung des damaligen Wilden Westens. In der digitalen Welt soll der amerikanische Freiheitstraum noch einmal realisiert werden. Diese und viele andere öffentliche Äußerungen sind für sich genommen vielleicht nicht so bedeutsam, sie spiegeln aber wider, wie weit sich Amerika schon auf die Informationsgesellschaft eingelassen hat. Der Cyberspace ist großenteils im Land der unbeschränkten Möglichkeiten entstanden und hat das nationale Selbstvertrauen gestärkt. Auf einmal, so scheint es, liegt die amerikanische Volkswirtschaft wieder weit vorne, und das Land weist den Weg in die digitale Zukunft.

Ungewöhnlich schnell haben sich die wirtschaftlichen Welten wieder verkehrt, haben die Vereinigten Staaten die Oberhand in ökonomischen Fragen zurückgewonnen. Das zeigt sich weniger in Handelsbilanzen und Kapitalströmen als am Fluß von Ideen und Konzepten: Das amerikanische Modell ist heute in Europa – wie auch in Japan – ungleich attraktiver als noch am Ende der achtziger Jahre. Erst vor kurzem wurde die amerikanische Volkswirtschaft weltweit mehr oder weniger abgeschrieben. Sie wirkte überholt und machtlos, sie schien unter einem veralteten und unzureichenden Sozialsystem zu leiden, ausgebrannt unter den

Lasten des Kalten Krieges. Die Bestseller schrieben damals sozi-
alliberale Denker wie die Amerikaner Lester Thurow und Paul
Kennedy oder der Franzose Michel Albert. Sie behaupteten, daß
das Modell der Amerikaner dem europäischen unterlegen sei,
daß die Vereinigten Staaten die wirtschaftliche Auseinandersetzung der neunziger Jahre verlieren würden – und damit langfristig auch ihre beherrschende politische Stellung in der Welt.
Die europäischen Sozial- und Bildungssysteme, die auf dem
alten Kontinent betriebene Industriepolitik und seine soliden,
stabilen Industriezweige würden, so die Aussage, den Weg in das
einundzwanzigste Jahrhundert weisen. Es ist schon der Erinne-
rung wert, daß diese Ansichten noch vor fünf Jahren die Diskussion beherrschten. In seinem erfolgreichen Wahlkampf um die
Präsidentschaft berief sich übrigens auch Bill Clinton 1992 auf
viele dieser Annahmen und Überzeugungen. So wollte er bei der
Reform des Gesundheits- und des Ausbildungssystems dem europäischen Vorbild nacheifern. Heute könnte sich ein Kandidat
für das Weiße Haus derartige Forderungen gar nicht mehr leisten.

Nun sind Bestseller und ökonomische Leitideen auch Modesache – ebenso wie Wahlkampfthemen und politische Überzeugungen. Zu einem guten Teil richten sie sich nach kurzfristigen
Trends, nach der öffentlichen und veröffentlichten Meinung
und nach dem allgemeinen Verlangen, stets mit etwas Neuem
oder zumindest scheinbar Neuem aufzuwarten. Trotzdem gab
es wohl selten eine derart schnelle und vollkommene Kehrtwen-
de wie diese: Mittlerweile läuft Europa der gängigen Meinung
zufolge Gefahr, in die Ecke gedrängt zu werden, und zwar in einer Weltwirtschaft, in der nicht die Japaner den Ton angeben,
sondern die Amerikaner mit ihrem ökonomischen und technologischen Modell.

Diese Drehung um hundertachtzig Grad hat zunächst vor allem einen Grund: Unternehmen aus den Vereinigten Staaten haben sich durchgesetzt im internationalen Wettbewerb um die
Technologie, die im Zentrum der vernetzten Wirtschaft steht.

Daraus leiten nicht nur die Autoren der »Magna Carta« große ökonomische Hebelkraft und ein riesiges Potential für künftige Erfolge ab. Amerikanische Magazine wie *Business Week* rühmen die erfolgreiche heimische High-Tech-Wirtschaft und sagen voraus, daß deren Vorsprung sich in höherem Wohlstand aller Amerikaner ausdrücken werde. Auch in akademischen Zeitschriften kommt dieser Optimismus zum Ausdruck. Teilweise ist das wiederum übertrieben, doch wie schon im Fall der Massenindustrie nach dem Zweiten Weltkrieg scheint Amerika den anderen wirtschaftlichen Großmächten einige Schritte voraus zu sein und die Regeln des Spiels zu bestimmen. Weder Japan noch europäische Volkswirtschaften haben in dem Maße wie die Vereinigten Staaten notwendige Voraussetzungen für die Ideenökonomie entwickelt – ob es sich nun um die fortwährende Gründung neuer Unternehmen handelt, um flexible Formen der Arbeit oder um die Marktführerschaft bei reinen Ideenprodukten wie Filmen und Computerprogrammen. Entsprechend herrscht in der alten Welt ungleich mehr Furcht vor den Folgen der digitalen Revolution als in der neuen Welt.

Etwas überspitzt formuliert heißt das folgendes: Nachdem die Vereinigten Staaten unter dem Paradigma der industriellen Welt immer mehr an Boden verloren, haben sie ein neues ökonomisches Regime durchgesetzt, in dem sie wieder die Führung übernehmen können: die vernetzte Wirtschaft, angetrieben von neuen Ideen und nicht von Rohstoffen, von Dezentralisierung und nicht von Konzernplanern, von Flexibilität und nicht von sozialer Stabilität. Natürlich hat niemand diesen Umbruch zentral geplant, er ergab sich aus dem Zusammenspiel technologischer Möglichkeiten mit ganz bestimmten wirtschaftlichen, kulturellen und sozialen Bedingungen.

Auf vier Feldern wird die Dominanz amerikanischer Ideen besonders deutlich: in der Popkultur, bei der Software für Computer, im Internet und bei der modernen Unternehmensorganisation. Es lohnt sich, auf die einzelnen Punkte genauer einzugehen. Die Unterhaltungsware aus Hollywood und New York hat einen weltweiten Siegeszug angetreten. So dominieren Popmusik, Film und Fernsehen aus Amerika auch das Geschäft in Deutschland. Bei einer Reihe von Sendern machen sie mehr als die Hälfte des täglichen Programms aus. Darüber hinaus sind viele heimische Songs und TV-Produktionen nichts anderes als Nachahmungen von Musiktrends und Programmideen aus den Vereinigten Staaten. Im Kino ist der Anteil der Bilderimporte aus Amerika noch größer als im Fernsehen. So sind nach Schätzungen rund achtzig Prozent aller in Europa gezeigten Kinofilme amerikanisch, während umgekehrt europäische Filme nur ein Prozent des Angebots in den Vereinigten Staaten ausmachen. Ideenprodukte aus der Unterhaltungsbranche weist die Außenhandelsstatistik mittlerweile gar als größten Exportschlager der Vereinigten Staaten aus.

Doch das ist noch nicht das Ende der Markteroberung. Bislang hat die amerikanische Unterhaltungsindustrie regionalen Fernsehsendern und Filmhändlern die Rechte an ihren Ideenprodukten verkauft oder auf Zeit überlassen, jetzt nähert sie sich den europäischen Zuschauern auch direkt. Einmal haben diese Vorstöße damit zu tun, daß die Europäer ihre Fernsehmärkte liberalisieren und Konzerne wie Disney oder Time Warner nunmehr Anteile an nationalen Fernsehsendern kaufen können. Das Geschäft mit dem privaten Fernsehen ist in Ländern wie Deutschland und Großbritannien zudem schon so weit gereift, daß sich Geld damit verdienen läßt. Dies hat eine Weile gedauert, nicht nur weil erst genug Haushalte verkabelt werden mußten, sondern auch weil sich das Gros der Zuschauer nur nach und nach an die Trivialitäten gewöhnt, die erfolgreiche Privatsender auszeichnen. Mittlerweile ist dieser Prozeß weitgehend abgeschlossen, wie die Einschaltquoten belegen. Auch die Technologie hilft Hollywood dabei, europäische Zuschauer nunmehr direkt zu erreichen. So hat der erste digitale Fernsehsatellit, der allein rund hundert Programme auf den alten Kontinent abstrahlen kann, seine Orbitposition bereits eingenommen. Weitere sollen schnell folgen. Neben europäischen Medienunternehmen wie Bertelsmann und Canal Plus, Kirch und CLT haben sich auch amerikanische Großstudios auf dem Himmelssender eingekauft. Gegen diese Himmelssender können nationale Film- und Fernsehkontrolleure nicht mehr viel ausrichten. Abgesehen davon ist in der Europäischen Union die Lust sowieso gering, die künftigen Medieninhalte zu kontrollieren.

Die französische Regierung hat viele Frustrationen erlebt bei dem Versuch, gegen die ungeliebten Kulturimporte von jenseits des Atlantiks vorzugehen. In den sechziger Jahren fürchteten französische Intellektuelle wie Jean-Jacques Servan-Schreiber, daß US-Konzerne Europa aufkaufen würden. Heute treibt sie die Sorge, dem kulturellen Imperialismus Hollywoods nicht entgehen zu können. Doch sind sie mit dem Versuch, in Brüssel Barrieren gegen Kinofilme aus den Vereinigten Staaten zu errichten, kaum weitergekommen. Und eine von ihnen durchgesetzte Richtlinie, die den Anteil amerikanischer Programme auf jedem Fernsehsender unter die Hälfte zwingen soll, greift in der Praxis nicht. Vielmehr verlieren jene Strukturen weiter an Gewicht, die noch nationale und regionale Programme in Europa unterstützen. Und wenn Zuschauer Fernsehen und Musik schließlich auch über die Infobahn abrufen können, wird sich diese Entwicklung fortsetzen. Dabei sollte man nicht alle technischen Möglichkeiten, nicht alle Träumereien von tausend TV-Kanälen und riesigen Online-Filmbibliotheken für bare Münze nehmen. Doch zumindest einen Teil unseres Bilder- und Tonkonsums werden wir in einigen Jahren auf diesem Wege beziehen.

Nicht nur in der Unterhaltungsproduktion haben Amerikaner einen riesigen Vorsprung, den Markt für Computersoftware beherrschen sie ebenso – vor allem was die Massenprogramme für private Nutzer und Unternehmen angeht. Offensichtlich wird dieser Vorsprung bei den Betriebssystemen für Personalcomputer, dem Herzstück der heutigen Software. Nahezu alle Systeme, die Europäer kaufen können, kommen von den drei amerikanischen Konzernen Microsoft, Apple und IBM. Bei weitverbreiteten Anwenderprogrammen zur Textverarbeitung, zum Zeichnen oder zur Tabellenkalkulation nimmt die Dominanz ähnliche Ausmaße an. Zwar gibt es europäische Gegenbeispiele, zum Beispiel bei sogenannten Work-flow-Programmen, die betriebliche Abläufe effizient organisieren sollen, und bei Software für die Telekommunikation. Aber insgesamt sind das bislang nicht mehr als Nischen in einem riesigen Markt.[4] Im Grunde gilt das gleiche wie für international erfolgreiche europäische Filme: Sie existieren, machen aber in der Summe kaum einen Unterschied – weder in den Handelsbilanzen noch im Hinblick auf die Dominanz amerikanischer Ideenprodukte.

Ähnlich sieht es aus bei Computernetzen. Das Internet, um das sich vor allem das folgende Kapitel drehen wird, wurde von der Forschungsabteilung des Washingtoner Pentagon schon 1969 ins Leben gerufen. Das sogenannte Netz der Netze verbindet lokale und andere – bis dato geschlossene – Computernetze miteinander. Die Grundidee ist ebenso schlicht wie genial. Das Internet hat kein Zentrum und expandiert ohne zentrale Kontrolle. Soweit die Geräte und Leitungen ausreichen, sind dieser Expansion keine Grenzen gesetzt. Alte Teile des digitalen Verbundes können auch wieder wegbrechen, ohne daß dem Ganzen damit der Kollaps bevorstünde. Die Erfinder des Internet haben die digitalen Datenströme zudem so organisiert, daß sie extrem platzsparend durch die weltweiten Kabel- und Satellitenleitungen rasen. Daher ist es, verglichen mit klassischen Telephondiensten, nach wie vor billig, über das Internet Texte, Bilder und Töne zu senden und abzurufen. Obwohl mangelnde Bandbreite und geringe Übertragungsgeschwindigkeit den Datenverkehr einschränken und oft höchst beschwerlich machen, legt das Internet den einzigen erkennbaren Grundstein für die »Global Information Infrastructure«, jene erdumspannende Infobahn, die Al Gore auf internationalen Gipfeltreffen so gerne in Aussicht stellt.

Das Internet hat Amerikanern auch einen enormen Vorsprung im Umgang mit der digitalen Kommunikation verschafft. Von den rund fünf Millionen Computern, die im Internet Anfang

99

1995 Inhalte bereithielten, standen beinahe zwei Drittel in Nordamerika. Und während Universitäten in Europa teilweise immer noch um Anschlüsse an den Vorläufer der Infobahn ringen, kommen Stundenten in Amerika seit Jahren an der digitalen Welt gar nicht mehr vorbei. So war es auch nur natürlich, daß sich kommerzielle Computernetze am Rande des Internet zunächst in den Vereinigten Staaten erfolgreich entwickelt haben. Dienste wie CompuServe und America Online beherrschen nach wie vor den internationalen Markt, auch wenn in Deutschland die Telekom ihr Computernetz mittlerweile ausgebaut hat. Und als 1995 große europäische Medienhäuser wie Bertelsmann und Burda ebenfalls in dieses Geschäft einsteigen wollten, griffen sie auf amerikanische Entwicklungshilfe zurück.

Schon seit langem haben europäische Länder alternative Ansätze entwickelt, um Computernetze aufzubauen. In den achtziger Jahren gab es nicht nur die ersten Gehversuche der Telekom: In Frankreich verzeichnete das staatliche *Minitel* große Erfolge, nachdem die Betreiber dazu übergegangen waren, den Kunden das häusliche Kommunikationsgerät kostenlos zu überlassen. Aber im Vergleich zum offenen und flexiblen Internet ist das Minitel zentralisierter und international nur schwer ausbaubar. Seiner inneren Grenzen wegen konnte es schließlich nicht so schnell wachsen und so verschiedene Initiativen rund um den Globus integrieren wie das Internet.

Wie in anderen Fällen resultiert der amerikanische Vorteil kaum aus der Hardware. Es ließe sich sogar begründen, daß europäische Konzerne auf dem Markt für Geräte der Telekommunikation allen anderen überlegen sind. Der entscheidende Vorsprung entstand auf der Ideenebene – oder genauer dort, wo Ideen zusammengefaßt und umgesetzt werden. Das sieht man auch auf dem vierten Feld, das amerikanische Ideen derzeit dominieren: die Organisation von Unternehmen. Noch in den achtziger Jahren galten japanische Firmen als die großen Organisationskünstler, denen die westliche Konkurrenz nacheifern müsse. Im Automobilbau und in der Elektronik erreichten Konzerne wie Toyota, NEC und Matsushita Produktivitätssprünge, die im Westen geradezu Endzeitvisionen auslösten.

Diese Funktion hat im laufenden Jahrzehnt die Bewegung des Reengineering übernommen. Gemeint sind damit ganze Bündel organisatorischer Änderungen wie die Orientierung am Projekt statt an Funktionen, wie größere Eigenverantwortung der Mitarbeiter auf den unteren Stufen und die Politik, sich bis zum Extrem nach den Wünschen der einzelnen Kunden zu richten. In den vergangenen Jahren hat dieser organisatorische Umbruch zu teilweise phantastischen Kostensenkungen geführt – wie freilich auch zu einer Reihe spektakulärer Fehlschläge. Im großen und ganzen indes setzten sich damit Industrieunternehmen und Dienstleister aus den Vereinigten Staaten wieder an die Spitze der globalen Hitliste in Sachen Produktivität. Europäische Konzerne mußten, wiederum grob gesagt, ihre Bedenken gegen den radikalen Umbruch in der Organisation schließlich ablegen und ihrerseits ähnliche Prozesse durchsetzen, um nicht weiter zurückzufallen.[5]

Nicht daß jede Idee und jede Maßnahme zu diesem Ansatz von Amerikanern stammen würden, aber sie haben aus den vielfältigen Ideen als erste einen Organisationsprozeß gemacht, der den alten Verfahren überlegen ist. Und die beiden Managementberater Michael Hammer und James Champy aus Neuengland haben die Ideen in Buchform gegossen. So kommt auch das Konzept des virtuellen Unternehmens aus den Vereinigten Staaten. Dahinter steckt ja, wie eigentlich hinter dem gesamten Reengineering, vor allem ein Prinzip: mehr Kommunikation. Teilweise als treibende Kraft, immer aber als wichtigstes Medium spielt die Informationstechnologie dabei die zentrale Rolle. Diese Verbindung von Reengineering und digitaler Kommunika-tion führt zu einem weiteren Punkt: Die vier Ideenfelder, die hier hervorgehoben werden, befruchten sich gegenseitig. Stärke in der Software verbindet sich auf den sogenannten Multimedia-Märkten mit den Erfolgen der Film- und Musikindustrie; ist Informationstechnologie weit verbreitet und sind die Menschen mit der digitalen Kommunikation vertraut, fällt die Reorganisation leichter.[6] Ähnliche Querverbindungen lassen sich auch für die anderen möglichen Kombinationen ziehen. Dank dieser gegenseitigen Verstärkung dürfte sich die Dominanz amerikanischer Ideen auf für die vernetzte Wirtschaft zentralen Feldern eine Weile halten.

Amerika ruft damit wieder einmal Nachahmer auf den Plan, und das nicht nur in den Unternehmen. Auch Regierungen schauen über den Atlantik oder Pazifik, wenn es darum geht, das eigene Land auf die Informationsgesellschaft vorzubereiten. In Japan ist das Bewußtsein für die digitale Revolution und den amerikanischen Vorsprung mittlerweile besonders ausgeprägt. Japanische Politiker und Unternehmer machen das weniger daran fest, daß ihre Marktanteile auf dem Weltmarkt für Computerchips sinken, oder daran, daß ihre Industrie der Unterhaltungselektronik in den vergangenen Jahren veraltet ist. Besonders alarmiert sie gegenwärtig, daß sich die Menschen von Tokio bis Nagasaki der digitalen Welt nicht öffnen. Dort standen 1995 nicht einmal 100 000 Servicecomputer für das Internet, verglichen mit mehr als doppelt so vielen in Deutschland und dem Zwanzigfachen in den Vereinigten Staaten. Mit dieser Zahl rangierte die asiatische Wirtschaftsmacht in der Nähe von Slowenien und Ecuador. Zudem sind, verglichen mit dem Westen, in Japan wenige Büros mit Computern ausgestattet: nach einer Untersuchung zehn Prozent gegenüber vierzig Prozent in Amerika. Zu Hause haben die Japaner noch weniger der digitalen Maschinen installiert. Und ein Vergleich, wie viele der existierenden Personalcomputer ans Netz angeschlossen sind, fällt ähnlich aus. Das Fazit: Japan ist unzureichend an die Infobahn angeschlossen – von vernetzter Gesellschaft kaum eine Spur.

So beschwören japanische Zeitungen beharrlich die Gefahr herauf, die heimische Informationsindustrie könnte eliminiert werden. Sie registrieren, daß Personalcomputer in Japan dreißig Prozent teurer sind als in den Vereinigten Staaten und daß ein häuslicher Netzsurfer im Monat nicht zwanzig Dollar für den

Zugang zahlen muß, sondern 200. Die Sorge macht sich breit, daß darunter schließlich die gesamte Volkswirtschaft leiden muß. Was in Japan passiert, läßt sich beinahe schon als gesellschaftliche Hysterie bezeichnen. Kaum ein Elektronikmanager, kaum ein Industriepolitiker, der nicht vom Nachholbedarf gegenüber Amerika spricht. Vor zehn Jahren hatten viele von ihnen die Wirtschaftsmacht USA schon abgeschrieben. Doch mittlerweile geben sie offen zu, daß sie den High-Tech-Firmen in Kalifornien einiges abschauen müssen – eine Haltung, die in Japan höchst ungewöhnlich geworden war. Ausgelöst von der andauernden öffentlichen Diskussion wandelt sich auch das Bewußtsein in den Familien. So heben Eltern das Verbot von Videospielen mit der neuen Begründung auf, auch das sei eine Art, sich mit der digitalen Welt zu befassen und die für die Zukunft wichtigen Fähigkeiten zu erwerben.

Dabei haben sich japanische Akademiker und Regierungsbeamte schon früh mit der nahenden Informationsgesellschaft befaßt. Die ersten Bücher zu dem bevorstehenden Wandel stammen aus der zweite Hälfte der sechziger Jahre. Und schon 1971 erschien der erste offizielle japanische »Plan für eine Informationsgesellschaft: Ein nationales Ziel zum Jahr 2000«, den der Wissenschaftler Yoneji Masuda verfaßte und später überarbeitete. Seine Beiträge aus den frühen achtziger Jahren zeigen, daß die Japaner mit der amerikanischen Diskussion vertraut waren und die Argumente und Szenarien in ihrem Sinne weiterentwickelten.[7] Allerdings setzte die Regierungsbürokratie angesichts des Wandels auf die gleichen Instrumente, die ihre Industrie nach dem Zweiten Weltkrieg groß gemacht hatten: Sie entwickelte zentrale Pläne für entsprechende industriepolitische Initiativen. Das Vorhaben, mit der sogenannten fünften Generation des Computers die westliche Konkurrenz endgültig zu überflügeln, sorgte noch weltweit für große Aufregung. Diese wich freilich bald westlicher Beruhigung: Statt hyperintelligenter Maschinen schaffte die japanische Computerindustrie dann in der Hauptsache Flops. Nicht Supercomputer bestimmten fortan die Entwicklung, sondern kleine, vernetzte Personalcomputer aus den Vereinigten Staaten.

Längst sind viele Japaner davon überzeugt, daß sie nicht nur betriebliche, sondern auch gesellschaftliche Reformen brauchen, um in der vernetzten Wirtschaft mitzuhalten. Beide, die japanische Ökonomie wie die Gesellschaft, fußen auf Stabilität und Konsens. Die meisten Menschen gehen immer noch davon aus, daß sie ihr Leben lang in ein und demselben Unternehmen arbeiten. Ausbildung und Karrierepfade zeichnen das Berufsleben vor. Auch die Lieferbeziehungen in der Industrie sind auf Dauer angelegt. Sogenannte Garagenunternehmen, die in Kalifornien die digitale Revolution vorangetrieben haben, sind in Japan selten. Das beginnt schon damit, daß junge Unternehmer nur schwer an Kapital kommen. Wenn sie Firmenkredite vergeben, richten sich Banken in der Regel nach den Immobilienwerten, die ein Kunde besitzt. Ideen gelten dagegen in aller Regel nicht als Basis, um Kapital zu vergeben. All diese Merkmale galten vor zehn Jahren noch als kulturelle Vorteile der japanischen Volkswirtschaft, die sich nun in ihr Gegenteil verkehren.

Daß die Japaner sich mit dem Wandel schwertun, zeigen auch unzählige politische Reaktionen. So will die japanische Regierung heimische Unternehmen mittels öffentlicher Programme dazu bewegen, im Internet aktiv zu werden. Doch das Netz der Netze folgt nun einmal nicht dem Prinzip der Kontrolle und Planung von oben nach unten. Regierungen können seine Entwicklung weder erfolgreich planen noch diktieren. Trotzdem wetteiferten noch 1995 verschiedene Ministerien im Tokioter Regierungsviertel mit eigenen Zukunftsentwürfen und stritten darüber, wer denn nun den Weg in die Informationsgesellschaft weisen solle. Dabei müssen die Japaner noch mit einem ganz anderen kulturellen Problem umgehen, das wiederum mit dem angelsächsischen Ursprung der Netzwelt zusammenhängt: ihrer Sprache. Diese schreiben sie traditionell in Form der *Kanji* – einst aus China übernommenen Schriftzeichen. Diese fast tausend Zeichen lassen sich nicht auf eine Tastatur bannen und daher auch nicht unmittelbar in den Computer eingeben. Um ein Zeichen zu erzeugen, müssen es die Nutzer dem Computer zunächst in einer ebenfalls vorhandenen Silbenschrift oder mit Hilfe des westlichen Alphabets »buchstabieren«. Nachdem sie so ein Kanji gekennzeichnet haben, rufen sie es mit einer Zusatztaste im Rechner ab. Dieser Prozeß macht das Schreiben mit dem Computer überaus beschwerlich, und entsprechend beliebt bleibt das Faxgerät in Japan. Erst die Jugend gewöhnt sich heute daran, allein in Silbenschrift zu kommunizieren; zudem lernt sie weit mehr Englisch als ihre Väter – von den Müttern ganz zu schweigen.

Gemessen am amerikanischen Modell gilt Japan trotz aller Hochtechnologie denn auch nur als Nummer drei auf der Welt, hinter den Vereinigten Staaten und hinter Europa, dem abgeschlagenen Zweiten. In Deutschland fordern Politiker beider Lager ebenfalls, sich auf dem Weg in die Informationsgesellschaft an Amerika zu orientieren. Der sogenannte Zukunftsminister Jürgen Rüttgers macht gerne klar, »daß wir uns in die amerikanische Richtung bewegen müssen«, im Umgang mit der digitalen Welt offener werden sollten, experimentierfreudiger und risikobereiter. Und SPD-Zukunftsstratege Peter Glotz wettert gegen das fehlende Bewußtsein für die Tragweite der digitalen Revolution. Seine Standardforderung: Längst brauchten wir einen deutschen Al Gore.

Tatsächlich befördert der »Schaltplan« der amerikanischen Wirtschaft und Gesellschaft den Wandel. Radikal neue Ideen lassen sich dort leichter umsetzen. Es fängt schon damit an, daß Jungunternehmer eher Startkapital finden können als in jedem europäischen Land. Daß Innovatoren schlicht aus Ideen ein Unternehmen formen und dafür auch das notwendige Risikokapital bekommen, hat einen enorm hohen Stellenwert. Und der große Konsumentenmarkt hilft ebenfalls, wenn es darum geht, die kritische Masse im Verkauf und bei den Kunden zu erreichen, damit eine neue Idee sich durchsetzt. Zwar ist der europäische Binnenmarkt noch größer, doch besteht er trotz aller Harmonisierung aus fünfzehn nationalen Kundschaften, Mustern und Traditionen. Teilweise hat die Dominanz der amerikanischen Unterhaltungsprodukte auch kulturelle Gründe: Um zu Hause erfolgreich zu sein, müssen beispielsweise Hollywood-Filme einem sehr heterogenen Publikum gefallen, das aus vielen ethnischen Gruppen und Einflüssen besteht. Zumindest in den Städten existieren diese nach wie vor Seite an Seite. Daher fallen amerikanische Filme im Durchschnitt kulturell offener aus als die Produkte der nationalen Filmindustrien in Europa und haben so von vornherein leichter Erfolg im Ausland. Außerdem hilft den Medien- und Softwareangeboten aus Amerika natürlich, daß Englisch zu einer wahren Weltsprache geworden ist.

Insgesamt kommt die Netzwelt amerikanischen Traditionen entgegen. Das Internet geht von der Initiative des einzelnen und nicht von zentraler Kontrolle aus, es fußt auf dem Vertrauen in die positive Kraft von Selbstkoordination und -regulierung. In vieler Hinsicht spiegelt es Grundwerte der Vereinigten Staaten ebenso wider wie den dort oft beschworenen Gründergeist. Daher setzen ja wirtschaftsliberale Publizisten ebenso auf den Cyberspace wie naturverbundene Gegner des amerikanischen Kapitalismus. Hinter diesen Hoffnungen steht freilich noch eine andere Tradition: Wandel, vor allem technologischer Art, hat in den Vereinigten Staaten schon immer Optimismus ausgelöst, um nicht zu sagen Gläubigkeit. Ein Beispiel aus der gegenwärtigen Diskussion veranschaulicht dies: Die bekannten amerikanischen Fachautoren Daniel Burstein und David Kline beleuchten sowohl die positiven als auch die negativen Folgen der Infobahn.[8] Sie bewerten auch die Position ihres Landes auf dem Weg in die Informationsgesellschaft keineswegs einseitig. So weisen sie darauf hin, daß Nationen wie China, Indien oder Korea ihre Bürger in Mathematik, einer Schlüsseldisziplin in der vernetzten Wirtschaft, ungleich besser ausbilden als die Vereinigten Staaten. An den Initiativen der Regierung Clinton zur Infobahn haben sie ebensoviel auszusetzen wie an denen des republikanischen Gegenspielers Newt Gingrich. Überhaupt sei die Washingtoner

Politik zur Informationsgesellschaft rückwärtsgewandt und
stärke damit den »Techno-Liberalismus«, der ohnedies schon zu
mächtig sei. Solange Interessengruppen aus dem industriellen
Zeitalter die Politik bestimmen, erwarten Burstein und Kline
auch nicht, daß sich daran etwas ändert. Die ökonomische Spaltung des Landes macht ihnen Sorge, und sie fürchten, daß viele
Amerikaner künftig zwar mit Computern und Joysticks umgehen können, geschriebene Worte und komplexe Inhalte jedoch
nicht mehr verstehen und damit die in der Informationsgesellschaft entscheidenden Fähigkeiten verlieren würden.

Aber jetzt kommt der entscheidende Punkt. Nach all der tief-
schürfenden Kritik kommen sie zu folgendem Schluß: Im
Vergleich zur Infobahn »hat nichts anderes soviel Kraft und
Potential, um unsere Gesellschaft wiederzubeleben und die Yan-
kee-Genialität wieder in produktive und rechtschaffene Bahnen
zu lenken. Amerikaner waren immer darauf angewiesen und
haben davon profitiert, sich neue Horizonte zu erschließen. Im
Cyberspace können wir noch einmal die Freude erfahren, die
mit dem Pionierdasein und der Erschließung neuen Territori-
ums verbunden ist. An dieser elektronischen Grenze – mit all
ihren Gefahren und Alpträumen – haben wir unsere letzte und
beste Chance, den großen amerikanischen Traum neu zu bele-
ben.«[9] Das Zitat soll weder die Überzeugung der Autoren noch
das Buch lächerlich machen, das reich ist an Informationen. Es
zeigt nur einmal mehr, welche Hoffnungen in Amerika mit der
digitalen Revolution verbunden werden.

Darüber hinaus fußt auch das Arbeits- und Sozialsystem
Amerikas von jeher mehr auf Flexibilität als auf Stabilität, mehr
auf individueller Freiheit als auf Konsens. Ob Teilzeit- oder Telearbeit, alternative Arbeitsformen sind dort, wie schon gesehen, stärker verbreitet als in Europa. Der größte Arbeitgeber des
Landes ist nicht mehr General Motors, sondern ein weitver-
zweigtes Unternehmen für Zeitarbeit. Im Vergleich zu Deutschland sind wesentlich mehr Erwerbstätige selbständig. Zudem
haben sie von jeher ihren Arbeitsplatz öfter gewechselt als die

Kollegen in Europa. Die soziale Sicherung basiert weniger auf der abhängigen Erwerbstätigkeit oder auf einem Standardmodell der Arbeit. Viele Wohlfahrtsprogramme werden mit Steuern finanziert, andere kommen durch private Spenden zustande. All dies spricht dafür, daß die Vereinigten Staaten einen ökonomischen und gesellschaftlichen Umbruch leichter vollziehen können als Länder europäischer Gestalt. Und den Weg in die vernetzte Zukunft scheinen zunächst einmal genau jene Prinzipien zu bestimmen, die das amerikanische Modell im Kern ausmachen: Dezentralisierung, Differenzierung, Flexibilität.

Freilich ist dieses Modell in der Wirklichkeit alles andere als vollkommen. Schon sind Strukturen verlorengegangen, die den Ideenvorsprung in den Vereinigten Staaten erst möglich gemacht haben. Den Pionieren der Personalcomputer und der digitalen Netze war vor allem eines heilig: der freie Austausch von Informationen. Das ist Teil der Subkultur, aus der sie kamen. Es machte ja gerade den Charme dieser neuen Computer aus, daß sie Rechenleistung und Informationen dezentralisierten und in der Verknüpfung über Netze dem einzelnen ungeahnte Möglichkeiten eröffneten. Die Pioniere wehrten sich dagegen, Informationen zu ökonomisieren – so wie die Großindustrie es betrieb. Nur durch den freien Umgang mit den Ideen konnten sie in den siebziger Jahren in relativ kurzer Zeit die neuen Tischrechner und die dazugehörige Software entwickeln. Doch wie Fred Block schreibt: »Als die Geschäfte, die solche Hobbyunternehmer in ihren Garagen aufbauten, zu Konzernen wurden, versiegte der freie Informationsfluß.«[10] So haben ehemalige Garagenfirmen wie Microsoft oder auch Apple später alles unternommen, um die Rechte an den Ideenprodukten zu verteidigen und auszuweiten. Mit ihren Standards erschweren sie es jungen Ideenunternehmern, sich ihrerseits zu etablieren. Und die Hard- und Softwareforscher der Unternehmen halten Entwicklungen geheim, anstatt sie auf dem Internet bekanntzumachen. Um zur Sprache der Gründer zurückzukehren: Die erste Generation hat längst ihre Claims abgesteckt und sich zu Großgrundbesitzern entwickelt. Immerhin beherrschen der Freiheitsdrang und der Anarchismus noch große Teile des Internet, und hin und wieder gelingt es Netzdesperados auch, geheime und teure Informationen, die sie sich irgendwo besorgt haben, zur allgemeinen Kenntnis zu bringen.

Doch von diesem Punkt, der vor allem die Gemeinde der Computerfreaks und Netzbewohner umtreibt, einmal abgesehen: Das amerikanische Modell hat ausgesprochen dunkle Seiten, die ihm in aller Welt seit den achtziger Jahren harsche Kritik eingetragen haben. Die Einkommen sind ungleicher verteilt als in jedem europäischen Land. Viele Menschen fallen ganz durch die Raster des Sozialsystems, andere müssen sich mit einer Notsicherung zufriedengeben, die weit unterhalb der Armutsgrenze liegt. Das also soll der einzige Weg sein, um im digitalen Zeitalter zu bestehen, die notwendige gesellschaftliche Kehrseite der vernetzten Wirtschaft? Angesichts der Dominanz amerikanischer Ideenprodukte ist diese Folgerung zumindest groß in Mode, wobei man sich auf eine Art ökonomischen Imperativ beruft: Länder, die dem Modell nicht folgen, werden danach in der sich weltweit etablierenden Informationsgesellschaft den wirtschaftlichen Wettbewerb notwendigerweise verlieren. Doch mit derlei Imperativen sollte man vorsichtig umgehen, auch wenn die amerikanische Volkswirtschaft auf wichtigen Ideenfeldern führt und ihre Unternehmen die Informationsmärkte beherrschen.

Zunächst einmal verbergen sich hinter den verschiedenen sozialen und wirtschaftlichen Mustern kulturelle Unterschiede. Die Tradition eines Landes, die Einstellung der Gesellschaft zu wichtigen Fragen, die Balance zwischen Solidarität und der Freiheit des einzelnen sind nichts, was andere Länder einfach so übernehmen könnten. Als Europäer und Amerikaner in den achtziger Jahren versuchten, ihre Industrieunternehmen nach japanischem Vorbild zu organisieren, ging das vielfach daneben. Sie seien unfähig, die japanische Kultur anzunehmen, hieß es. Umgekehrt werfen japanische Experten heute den heimischen

Unternehmen und Arbeitnehmern das gleiche vor. Tatsächlich haben sie damit recht, nur ist das kein Grund zur Kritik. Man kann den kulturellen Rahmen, der über viele Generationen gewachsen ist, nicht einfach ignorieren und auf ökonomische oder auch technologische Notwendigkeiten verweisen. Die Muster einer anderen Ökonomie lassen sich nicht übertragen, denn im Rahmen einer anderen Gesellschaft ergeben einzelne übernommene Bausteine auch ein anderes Gebilde.

Die Gesellschaft der Vereinigten Staaten, die individuelle Freiheit und Flexibilität so hoch bewertet, tut sich nicht nur grundsätzlich leichter mit einem Umbruch wie der digitalen Revolution. Zudem paßt das amerikanische Modell, paßt die wirtschaftliche Mentalität dort besser zu den Prinzipien der digitalen Arbeitswelt. Insofern müssen die Gesellschaften europäischer Länder sich wesentlich mehr anpassen als die Menschen jenseits des Atlantiks. Das sind große Nachteile am Start, und trotzdem kann die Informationsgesellschaft nicht einfach ein Schicksal sein, das unabhängig von den Gegebenheiten einzelner Länder und Regionen überall die gleiche Form annehmen muß. Es könne doch nicht das Modell für die Informationsgesellschaft sein, die Habenichtse im eigenen Land und in der Welt immer tiefer in die Armut zu stürzen – so schreiben amerikanische Sozial- und Wirtschaftswissenschaftler, die der »neuen globalen Ökonomie im Informationszeitalter« nachspüren. Die liberale Wirtschaftsverfassung der Amerikaner sei keinesfalls das »Ende der Geschichte«. Realistischerweise müßten auch »neue Formen demokratischer Politik aus dem Wandel hervorgehen, der das Informationszeitalter politisch so turbulent machen wird wie die Renaissance oder das Zeitalter des industriellen Kapitalismus«[11].

So zerstört die digitale Revolution zwar die Grundlage für gewohnte Formen gesellschaftlicher Solidarität, aber sie verlangt deshalb noch keine bestimmte Balance zwischen Gemeinschaft und Individualität, auch nicht die amerikanische Balance. Das anzunehmen wäre technologischer Determinismus. Technologischer Wandel – und ein damit zusammenhängender Wandel der

Wirtschaft – stößt die Veränderung einer Gesellschaft an und beschleunigt sie, aber der genaue Pfad hängt von den kulturellen, politischen und ökonomischen Traditionen und Bedingungen in einem Land ab. Darüber hinaus bleiben den einzelnen Menschen wie der Gesellschaft noch eine ganze Reihe von Möglichkeiten, diese Richtung bewußt zu beeinflussen. Daran kann selbst die Globalisierung der Wirtschaft und der Druck, den der weltweite Wettbewerb um Märkte und Arbeitsplätze auslöst, nichts Grundlegendes ändern. Der amerikanische Wirtschaftshistoriker Robert Heilbroner hat in den sechziger Jahren argumentiert, daß Technologie die sozioökonomische Ordnung bestimmt – eine These, die ihm viel Beachtung eintrug. Doch auch er spricht sich heute für einen differenzierten Blick aus: Danach beeinflußt Technologie die Wirtschaft, spiegelt aber auch den Einfluß sozialer und wirtschaftlicher Kräfte auf ihre eigene Entwicklung wider. Es gebe selbst dann eine Wechselwirkung, schreibt Heilbroner, wenn Technologie – wie zur Zeit der Einführung von Massenfertigungsmaschinen oder des Computers – sichtbar dominiert. Politische Entscheidungen, soziale Einstellungen und kulturelle Moden beeinflußten ebenso den genauen Weg wie das Entscheidungsverhalten der Menschen. Letzteres beinhaltet subjektive Urteile wie den Zeithorizont, den der einzelne anlegt, und die Haltung zum Risiko – Verhaltensweisen also, die sich nicht für alle Menschen und Kulturen verallgemeinern lassen. Daher, so Heilbroner, »muß der Determinismus auch in seinen stärksten Phasen immer einen bestimmten Grad an Unsicherheit einräumen«[12].

Daß reiner Determinismus in die Irre führt, zeigt schon folgender Gedanke: Getrieben von neuer Technologie für Produktion und Kommunikation löste das industrielle Zeitalter vor rund 150 Jahren die Agrargesellschaft ab. Auch dieser Wandel verlief weltweit alles andere als einheitlich. Staaten, die in der Agrargesellschaft noch die gleiche Leistungskraft hatten, vollzogen ihn in unterschiedlichem Tempo, und die so entstehenden Industriegesellschaften waren – und sind bis heute – sehr verschieden. Da muß man gar nicht die relativ freie Marktwirtschaft Amerikas mit Deutschland vergleichen, wo der Staat im Wirtschafts- und Sozialleben eine wesentlich größere Rolle spielt. Auch innerhalb Westeuropas, das ich bisher über einen Kamm geschoren habe, ließen gleiche technologische und wirtschaftliche Trends Raum für höchst unterschiedliche Formen und Funktionsweisen der industriellen Gesellschaft. Und es ist keineswegs so, als wäre eine Struktur der anderen wirtschaftlich dauerhaft überlegen gewesen. Kurzfristig hat es zwar immer wieder so ausgesehen – vom amerikanischen über das deutsche und schwedische bis zum japanischen Modell haben die jeweilige wirtschaftliche Entwicklung und die öffentliche Diskussion viele Vorbilder geboren. Aber auf lange Sicht haben sich unterschiedliche gesellschaftliche Muster mit ähnlichem Erfolg gehalten. Auch beim heutigen Übergang in die Informationsgesellschaft gibt die Technologie im Verein mit der Ökonomie entscheidende Trends vor. Einen Königsweg für Wirtschaft und Gesellschaft, wie ihn die Vereinigten Staaten derzeit vorzugeben scheinen, kann es jedoch gar nicht geben – jedenfalls nicht über eine längere Zeit.

Eines ist indes sicher: So wie die Industriegesellschaft hierzulande Solidarität ausgedrückt und organisiert hat, nämlich zuallererst als stabiles Arbeits- und Wirtschaftsleben, läßt sie sich nicht fortführen. Neue Formen von Gemeinschaft und Solidarität werden die traditionellen ersetzen müssen. Im folgenden Kapitel wird es nun zunächst um die Verbindungen gehen, die in der Welt der digitalen Netze bereits entstanden sind.

6 LEBEN IM NETZ

Das Zusammenspiel von Mensch und Computer zeitigt immer wieder überraschende Ergebnisse. So haben viele Netzreisende am Bildschirm zu einer Ausdrucksform zurückgefunden, die sie bis dato weitgehend vernachlässigt hatten: dem Schreiben. Ob sie nun elektronische Post versenden oder sich an Diskussionsgruppen irgendwo in der Netzwelt beteiligen – in Digitalien geht wenig ohne das geschriebene Wort. Das kann sich ändern: Wenn die Computer noch wesentlich schneller sein und die Leitungen größere Datenmengen fassen werden als heute, wird das Bild weiter an Bedeutung gewinnen. Noch geht die visuelle Kommunikation – ob nun das Videotelephonieren oder das Versenden von Bildern – vielfach zu langsam oder ist für private Nutzer zu teuer.

Netzfreunden gilt die »Wiedergeburt des Wortes« denn auch als eines der wichtigsten Argumente für den Cyberspace. Weiter geht der kalifornische Sprachprofessor Richard Lanham in einem vielbeachteten Essay-Band zum »Elektronischen Wort«. Lanham kommt zu dem Schluß, daß »elektronischer Text nicht nur einen neuen Raum des Schreibens schafft, sondern auch einen neuen Erziehungsraum«[1]. Die digitale Welt schließe den Leser mit ein, erlaube ihm die Schrift zu ändern, Teile zu verschieben oder zu ersetzen. Text sei nicht mehr passiv und folge keinem strikten Kanon mehr, sondern wandle sich mit den Motiven der Menschen – für Lanham eine Erfüllung des sozialen

Gedankens. Sein Landsmann Clifford Stoll hält den Optimisten entgegen, daß in Digitalien zwar bislang noch viel geschrieben werde, das meiste aber ohne nennenswerten Sinn und Verstand.[2] Die Netzbotschaften würden in der Regel eilig eingetippt und weder auf sprachliche noch auf inhaltliche Fehler geprüft. Ähnlich gingen auch die Empfänger mit der Digitalpost um. Es spreche einiges dafür, schreibt Stoll, daß »elektronische Post das Nachdenken an beiden Enden des Kommunikationskanals zerstört«[3]. Und das zusammenhängende Lesen von Büchern sei am Bildschirm ohnedies nur schwer möglich. Wahrscheinlich liegt in der Flüchtigkeit des elektronischen Schriftaustauschs tatsächlich ein Unterschied zum papiernen Wort.

Eine zweite Überraschung reicht indes noch wesentlich weiter. Ursprünglich gingen die meisten Computerfachleute von zwei Arten digitaler Kommunikation aus: Auf der einen Seite würden die Nutzer einander elektronische Post senden, auf der anderen Seite würden sie Inhalte wie Graphiken, Musikaufnahmen oder Filme abfragen. Doch dann haben Netzpioniere Mischformen dieser Kommunikationstypen geschaffen und damit enorme Begeisterung geweckt: sogenannte Online-Gemeinschaften. Selbst den amerikanischen Digitalguru Nicholas Negroponte hat dieser Trend überrascht. Zeit seines Lebens habe er Inhalte für den Computer entwickelt, sagt er heute. Aber während die Nachfrage nach abrufbaren Unterhaltungs- und Lernprogrammen hinter den Erwartungen zurückbleibe, strebten die Menschen in der digitalen Welt weit mehr nach Gemeinschaft, als er je gedacht hätte. »Der wahre Wert eines Netzes liegt weniger in der Information als in der Gemeinschaft«, schreibt Negroponte. »Die Infobahn ist mehr als eine Abkürzung zu jedem Buch in der Kongreßbibliothek. Sie schafft ein vollkommen neues, weltweites Sozialgefüge.«[4]

Nun soll wahrlich nicht der Eindruck erweckt werden, als brächten die Netze nur liebsame Überraschungen hervor. So spielen besonders unliebsame Formen von Pornographie auf den Computerbildschirmen eine noch größere Rolle, als Skeptiker vorhergesagt haben. Trotzdem: Ob nun in Debattierclubs, in Spielwelten oder elektronischen Nachbarschaftsvereinen – viele Netzreisende nutzen die digitale Kommunikation vor allem, um sich in Gruppen auszutauschen. Dieses Eigenleben der Netze bereitet Medienunternehmern Kopfzerbrechen, weil es so gar nicht in ihre Angebotsstrategien paßt. Darüber hinaus schafft es ein einzigartiges soziales Experimentierfeld und birgt Indizien dafür, wie Menschen im digitalen Zeitalter Gemeinschaft organisieren und verstehen.

Internet – mit diesem Begriff verbindet sich vor allem die Vorstellung von einem anarchischen und kreativen Raum. Auf den ersten Blick erstaunt es daher, daß dieses Netz der Netze entwickelt wurde, um als militärisches Kommunikationssystem im Kalten Krieg zu dienen.[5] Die Idee, über Computer zu kommunizieren, ist beinahe so alt wie der digitale Rechner selbst und geht mindestens zurück auf das Jahr 1950. Doch erst die neu gegründete Forschungsabteilung des Pentagon – Arpa – brachte in den sechziger Jahren die Computertalente Amerikas zusammen. Die Militärs waren zu der Einsicht gelangt, daß ihr Informationsnetz in einem Atomkrieg zu anfällig sei. Der Feind könnte Kommandozentren, Leitungen und Antennen zerstören und so das ganze System lahmlegen. Von den Spezialisten kam ein aufregender Lösungsvorschlag: Anders als sonst im Militär üblich, sollten die Generäle auf ein Kommandozentrum für die Kommunikation verzichten und das System vollkommen dezentralisieren; jeder Punkt im Netz wäre – entgegen aller Tradition – gleichberechtigt. Wenn das Netz eng genug geknüpft ist, gibt es so immer mehrere mögliche Pfade, um eine Botschaft von A nach B zu senden. Darauf aufbauend sollten die Daten nach einem revolutionären Prinzip auf den Weg gebracht werden: Die einzelne Botschaft würde in Pakete gleicher Größe aufgeteilt, und das Netz würde diese kleinen Einheiten dem Zielcomputer dann über einen Pfad zuleiten, der gerade funktioniert und frei ist. Der Zielcomputer könnte die nach und nach eingehenden Pakete dann wieder zur Ausgangsbotschaft zusammenfügen.

Bald schon wurde die geniale Grundidee realisiert. Jedes Datenpaket führt vor dem eigentlichen Inhalt die Information über seinen Ausgangspunkt mit sich, über sein Ziel und darüber, mit welchen anderen Paketen es sich zur Gesamtsendung verbindet. Allen Computern an den Knotenpunkten des Netzes wird die Software zugeleitet, mit der sie die Routeninformation am Anfang der Pakete lesen und die Pakete entsprechend weiterleiten können. Zwischen den Netzcomputern werden dann in bestimmten Zeitabständen Informationen über den jeweiligen Stand des Netzes ausgetauscht.

Die Kommunikation läßt sich so tatsächlich nicht mehr durch einen erfolgreichen militärischen Schlag lahmlegen. Denn die Datenpakete werden, eventuell über große räumliche Umwege, auf noch funktionierenden und freien Leitungen von Knotenpunkt zu Knotenpunkt geschleust, bis sie schließlich den Weg zum Empfänger finden. Erst wenn zwischen Sende- und Empfangscomputern gar keine Strecke mehr steht, ist die Kommunikation zu Ende. Solange das aber nur kurzfristig der Fall ist, reagiert das System auch auf solche Ausfälle: Der Empfangscomputer meldet es an den Sendecomputer zurück, wenn Teile der Botschaft nicht angekommen sind, so daß diese dann ein zweites Mal auf die Reise geschickt werden können.

Auf der Basis dieser Entwicklungen stellte die Forschungsstelle des Pentagon 1969 das sogenannte Arpanet in Dienst. Das Netz verband zunächst nur Forschungscomputer miteinander, die an verschiedenen Instituten und Universitäten der Vereinigten Staaten für militärische Belange eingesetzt wurden. An vielen dieser Computer hing wiederum ein Verbund von Bildschirmen und Rechnern für Studenten, Professoren, Forscher. Erst als eines der letzten Elemente hatten die Konstrukteure den einzelnen Teilnehmern auch die Möglichkeit eingeräumt, sich individuell Botschaften zu senden. Die Nutzung dieser elektronischen Post (»E-Mail«) übertraf schnell alle Erwartungen. So schrieben sich die Netzteilnehmer weit mehr E-Mails als erforderlich, um den Datenaustausch zwischen den Forschungscomputern zu gewährleisten. Die neue, unkontrollierte Digitalwelt lud förmlich dazu ein. Es dauerte auch nicht lange, und die ersten Teilnehmer konnten zwischen beruflicher und privater Netzkommunikation gar nicht mehr trennen. E-Mail läßt sich an einen einzigen Empfänger senden, aber auch an Tausende zur gleichen Zeit. So entstanden neben Kontakten zwischen einzelnen Forschern auch Gruppen von weit auseinander wohnenden Datenreisenden, die engere Verbindungen miteinander pflegten, als es die Gründer des Netzes geplant oder erwartet hatten.

Zunächst wuchs der neue Digitalverbund vergleichsweise langsam: 1983 bildeten nicht einmal 500 Rechner das Forschungsnetz. Doch schon in diesem Jahr spaltete sich ein kleiner Teil für rein militärische Operationen ab und ließ damit im Netz mehr Raum für andere Akademiker. In den folgenden Jahren schlossen sich immer mehr Universitätsmitarbeiter außerhalb der für das Militär wichtigen Forschung dem neuen Kosmos an. 1987 zählte der Digitalverbund schon 28 000 *Host Computer*. Diese Rechner, die das Netz ausmachen, leiten Daten weiter, speichern abrufbare Angebote und fungieren als Briefkästen für die elektronische Post; sie beherbergen (»host«) sozusagen die Dienste und Inhalte.

Forscher und Studenten aller Fakultäten an Hunderten von Universitäten und Instituten entdeckten den staatlich finanzierten Datenverkehr. Zudem riefen Akademiker weitere, rein zivile Forschungsnetze ins Leben. Diese wiederum waren über das Arpanet miteinander verknüpft, das seiner neuen Funktion entsprechend in *Internet* umgetauft wurde – das Netz der Netze. Es erfüllte seine neue Funktion beinahe perfekt. Nicht nur daß sich neben Text auch Töne und Bilder als digitale Internet-Pakete versenden lassen: Wie bei einem zähen Organismus können jederzeit neue Knotenpunkte, neue Zellen hinzukommen und andere wieder abgeschaltet werden, ohne daß die Existenz des Ganzen gefährdet wird. Neue Netzcomputer müssen sich nur an das Protokoll halten, nach dem die Daten im Netz angeordnet und versendet werden, und jemand muß die Verbindungen zu anderen Punkten des Internet finanzieren und aufrechterhalten. In dieser Welt kann und soll keiner zentral kontrollieren, wie der Organismus sich wandelt.

Dank seiner dezentralen Struktur konnte das Internet nach 1987 explosionsartig wachsen. Jeden Monat stieg die Zahl der Netzcomputer um zehn Prozent. 1991 waren es eine Million Internetrechner, 1995 beinahe fünf Millionen in mehr als 75 Ländern. Nach einer vergleichsweise aufwendigen Studie nutzten Mitte der neunziger Jahre allein 24 Millionen Nordamerikaner das Internet, die im Durchschnitt mehr als fünf Stunden pro Woche durch die Netzwelt streiften. Rechnet man diese Zahl weltweit hoch, so daß sie der Netzdichte in den einzelnen Erdteilen entspricht, kommt man auf beinahe 40 Millionen Internetreisende weltweit.[6] Die Warnung gleich hinterher: Solche Untersuchungen, die nur einen Eindruck von der Größenordnung geben können, sind im einzelnen mit Vorsicht zu genießen. Wichtiger noch ist aber ein anderer Umstand: Nichts ist im Internet so flüchtig wie der Status quo.

In den achtziger Jahren kamen dem Internet, das nun auch international gesponnen wurde, gleich eine Reihe von Entwicklungen zu Hilfe. Mit dem Wandel vom Militär- zum Akademikernetz war die Finanzierung schrittweise auf die zivile National Science Foundation der Vereinigten Staaten übergegangen. Gleichzeitig entstanden in großen Unternehmen lokale Netze, die Mitarbeiter an einem Standort miteinander verbanden und langsam, aber sicher die Arbeitswelt revolutionierten. Einzelne Konzerne verknüpften auch weltweit ihre Standorte. Zwischen den Unternehmen kam es zunächst jedoch kaum zur Kommunikation via Computer, weil ein Meer verschiedener Standards für Hard- und Software den Austausch nahezu unmöglich machte; ein regionales oder gar internationales Kommunikationsnetz konnte daraus nicht entstehen.

Als der Personalcomputer in den achtziger Jahren auch Einzug in die Wohnungen hielt, konnten PC-Enthusiasten mit Hilfe von Modems miteinander kommunizieren – aber wiederum nur innerhalb relativ kleiner, meist regional gebundener Netze, die nicht miteinander zusammenhingen. Alternativ konnten sie sich in kommerzielle Netze begeben, die aus Amerika kommend ihre Pforten international öffneten. Aber auch diese gegen Gebühr zugänglichen Netze, in denen die jeweiligen Betreiber zentral über alle verfügbaren Angebote bestimmen, waren in sich geschlossen.

Schließlich ermutigte die Science Foundation nicht nur Forscher aller Art, sich ins Netz zu begeben, sondern gestattete auch Unternehmen, am Internet teilzunehmen – wenn auch zunächst nicht für rein kommerzielle Zwecke. Immer mehr Unternehmen klinkten sich ein, um miteinander und mit Forschern an den Universitäten zu kommunizieren. Nach und nach verlegten sie neue Aktivitäten in das Digitalreich. Schon 1993 gab die Foundation wichtige Teile des Netzmanagements an Privatunternehmen ab. Konzerne wie die Telekommunikationsfirmen AT&T und MCI oder das Computerhaus IBM durften fortan neue Internetadressen vergeben, Adreßbücher für Teilnehmer und Datenangebote führen und den Informationsdienst über Programme zur Nutzung des Internet betreiben. 1994, der Bann gegen kommerzielle Aktivitäten war weitgehend gebrochen, liefen die Firmen den Universitäten dann den Rang als größte Internet-Nutzer ab. Ein Jahr später baute Washington auch noch die letzten Barrieren gegen die Privatwirtschaft ab, und die National Science Foundation gab die direkte Förderung des Netzes durch die öffentliche Hand schließlich ganz auf.

Heute gibt es kaum noch ein Computernetz, das sich die Verbindung ans Internet versagen könnte. Längst haben auch die kommerziellen Netzanbieter wie CompuServe oder die deutsche Telekom mit T-Online die Tür zum Internet aufgemacht, weil sie nur so genügend neue Kunden gewinnen können. Zudem bieten mittlerweile viele Firmen privaten Konsumenten, selbständigen Telearbeitern und kleineren Unternehmen ohne Umweg über solche Netze den direkten Zugang zum Internet. Spätestens seit Anfang der neunziger Jahre das *World Wide Web*

(WWW) innerhalb des Internet eingerichtet wurde, ist das Netz der Netze ein internationales Massenmedium. Gemeint ist damit ein besonders enger Verbund von Netzangeboten, der weitaus schneller wächst als die anderen Regionen des Internet. Das WWW basiert bereits zu einem großen Teil auf graphischer Darstellung und auf Bildern. Zudem lassen sich dort weit leichter als sonst in der digitalen Welt üblich Informationen über alle Netzpunkte hinweg suchen. Schließlich schafft das WWW fast automatisch immer neue Verbindungen (*links*) zu weiteren Quellen. So enthält beinahe jedes Dokument Querverweise zu verwandten Datenangeboten auf anderen Netzrechnern, denen Netzsurfer durch einfaches Antippen mit der Computermaus folgen können.

Medienkonzerne setzen ebenso auf das World Wide Web wie Unternehmen, die den elektronischen Handel aufbauen wollen. So bestimmen im »Web« auch mehr als in anderen Arenen des Internet abrufbare Zeitungen, Photos und sonstige Medieninhalte das Geschehen: kaum ein großer Hollywoodfilm, den Digitalreisende nicht im WWW nachschlagen können, kaum eine große Zeitung, die noch keine eigene Webadresse zu bieten hat. Die Kommunikation zwischen den einzelnen Netzreisenden tritt angesichts all der neuen Angebote und Ankündigungen ein wenig in den Hintergrund. Trotzdem macht sie nach wie vor einen großen Teil aller Netzaktivitäten aus: Selbst in einem kommerziellen Netz wie America Online, ebenso wie der Hauptkonkurrent CompuServe mit Zugang zum Internet, geht gut die Hälfte des Geschehens auf ihr Konto. Und unter den vielen positiven und negativen Szenarien über die Zukunft der digitalen Netze sind nur wenige, die von einem Ende dieses Trends ausgehen. Nach wie vor, trotz Rückzug des Staates, ist das Internet dank seiner Paketpost-Struktur ein billiger Kommunikationsweg, der freilich infolge verstopfter Leitungen und holpriger Software seinen Nutzern oft erhebliche Geduld abverlangt.[7] Auch wenn eine Handvoll Großunternehmen aus der Telekommunikation und der Medienbranche einmal große Teile der digi-

talen Welt mit ihren Abrufdiensten beherrschen sollten, dürfte
es daneben immer noch andere Wege geben, auf denen Netzteilnehmer ihrem Hang zum privaten Austausch von Nachrichten
folgen können. »Die Botschaft des Internet ist ebenso einfach
wie dauerhaft«, heißt es am Ende eines Internet-Specials im *Economist*: »Menschen suchen Verbindungen, mit so wenig Kontrolle und Einmischung wie möglich.«[8]

Im digitalen Reich ist Howard Rheingold ein berühmter
Mann. Rheingold, seines Zeichens Journalist und angesehener
Fachmann für Computertechnologie, gehört zu einer freiheitlich
und ökologisch motivierten Szene in Kalifornien, einer selbst-
ernannten »Gegenkultur«, aus der auch viele der Netzpioniere
stammten. Als Mitglied des Computernetzes WELL (Whole
Earth 'Lectronic Link) ist er zu der Überzeugung gelangt, daß
digitale Gemeinschaften Menschen zusammenbringen und einen längst fälligen sozialen Wandel hin zu mehr selbstorganisier-
ter, gegenseitiger Hilfe abseits des Staates befördern. Das WELL
ist ein Konferenzsystem, auf dem Teilnehmer öffentlich diskutieren und privat elektronische Post austauschen können. Für
Rheingold war das als gesellschaftliches und kulturelles Experiment angelegte Projekt »von Anfang an eine authentische Gemeinschaft«[9]. Es ist jedenfalls eine rund um die Uhr geöffnete
Anlaufstelle: Fast immer sind einige Teilnehmer präsent. In seinem vielbeachteten Buch über die virtuellen Gemeinschaften be-
richtet Rheingold aus dem digitalen Leben – von verabredeten
und regelmäßigen Online-Treffen der Datenreisenden, der Inte-
gration ihrer Kinder in diese Welt, von Netzritualen, die sich
langsam entwickeln, und davon, wie die Gruppe einzelne Mitglieder in schweren Zeiten tröstete und wie sie einer ehemaligen
Teilnehmerin, die es schwerkrank in ein Hospital nahe Neu-
Delhi verschlagen hatte, über den Computer mit wichtigen
Informationen und Genesungswünschen geholfen hat.

Für den Online-Pionier ist es wichtig, daß die Grenzen zwischen Gemeinschaften in der realen und der virtuellen Welt –
kritischere Geister sagen in der »wirklichen« und der »künstli-

chen« Welt – durchlässig sind: Wenn es gut läuft, wirkten beide Welten aufeinander, und das virtuelle Reich sei keine Erfahrung ohne realen Bezug mehr. So ist aus dem WELL beispielsweise ein jährliches Familientreffen in San Francisco hervorgegangen. Und generell, findet Rheingold, sei die digitale Kommunikation auch ein Mittel, um einen Menschen erst einmal so weit kennenzulernen, daß ein kontaktsuchender Netzfreund entscheiden kann, ob er ihn persönlich treffen will.

Bei seinem Streifzug durch die Online-Gemeinschaften unterscheidet Rheingold zwischen einfachen Diskussionsgruppen, die schon lange vor dem Internet im Telephonnetz existierten, den über das Internet operierenden *Chat*-Gruppen und den als *Multi-User-Dungeons* bezeichneten Spielwelten. Diese Dreiteilung bestimmt auch hier die nächsten Seiten.

Eine Diskussionsgruppe im Netz zu organisieren, ist alles andere als ein technisches Wunder. Man braucht einen vernetzten Personalcomputer und die Software für ein von außen zugängliches »schwarzes Brett«, eine Art digitalen Postkasten, in dem die Beiträge aller Teilnehmer nachzulesen sind. Dann bringt man die Computeradresse in Umlauf, schlägt eine Aufforderung oder eine umstrittene These am Brett an und wartet darauf, daß interessierte Digitalreisende antworten.

Der anarchisch gesonnene Teil der Netzgemeinde schwört auf die *Bulletin Board Systems*, die sich auf die eben beschriebene Weise eröffnen lassen. Sie sind über jedes Telephonnetz per Modem erreichbar und daher nicht einmal auf das Internet angewiesen – wenn auch teilweise der Schnelligkeit halber darüber verknüpft. Sollte es im Internet einmal weniger liberal zugehen, können die Betreiber von Bulletin Boards die Ideale der Dezentralität und der Unabhängigkeit trotzdem weiter hochhalten. Das digitale Postkastensystem nutzen politische Gruppen und Bürgerbewegungen ebenso wie Teleunternehmer, die über das Netz ihr Geschäft koordinieren oder etwas anbieten wollen. Unter den Zehntausenden Boards in aller Welt sind viele auf Computerfragen konzentriert, andere auf bestimmte Hobbys, und ein paar kennen nur das Thema Sex. Religiöse Gruppen nutzen die Digitalbretter auch – vom Catholic Information Network über einen Verbund jüdischer Netzvereinigungen bis zu okkultistischen Gruppen. Das Spektrum schließt neben Betreibern mit vernünftigen Interessen und Begehren politische Extremisten ebenso ein wie andere Fanatiker. Zu vielen Postkästen hat jeder Zugang. In einigen wird verlangt, daß neue Teilnehmer sich registrieren lassen, bei anderen schließen die Betreiber unerwünschte Netzreisende aus, oder es verbergen sich unter der allgemein zugänglichen Oberfläche der Boards besonders gesicherte Diskussionen, an denen nur ein bestimmter Kreis teilnehmen kann.

Die grundlegende Software für Bulletin Boards wurde bereits Ende der siebziger Jahre entwickelt und in guter Netztradition kostenlos weitergegeben. Die ersten dieser Digitalgruppen befaßten sich nur mit Computerproblemen, doch bald schon kamen Boards zustande, die abseits dieses Themas als Grundlage für Online-Gemeinschaften dienen sollten. Viele Boards sind wiederum untereinander verbunden, unter anderem über das sogenannte *FidoNet*. Dahinter steht ein einfach zu benutzendes Programm für digitale Postkästen, das zunächst für Computerfreaks zu Hause am Bildschirm gedacht war, dann aber auch von Unternehmen und anderen Organisationen genutzt wurde.[10]

Gegenüber der recht chaotischen Welt der schwarzen Bretter hat das sogenannte *Usenet* einen großen Verbund von Diskussionsgruppen rund um den Globus geschaffen.[11] Wie kein anderer Teil der digitalen Welt hat dieses Netz die Vision einer neuen Form internationaler Gemeinschaft genährt. Tatsächlich haben die entsprechenden Debattierclubs seit dem Start Ende der siebziger Jahre mindestens sieben Millionen Netzreisende angezogen. Jede Diskussionsgruppe sammelt die Kommentare aller Teilnehmer, macht sie den anderen Interessenten zugänglich, so daß diese wiederum darauf antworten können. Da der Transfer rund um den Globus lange dauern kann und der Stand der Dinge teilweise nur in großen Zeitabständen aktualisiert wird, kommen die Beiträge nicht immer der Reihe nach auf den Bildschirm. Doch das Netz kennzeichnet jeden Beitrag so, daß sich der Antwortende darauf beziehen kann. Zudem ordnen die freiwilligen Diskussionsleiter der einzelnen Gruppen die Antworten oft nach Unterthemen, die dann ihrerseits weitergeführt werden.

So hat sich im Usenet aus anfänglich einseitigen Inhalten heraus eine weitverzweigte Themenhierarchie entwickelt – kulturell, politisch, technisch, regional, für Debatten über Wirtschaftsfragen ebenso wie über Computerdetails. Kaum ein Thema, kaum eine Überzeugung, kaum eine noch so dumme oder versaute Idee, zu der sich kein Diskussionsforum findet. Unausweichlich geht die Spezialisierung immer weiter, weil ein kleiner Teilnehmerkreis es noch genauer wissen will oder weil jemand sein spezifisches Interesse noch nicht abgedeckt sieht und Gleichgesinnte findet. In großen Teilen des Netzes herrscht eine Art Basisdemokratie: Bevor ein neues Thema zugelassen wird, muß die Gruppe genügend unterstützende Stimmen im Rahmen einer Diskussion bekommen. In einem weniger streng organisierten Teil kann nahezu jeder Teilnehmer eine neue Gruppe schaffen – mitunter ohne erkennbaren Sinn und Verstand. Während so immer neue Foren hinzukommen, halten sich in dem Netzorganismus viele Themen auch nur kurz und verschwinden dann wieder.

Das Usenet ist dezentral organisiert. Der einzelne findet Zugang über lokale Anbindungsstellen, die große Unternehmen und Institutionen ebenso betreiben wie kleine Vereinigungen. Sie verwalten den Fluß der digitalen Botschaften selbständig, sorgen für die technische Abwicklung und bestimmen zudem, welche Foren angeboten werden und welche den Teilnehmern verschlossen bleiben. Viele der Betreiber verwahren sich gegen pornographische Themen oder generell gegen die »wilderen« Teile des Netzes. Bleiben seine Lieblingsthemen ausgeschlossen, kann sich der einzelne Nutzer freilich an eine andere Anbindungsstelle wenden.

Vieles von dem, was die Netzwelt insgesamt weithin bekannt gemacht hat, stammt aus den Diskussionsgruppen des Usenet, dessen Knotenpunkte großenteils über das Internet miteinander verknüpft sind. Auf diesem Weg kamen im Jahre 1989 auch die Nachrichten chinesischer Studenten über die brutale Zerschlagung ihrer Demokratiebewegung auf dem Tiananmen-Platz in Peking in den Westen – und zeigten das Freiheitspotential der Netze gegenüber der Zensur in totalitären Staaten. Von Anfang an haben Freiwillige die Gruppenkommunikation geordnet und dabei demonstriert, welche Einsatzbereitschaft das Netz hervorrufen kann. Und relativ schnell entwickelten die digitalen Debattierclubs eine »Netiquette«[12], Benimmregeln, die den Umgang miteinander einfacher machen. Beobachtern galten sie als Zeichen für eine spontane Ordnung und für eine Art gesellschaftlichen Code in Digitalien.

Die schwarzen Bretter und mehr noch die Diskussionsgruppen brachten erstmals größere Gruppen von Datenreisenden zusammen. Sie dienten als Basis für erste fortgesetzte Gruppendiskussionen im Netz, die schon bald unter den Oberbegriff der »Online-Gemeinschaften« gefaßt wurden. Ihre Mischung aus Chaos und Selbstverwaltung ist für einige Netzpioniere immer noch der beste Ausdruck der anarchischen Kultur im digitalen Kosmos. Seit Ende 1994 schafft freilich das World Wide Web die größten Wachstumsschübe in der Netzwelt. Wer heute etwas digital anbieten will, ob nun ein Unternehmen, ein Verein oder auch ein einzelner Computerfreak, baut in der Regel eine »Seite«, also ein Angebot mit eigener Netzadresse, im WWW auf. Auch dort wird diskutiert, auch dort entstehen – neben allen abrufbaren Angeboten – in gewissem Sinn Gemeinschaften, aber mit den anarchischen Anfängen der schwarzen Bretter hat dieser Teil des Internet kaum noch etwas gemein. Er fußt, wie gesagt, vor allem auf graphischer Darstellung, ist in sich einheitlich und verbindet Stichworte und Themen auf effiziente Weise. Entsprechend einfach – verglichen mit anderen Netzteilen – läßt er sich nutzen.

Die bislang beschriebenen Online-Gruppen haben eines gemeinsam: Ihre Mitglieder kommunizieren nacheinander und nicht direkt miteinander. Eine Botschaft braucht Zeit, bevor sie allen anderen zugänglich ist und beantwortet werden kann. Daher speichert das System die einzelnen Beiträge und dokumentiert sie, damit sie auch später noch nachzulesen sind. Demgegenüber tauschen sich die Teilnehmer der Plaudergruppen im Internet (IRC für *Internet Relay Chat*) in Echtzeit aus – sie sind zur gleichen Zeit auf dem Netz zugegen.[13] Die Software, deren Grundlagen Ende der achtziger Jahre aus Finnland kamen, gestattet es ihnen, sich direkt schriftlich zu unterhalten.

Fingerfertigkeit auf der Tastatur zählt in dieser reinen Schriftwelt ebenso wie die Fähigkeit, Dinge zügig auf den Punkt zu bringen und schnelle Pointen zu setzen. Die verschiedenen »Kanäle« teilen sich wie die Diskussionsgruppen des Usenet nach Abertausenden von Themen auf. Wie es in dem Buch »Datenreisende« heißt: »Das Themenkaleidoskop reicht von technischen Themen über wissenschaftliche Diskussionen bis hin zum erotischen Dialog. In allererster Linie ist der IRC aber ein Treffpunkt zum Kennenlernen und Reden.«[14] Auf den einzelnen Kanälen halten freiwillige Debattenleiter die Teilnehmer in Schach und versuchen, die Kommunikationsregeln durchzusetzen, auf die sich die jeweilige Gruppe verständigt hat. Diese Online-Regenten haben die Möglichkeit, unliebsame Diskutanten hinauszuwerfen oder sie gar auf Dauer von ihrem Kanal auszuschließen. Indes ist auf dem Bildschirm zu Hause nicht die gesamte Kommunikation sichtbar: Neben der allgemein zugänglichen Diskussion können die Teilnehmer sämtlicher IRC-Gruppen auch private Nachrichten mit einem bestimmten Partner austauschen – eine Art Flüstern im digitalen Kaffeehaus. Entsprechend hat der Computerschirm eines Online-Plauderers in der Regel mehrere Fenster für die jeweils ablaufende öffentliche und private Kommunikation auf einem oder auch auf mehreren Chat-Kanälen.

Die Gründer des Systems sahen darin ein Experimentierfeld

für digitale Kommunikation und für die Bildung von Gemeinschaften mit einem Minimum an vorgegebener Struktur. Trotzdem wird das Medium auch professionell genutzt: Weit verstreute Telearbeiter und Manager nutzen es für Diskussionen, ebenso Akademiker, die an einem Projekt beteiligt oder an einem speziellen Thema interessiert sind. Doch das Gros der elektronischen Plauderei betreiben die Netzreisenden als Privatmenschen. So sind einige Gruppen einem bestimmten Land oder einer Region zugeordnet und gebrauchen auch die dort übliche Sprache. Zu ihren Mitgliedern zählen Einheimische ebenso wie Emigranten und andere Interessenten. Während aktueller Krisensituationen vervielfacht sich die Population der Chat-Gruppen schon einmal, weil die Netznutzer nach neuen Botschaften aus den betreffenden Regionen suchen oder über das Geschehen diskutieren wollen. Ein Beispiel dafür war der Putschversuch 1991 in Moskau, während dessen wichtige Informationen über das IRC-System bekannt wurden.

Ständig kommen neue Kanäle hinzu, und alte werden dichtgemacht. Einige sind schon von vornherein auf kürzeste Zeit angelegt. Oft gründen Abtrünnige, die entweder nicht willkommen oder aber mit der bestehenden Gruppe nicht einverstanden sind, einen zweiten oder dritten Kanal zum gleichen Thema. Es kommt auch vor, daß die Gruppen miteinander konkurrieren und versuchen, in einen gegnerischen Kanal einzudringen und dort für Krawall zu sorgen.[15] In gewisser Hinsicht ist das Experiment in Sachen Gemeinschaft aufgegangen. Nicht nur daß die einzelnen Kanäle sich voneinander abgrenzen und ihre Teilnehmer entsprechend »näher zusammenrücken«, viele von ihnen bleiben auch über längere Zeit einer Gruppe treu. Freilich sind das oft die Kanäle, auf denen lediglich in der einen oder anderen Art digital geflirtet wird. Einige der Mitglieder werden geradezu süchtig nach dem virtuellen Austausch. Daß sie zwanzig bis dreißig Stunden in der Woche im Netz zubringen, ist keine Seltenheit. Freaks gefährden darüber neben ihrem Privatleben auch die Arbeit, während deren sie immer wieder nachschauen müssen, was auf ihrem Kanal passiert. Nachdem ein Psychiater aus den Vereinigten Staaten die »Internet-Abhängigkeit« im Netz beschrieben hatte, meldeten sich gar betroffene Datenreisende und bildeten schnell eine eigenes Diskussionsforum.

Teils läßt sich die Attraktivität solcher Online-Gruppen durchaus nachvollziehen. Einige entwickeln regelrechte Rituale, um gemeinschaftsförderndes Verhalten zu belohnen und das Gegenteil zu bestrafen. Sie entwickeln spezielle Kürzel, die in der schriftgeprägten Umgebung eine ganze Reihe menschlicher Regungen ausdrücken sollen. So sind in der Tat aus einem Minimum an Struktur eigene Gruppenformen hervorgegangen, die vielen Mitgliedern einen erheblichen Teil ihrer Freizeit und bemerkenswertes Engagement wert sind. Meist allerdings unter falschem Namen: Auf dem sozialen Spielfeld des IRC-Verbundes nehmen viele Netzreisende neue Identitäten an, mitunter auch das andere Geschlecht. Einige treten auf mehreren Kanälen auch als jeweils verschiedene Personen auf. Da vielen Teilnehmern aber an Kontinuität gelegen ist, gilt es als eine der schlimmsten Online-Sünden, innerhalb einer Gruppe den Namen zu ändern oder sich als ein anderes Mitglied auszugeben.

Was sich in den Chat-Gruppen als eines von mehreren Verhaltensmustern herausgebildet hat, ist in den Spielwelten der Netze Programm: Dort müssen sich die Teilnehmer eine Figur ausdenken oder, soweit vorgegeben, aussuchen, die sie dann virtuell verkörpern wollen. In der englischen Netzsprache heißen diese Welten *Multi-User-Dungeons* (*Mud*) – über das Internet erreichbare digitale Räume, in denen mehrere Online-Wanderer zur gleichen Zeit spielen können.[16] Zunächst bestanden solche Miniwelten nur aus Schrift. Die Spieler bereisen sie, indem sie lesen und schreiben. Dort werden die einzelnen Szenen und Situationen, zwischen denen sich die Teilnehmer mittels einfacher Befehle bewegen, einzig in Worten beschrieben. Und auch die Begegnungen mit programmierten Spielfiguren oder anderen Teilnehmern erfolgen nur durch Schriftsprache. Verändert sich dabei etwas an der Umwelt, geht also beispielsweise eine Flasche in Scherben, so wird die Veränderung gespeichert, und der nächste findet eine veränderte Situation vor. Die Phantasieräume der Online-Spieler reichen von kriegerischen Umgebungen, in denen ein Gemetzel dem nächsten folgt, über Abenteuerspiele und sexuell orientierte Welten bis hin zu virtuellen Dörfern, in denen die Bewohner nicht kämpfen, sondern Bekanntschaften machen, sich Wohnungen suchen und Familien gründen – ganz normales digitales Leben sozusagen. Vieles in den Spielwelten organisieren die Teilnehmer, ähnlich wie bei den anderen Arten von Online-Gruppen, selbst; doch oft herrschen diejenigen, die das Spiel programmiert haben, auch über das Geschehen und können dann jederzeit eingreifen.

Gegenüber den reinen Sprachwelten rücken mittlerweile graphische Spielszenarien in den Vordergrund. Nicht nur im Internet, auch in kommerziellen Netzen wie CompuServe finden die Mitglieder solche visuellen Spielecken – digitale Städte, in denen sich die Netzreisenden eine Figur aussuchen, diese dann durch die virtuelle Welt steuern und über sie mit anderen Spielern kommunizieren. Die Figuren können nicken, die Augen bewegen oder auf Kommando andere nichtsprachliche Reaktionen zeigen. Indes treffen sich die Teilnehmer nicht nur zu Diskussion oder Flirt, sie können auch ein Haus bauen und einrichten oder das Aussehen der eigenen Spielfigur ändern – und müssen dabei natürlich ihr virtuelles Konto in Ordnung halten. Diese graphischen Szenarien gehen zurück auf eine digitale Spielwelt namens »Habitat«, die in den frühen achtziger Jahren aus einem Filmprojekt heraus entwickelt wurde.

Während die Muds der ersten Stunde das Werk von Enthusiasten und Computerfreaks waren, stecken hinter den visuellen Spielwelten oft schon Geschäftsinteressen. So läßt sich dort beispielsweise eine virtuelle Einkaufsmeile einrichten, auf der die Teilnehmer Waren bestellen können – zunächst noch spielerisch, doch dann auch ernsthaft für reales Geld. Andere Spielwelten sind in Arbeit, deren Zugang zwar nichts kostet, bei denen die Teilnehmer aber etwas bezahlen müssen, wenn sie beispielsweise zur Rettung ihrer virtuellen Spielfigur Munition für eine Pistole kaufen oder einen neuen Anzug leihen, um in einer anderen Situation zu bestehen. Den dafür berechneten Betrag finden sie dann am Ende des Monats auf einer realen Rechnung im realen Briefkasten wieder. Filmstudios, die ihre Kinohits auch als Computerspiele verwerten, sind ebenso an diesen visuellen Muds interessiert wie die großen Produzenten von Videospielen, von denen einige bereits Internetangebote entwickelt haben. Trotzdem lassen auch die graphischen Spielwelten noch Raum für die Gestaltungskraft des einzelnen und die Dynamik der Gruppe. In welche Richtung eine solche Online-Gemeinschaft expandiert, auf welche Regeln sie sich einigt und welche Optionen in der digitalen Umgebung sie tatsächlich wahrnimmt, können die Programmierer nur zu einem Teil bestimmen.

Sowohl die rein auf Schriftsprache beruhenden Muds als auch die graphischen Spielwelten ziehen Teilnehmer regelrecht in ihren Bann. Einige verbringen tatsächlich mehr Zeit in diesen Teilen des Netzes als am Arbeitsplatz. Das hat freilich nicht nur mit dem raum- und zeitunabhängigen neuen Kommunikationsweg an sich zu tun, sondern auch damit, daß sie sich dort bis zum Extrem verstellen können. Die amerikanische Wissenschaftssoziologin Sherry Turkle vom Massachusetts Institute of Technology hat das Verhalten der Netzreisenden in den Spielwelten jahrelang untersucht.[17] Sie beschreibt, wie einige Spieler die reale Welt nur noch als einen Teil des Lebens begreifen, neben dem ihre Online-Identitäten mehr oder weniger gleichberechtigt existieren. Für Turkle wird der Computer damit zu einem Medium, das Prinzipien der Postmoderne auf einfache Art ausdrückt: An die Stelle von Eindeutigkeit und Linearität treten mannigfache Identitäten und ein ungewisser Entwicklungspfad. Anders als bei seinem Ursprung als Rechengerät sei der Computer mittlerweile weniger ein Kalkulator als vielmehr ein Simulator für die Interaktion zwischen Menschen und zwischen Maschinen – ein Zusammenspiel ohne Zentrum, dessen Ergebnis nicht mehr von vornherein programmiert ist. »Heute gewöhnen

sich Menschen an die Idee, daß Computer die physische Gegenwart eines Individuums erweitern«, schreibt Sherry Turkle.[18]

Einander über den Computer die Hände reichen: Weil die digitale Kommunikation in gewisser Weise Menschen verbindet,
setzen ihre Verfechter die größten Hoffnungen in die Netzwelt.
Das gilt auch für einen so außergewöhnlichen Zeitgenossen wie
John Perry Barlow. Der ehemalige Rinderzüchter, der in den
siebziger Jahren als Liedtexter der Rockgruppe »Grateful
Dead« bekannt wurde, hegt eine tiefe Abneigung gegen die Industriegesellschaft, gegen ihre Gleichförmigkeit und die für sie
typischen Abhängigkeiten im Arbeitsleben. Die Welt der Computernetze verspricht dem Mann aus Wyoming die Möglichkeit,
gleich von einer agrarischen Umgebung in das Informationszeitalter zu wechseln – ohne den Umweg über industrielle Le-
bensgewohnheiten. Im Jahre 1990 gründete Barlow mit promi-
nenten Netzfreunden die Electronic Frontier Foundation, eine
Organisation in den Vereinigten Staaten, die im Einvernehmen
mit der ursprünglichen Netzkultur die Freiheit der Datenreisenden gegen alle Eingriffe von außen verteidigt. Die Vereini-
gung richtet sich vor allem gegen jede Form der Zensur im Internet und gegen den Versuch, dort traditionelle Urheberrechte
durchzusetzen. Barlow glaubt nicht nur, daß Menschen in den
Netzen die verschiedenen Teile ihrer Persönlichkeit sinnvoll
können, er erwartet auch, daß dort ein neuer Bewußtseinsraum
entsteht. Seine etwas verworrene Vision: »Im Cyberraum weitet
sich das Spektrum des Selbst und wird diffuser, während es sich
hin und her bewegt zwischen den geringeren Teilen des Selbst
und dem größeren Selbst, das sich schrittweise vom Körper
löst.«[19] Der liberal-konservative Denker sieht in der Netzwelt
völlig neue Horizonte für den Austausch zwischen den Menschen. Dabei ist ihm klar, daß »viele menschliche Institutionen
und stabile Machtrelationen, aus denen wir ein gewisses Maß an
Sicherheit abgeleitet haben«, im digitalen Zeitalter untergehen.
Doch die internationalen Verbindungen Digitaliens machen das
nach Meinung des Netzutopisten mehr als wett. Denn es seien ja

gerade nicht die Politiker und Staaten mit ihren Eigeninteressen, die diese neue Welt aufbauten. Das besorgten vielmehr die einzelnen Netzreisenden miteinander im dezentralen und nicht kontrollierbaren Zusammenspiel. Daher würden die ewigen Tugenden des Humanismus dort einen neuen Ausdruck finden und eine neue gemeinsame Identität schaffen: »Wie auch immer die (Netz-)Entwicklung weitergeführt wird, es scheint klar zu sein, daß wir dabei ein besseres Nervensystem für die Menschheit selbst spannen.«[20]

Viele wird eine derartige Begeisterung erstaunen, andere erschrecken. Sie ist ein extremes Beispiel dafür, welche Utopien die digitale Welt, oder präziser: ihr verbindendes Moment, auszulösen vermag. So knüpfen Menschen am Bildschirm privat und beruflich immer neue Beziehungen. Ohnedies läßt sich in den Netzen zwischen den einzelnen Lebensbereichen – als Erwerbstätiger, als Konsument oder Privatperson – nur mehr schwer unterscheiden. Telearbeiter und andere Netzreisende erleben dort eine bemerkenswerte Konvergenz von Privatleben und kommerziellem Leben, von Arbeits- und Freizeitzirkeln. Um das digitale Miteinander zu beschreiben, sind Netzpioniere schnell mit dem Begriff »Gemeinschaft« (im Englischen mit einem etwas allgemeineren Wortsinn: *community*) bei der Hand. Aber die Frage ist doch: Handelt es sich dabei tatsächlich um Gemeinschaften – und wie wird sich diese soziale Entwicklung auf die Struktur der Informationsgesellschaft auswirken?

7 GEMEINSCHAFTEN UND VIRTUELLE CLUBS: SOLIDARITÄT IN DER DIGITALEN WELT

Wenn eine Technologie entwickelt wird und daraus ein neues Medium entsteht, mangelt es an neuen Wörtern, um all das zu beschreiben, was die Innovation auslöst. Folglich greift man auf schon bestehende Ausdrücke zurück und entfremdet sie ihrem ursprünglichen Sinnzusammenhang. Nirgends wird dies deutlicher als bei der digitalen Kommunikation. Da »verabreden« und »treffen« sich die Teilnehmer im Netz, sie »laden« andere zu sich »ein«: Der Sprachgebrauch verwischt die Unterschiede zwischen der realen und der virtuellen Welt – mangels Alternative auch in diesem Buch. Clifford Stoll macht auf das so entstehende Mißverständnis in der ihm eigenen Art aufmerksam: »Vieles von dem, was über die Netze passiert, ist eine Metapher – wir unterhalten uns, ohne zu sprechen, wir lächeln, ohne das Gesicht zu verziehen, und umarmen uns ohne Berührung ... Die einzigen Sinnesreize sind ein glühender Schirm, die Berührung einer Tastatur und das Geräusch eines gelegentlichen Piepses. Alles synthetisch.«[1]

Der sprachlichen Verwirrung leisten auch sendungsbewußte Institutionen wie Parteien und Kirchen Vorschub. So hat sich ein erster SPD-»Ortsverein« im World Wide Web gebildet, der ein Antragsrecht auf den Parteitagen anstrebt. Mit einem bestimmten Ort hat dieser Verein freilich nicht mehr viel zu tun. Die ersten Geistlichen betreiben »Seelsorge« in der Netzwelt, darunter beispielsweise eine Online-Pfarrerin der evangelischen

Landeskirche in Bayern – nach dem Telephon nun also mit dem Computer als Beistandsmedium. Dabei will ich gar nicht behaupten, daß eine Parteisitzung am Bildschirm a priori schlechter ist als eine in der örtlichen Bierstube, daß Netzseelsorge normaler Gemeindearbeit an Erfolg nachsteht, aber in jedem Fall handelt es sich um grundverschiedene Dinge. Ist das neue Medium erst einmal alltäglich geworden, verwischt es die Unterschiede in den Wortbedeutungen endgültig. Vielfach beherrscht dann der neue Zusammenhang gar das Sprachverständnis. Man muß sich nur einmal überlegen, wie sich in der Ära des Fernsehens der Ausdruck »jemanden kennen« gewandelt hat – oder auch unser Verständnis von Bezeichnungen wie »Aktualität« und »Journalismus«.

Im digitalen Zeitalter dürfte der Begriff der »Gemeinschaft« für solche Verzerrungen besonders anfällig sein. Vielen Netzfreunden gilt er immerhin als Schlüsselwort Digitaliens. Kommunikation sei der Beginn von Gemeinschaft, lautet ein Credo des Vizepräsidenten der Vereinigten Staaten. Al Gore ist überzeugt: »Ein globales Informationsnetz wird neue Gemeinschaften hervorbringen.« Aber zunächst ist der Begriff im Zusammenhang mit der virtuellen Welt eben nur ein Sprachbild. Hauptsächlich tippen die Netzreisenden auf einer Tastatur und tauschen sich so aus. Dabei sind sie freilich unerwartet phantasievoll und entwickeln in der extrem beschränkten, elektronischen Umgebung bemerkenswert viele Dimensionen des Ausdrucks und der Atmosphäre.

Trotzdem bleibt das Miteinander auf wenige Mittel reduziert. Das macht die Online-Welt überhaupt erst attraktiv für einige Netzreisende, die sich mit Sozialkontakten in der realen Welt schwertun – sei es wegen ihres Aussehens, ihrer Angewohnheiten oder der Umgebung, in der sie leben. Wenn sie die Online-Kommunikation über die Tastatur beherrschen, können sie in den Netzen durchaus mehr soziale Erfolge verzeichnen als in der gewohnten realen Umgebung. Dieses Motiv trifft wohlgemerkt nur auf einen kleinen Teil der Netzreisenden zu; vielfach nutzen gerade die Menschen digitale Wege, die auch sonst viel und erfolgreich kommunizieren und ein vielfältiges Sozialleben führen.

In einem tiefgründigen Buch über die Netzwelt hat sich Stephen Talbott mit der Frage des digitalen Miteinanders auseinandergesetzt.[2] Der amerikanische Computerfachmann geht mit den Enthusiasten der digitalen Welt hart ins Gericht: Deren Gerede vom Ende der Isolation zeige »die allgemeine Neigung, statt über die tatsächliche Lage des menschlichen Austauschs nur über die Technologie nachzudenken«[3]. In den Netzen läßt sich zu beinahe jedem Thema, und sei es noch so obskur, ein Forum finden. Das, so Stephen Talbott, weise nicht auf eine funktionierende Gemeinschaft hin, sondern umgekehrt auf einen hohen Grad an Fragmentierung und damit auf die Auflösung von Gemeinschaft. Denn »Gemeinschaft im tieferen Sinne aufzubauen bedeutet vielmehr, mit Unterschieden zurechtzukommen, als einander Ähnliches zusammenzubringen«[4]. Talbotts Fazit ist eine Warnung an alle hoffnungsfrohen Netzreisenden: Gemeinschaft sei zunächst einmal etwas, was vor der Informationstechnologie gerettet werden müsse und keineswegs von ihr gefördert werde.

In der Tat spaltet die Netzwelt die Gruppe ihrer Nutzer auf besondere Weise. Von der ganzen Struktur her fordert sie die Teilnehmer geradezu auf, sich immer weiter zu spezialisieren und die eigenen Interessen, Wünsche, Hobbys immer feiner mit denen anderer Netzreisender abzugleichen. Das zeigt sich in den Diskussionsgruppen des Usenet ebenso wie in den Plauderecken des IRC-Verbundes. Und je mehr Teilnehmer hinzukommen, desto mehr können sich die Online-Gruppen differenzieren. Anders gesagt: Die Computernetze »werden zum Kristallisationspunkt für neue und raumübergreifende Spezialkulturen«[5]. Aus einem Kanal zu einem bestimmten Land und dessen Kultur werden dann fünf Kanäle mit kaum zu unterscheidenden Ausrichtungen, und aus einer Diskussionsgruppe über Kinderernährung erwächst schnell ein halbes Dutzend neuer Foren.

Der vom Grundsatz her gleiche Mechanismus wurde auch schon bei den selbständigen Telearbeitern offenbar. Weil sie über die digitalen Netze Zugang zu einer weitaus größeren Anzahl von potentiellen Kooperationspartnern und Kunden haben als vorher, weil Raum- und Zeitbeschränkungen für sie kaum mehr zählen, können sie sich verhältnismäßig leicht spezialisieren.

Auch für Konsumenten hält die Online-Welt entsprechende Mechanismen der Spezialisierung bereit. Junge amerikanische Softwareunternehmen wie Agents, Inc. im Bundesstaat Massachusetts entwickeln sogenannte digitale Agenten – Programme, die beispielsweise vor einer Kaufentscheidung wichtige Informationen aus den Netzen zusammentragen. Bevor der Kunde ins Kino geht oder auch zum Arzt, bevor er ein Auto oder einen Computer kauft, faßt die Software für ihn die Reaktionen anderer Netzreisender zusammen. Dabei legt sie besonderen Wert auf die Meinung von Verbrauchern, deren Merkmale denen des jeweiligen Kunden ähneln. Hat ein solches Programm erst einmal genug Daten über die einzelnen Nutzer zusammengetragen, soll es Netzteilnehmer mit ähnlichem Geschmack, mit ähnlichen Lebenssituationen und Ansichten zusammenbringen – im Slogan der Branche: »Menschen, deren Geschmack wir vertrauen«. Denn in einem solchen Zirkel ist der Austausch besonders effektiv, die meisten Informationen betreffen tatsächlich die eigene Entscheidung. So können Zuckerkranke eines bestimmten Alters einander besser bei der Wahl eines Arztes beraten als die Gesamtheit derjenigen, die mit dem fraglichen Mediziner zu tun hatten. Die Folge: Unter den Nutzern eines solchen digitalen Agenten entstehen extrem einheitliche Online-Gruppen, in denen sich der Austausch dann weiter vertieft. Auf diesem Wege sollen schließlich ebenfalls »Gemeinschaften« entstehen – Gemeinschaften der Präferenzen. Demnach treiben nicht nur Hobbys und andere Vorlieben, sondern auch handfeste ökonomische Interessen die Teilung der Netzgemeinde voran. Diese Entwicklung nennt man auch »Country-Club-Effekt« – Nutzen ohne große soziale Verantwortung.

Auch die privaten, nichtkommerziellen Online-Gruppen sind so gesehen weniger Gemeinschaften als vielmehr virtuelle Clubs. Wie ein Briefmarkenclub oder ein Aktienverein definieren sie sich über eine gemeinsame Vorliebe. Die Teilnehmer tauschen sich aus, helfen sich auch schon einmal gegenseitig mit Ratschlägen und Informationen; aber das Ziel besteht nicht darin, Solidarität zu entwickeln und auszuüben, sondern bestimmte Interessen zu verfolgen und im Austausch zu fördern. Anders gesagt: Die Betonung liegt auf eng begrenzten Gemeinsamkeiten, und sie liegt lediglich auf einer unter vielen Präferenzen der beteiligten Personen. Entsprechend homogen sind die einzelnen virtuellen Clubs.

Wirksame Hilfe in echten Notsituationen ist in den Online-Gruppen rar – schon weil die Teilnehmer oft über den halben Globus verstreut sind. So sind auch die Hilfsaktionen, die Howard Rheingold aus der Geschichte des WELL-Netzes beschreibt, Ausnahmen im digitalen Leben. Das liegt zum einen an der oft fehlenden Möglichkeit, andere Netzteilnehmer zu unterstützen. Zum anderen ist eine solche Hilfe in den meisten Online-Gruppen auch gar nicht angelegt. Ob nun im Privatleben oder bei der Arbeit: Verglichen mit lange gewachsenen Gemeinschaften sind die Bindungen zwischen den Netzreisenden naturgemäß flüchtig. *Easy come, easy go*: Kontakte in der virtuellen Welt entstehen schnell und finden ebenso schnell ein Ende. Einige Netzreisende besuchen die einzelnen Online-Gruppen nur sporadisch und springen zwischen ihnen hin und her. Andere indes bleiben ihren Gruppen verbunden bis hin zu den beschriebenen Suchterscheinungen und der Möglichkeit, daß ihnen ihre verschiedenen Online-Leben sinnvoller scheinen als die reale Existenz. Aber selbst dann kann sich das einzelne Mitglied der Gruppe mit einem Knopfdruck entziehen: Das Miteinander besteht nur solange, bis das Modem des Computers die Verbindung abbricht.

Verglichen mit einer Familie oder einer Kirchengemeinde wird ohnedies nur wenig Solidarität verlangt. In solchen Gemeinschaften geht es darum, mit den Unterschieden zwischen den einzelnen Mitgliedern klarzukommen, Interessen auszugleichen statt abzugleichen und sich solidarisch zu zeigen – allesamt Aufgaben, die homogene Cybergruppen gar nicht stellen. Zwar entwickeln sie Rituale, um die Identifikation mit dem jeweiligen Club zu stärken, aber sie haben kaum Mittel, um solidarisches Handeln tatsächlich einzufordern. So fehlt die soziale Kontrolle, die eine traditionelle Gemeinschaft täglich auf ihre Mitglieder ausüben kann. Und wem der Gruppendruck in Digitalien trotzdem zu hoch wird oder der Gang der Dinge generell nicht paßt, der kann ohne großen Aufwand ein neues Forum einrichten, das seinen Vorstellungen eher entspricht. In der Sprache der Ökonomen: Die Kosten des Eintritts und des Austritts sind überaus gering – vor allem, wenn man sie mit denen eines Umzugs vergleicht oder auch nur mit dem Wechsel von einem Verein in einen anderen. Damit sich Solidarität entwickelt, ist in aller Regel eine stetige Umgebung notwendig, die wiederum mit diesem Maß an Freiwilligkeit nicht zusammenpaßt.

So gelangt man zu einem ersten Fazit: Die Freiheit der Netze ist trügerisch. Entgegen den Versprechen von Digitalutopisten schaffen sie keine gemeinsamen, womöglich gar globalen Werte, sondern streichen die Unterschiede zwischen den Menschen heraus. Sie ermöglichen es dem einzelnen, sich irgendwo auf der Welt Gleichgesinnte zu suchen und sich von allen anderen abzugrenzen. Damit kann er den meisten Problemen und Anforderungen realer Gemeinschaften aus dem Weg gehen und trotzdem einen gewissen sozialen Kontakt halten – in Form eines weniger anspruchsvollen Ersatzes. Die flüchtigen und in sich einheitlichen Online-Clubs sind eben nicht auf Solidarität angelegt, sondern umgehen im Gegenteil fast alle Dimensionen sozialen Handelns. Schnell übersehen Netzreisende diese Unterschiede zwischen virtuellen Clubs und der Wirklichkeit jenseits der Infobahnen. Dem französischen Technologiekritiker Jacques Ellul zufolge fallen sie der Versuchung anheim, »den Unterschied in der Natur menschlicher Kommunikation und der Kommunikation durch diese Artefakte zu bemänteln«. Dabei sei es »ein schierer Bluff, unter solchen Umständen von Gesellschaft oder Gemeinschaft zu reden«[6].

So weit, so einfach: Wer es bei einem solchen Fazit beläßt, bleibt auf offener Strecke stehen. Denn diese statische Betrachtung verkennt die Eigendynamik, die einen – freilich relativ kleinen – Teil der Online-Gruppen bestimmt. Gemeint ist nicht die »Intimität«, die eifrige Computernutzer angeblich für ihre digitalen Rechner empfinden.[7] Vielmehr entwickeln Mitglieder von virtuellen Clubs mit der Zeit überraschend tiefe Bindungen. Schon zu Beginn lassen sie sich oft auf Hierarchien ein. Die Systemverwalter regeln den Zugang, die Moderatoren den Gang der Diskussionen – bis hin zur Zensur und zum Rauswurf. Um dieser Autorität entgegenzuwirken, entwickeln die Netzreisenden basisdemokratische Debatten- und Abstimmungsverfahren. Außerdem bilden sie auch untereinander formelle und informelle Hierarchien. Diese sozialen Gefüge und die Positionen der Mitglieder hängen davon ab, wieviel Netzerfahrung der einzelne hat, wie schnell er mit Hilfe der Tastatur kommuniziert, wie sehr er sich engagiert und welche Aufgaben er in einer Gruppe übernimmt, welche Identität er annimmt und ob er Attraktives im Netz publiziert.

Entsprechend sorgfältig kommen einige Teilnehmer ihren – fast immer freiwillig übernommenen – sozialen Pflichten in der digitalen Welt nach. Virtuelle Clubs können so eine bemerkenswerte soziale Sogwirkung schaffen – bin hin zu dem Punkt, daß Netzreisende ihre dortigen Funktionen wichtiger nehmen als die in ihrer herkömmlichen Umgebung. Und je stärker die Bindung des einzelnen wird, desto mehr soziale Kontrolle kann die Gruppe ausüben. Kontinuität wird dann zu einem der wichtigsten Werte Digitaliens, und dieser Wert setzt sich durch, obwohl die Netzgemeinde mit einem Minimum an vorgegebener Struktur und mit einem seiner Natur nach flüchtigen Medium zurechtkommen muß. Die Teilnehmer wollen nicht mehr mit jedem Online-Treffen ihren Eigennutz mehren, sondern sind bereit, sich im Sinne der Gruppe zu verhalten. Sie könnten zwar nach wie vor ohne Rücksicht auf Ort und Zeit in andere Teile der Netzwelt abwandern oder schlicht den Computer ausschalten – am Prinzip der Freiwilligkeit hat sich also nichts geändert –, doch sie nehmen diese Optionen nicht wahr. Statt dessen üben die Mitglieder der Runde Solidarität mit anderen Mitgliedern und mit der Gruppe allgemein. So entwickeln sich aus den virtuellen Clubs mitunter tatsächlich Vereine, die einige Attribute dessen zeigen, was man traditionell mit Gemeinschaft verbindet.

Die Technologie gibt diese Richtung keineswegs vor. Sie unterstützt die Entstehung von *fluid networks*, von kurzlebigen und veränderlichen Digitalverbünden: Zum Preis eines Austauschs, der auf wenige und dazu recht ärmliche Dimensionen beschränkt ist, erlauben die Netze weltweite Nachbarschaften. Diese halten nur, solange die Mitglieder einen direkten Nutzen daraus ziehen. Es ist angesichts dieses Trends um so interessanter, daß Netzreisende an ihren Bildschirmen vergleichsweise stetige und intensive soziale Verbindungen eingehen. Bei aller Freiwilligkeit suchen diese Netzteilnehmer auch in der elektronischen Umgebung Wege, um ihren Gemeinschaftssinn auszudrücken. Wer sich noch nicht darüber im klaren gewesen ist, daß Menschen neben ihrem Drang nach individueller Freiheit allerorten auch nach Solidarität streben, mag daraus neue Indizien für ein solch dialektisches Menschenbild ableiten.

Die Diskussionsgruppen und Plauderecken der Netze bilden somit in der Tat ein soziales Experimentierfeld. Zusammengefaßt läßt sich ihre Entwicklung als Dreischritt schematisieren. Zunächst kommen die Netzteilnehmer aus Neugier und Begeisterung für die weltweite, orts- und zeitunabhängige Kommunikation zusammen. Dann beginnen ihre Präferenzen für bestimmte Themen den Austausch zu dominieren. Mit einer wachsenden Zahl von Teilnehmern fordert die Netzstruktur dazu auf, Gemeinsamkeiten enger zu definieren, um sich effizient auszutauschen. Netzreisende verkehren parallel in einer ganzen Reihe von Foren, deren Mischung ihren verschiedenen Vorlieben entspricht. In einigen Gruppen setzt dann ein drittes Stadium ein, und sie wachsen über ihre Plattform, die gemeinsame Vorliebe, hinaus. So drehen sich die Kontakte in länderbezogenen Plaudergruppen oft um weit mehr als nur die gemeinsame Region und Kultur – um aktuelle Politik, um alltägliche Probleme einzelner Mitglieder oder um die Entwicklung der Gruppe selbst. Die Netzverbindungen werden persönlicher. Oder besser: Sie schließen mehr Dimensionen der beteiligten Persönlichkeiten ein. Einige Gruppen lassen das ursprüngliche Thema auch ganz hinter sich und lösen sich von der Plattform. Deren Platz übernimmt die Gemeinschaft als solche. Sherry Turkle beschreibt, wie selbst in digitalen Spielwelten soziale Gebilde entstehen, die traditionellen Gemeinschaften nahekommen. So hätten innerhalb der Spielwelt »Habitat« Teilnehmer eine eigene, demokratische Gemeinde mit detaillierten Regeln und Hierarchien aufgebaut, der sie sich »als ihre Bürger« verpflichtet fühlten. Sie diskutierten unter anderem über die richtige Balance zwischen Eingriffen der Obrigkeit und individueller Freiheit in ihrer virtuellen Welt.[8]

Hier soll allerdings nicht der Eindruck erweckt werden, als entstehe in den Netzen ein eigener Kosmos, der als Ersatz für soziale Verluste in der gewohnten Umgebung oder als neue Organisationsstruktur für Gemeinschaft herhalten könnte. Bei Berichten aus der Netzwelt ist fortwährend Distanz geboten. Man muß sich immer wieder klarmachen, worum es allen Sprachbildern zum Trotz eigentlich geht: um eine mächtige neue Technologie – nicht mehr und nicht weniger. Die virtuellen Ereignisse sind für sich genommen oft interessant und mitunter auch amüsant. Bedeutsam und wahrhaft aufregend werden sie indes, wenn sie die wirkliche Welt verändern. Das hat sich bei der Telearbeit gezeigt, und es ist bei privaten Online-Gemeinschaften nicht anders. Niemand wird sein Sozialleben ganz in die Netze verlegen können, und daher steht die virtuelle Welt der realen auch nicht als neue Alternative gegenüber – was auch immer Technologiegläubige behaupten mögen. Vielmehr werden die Menschen das digitale Medium unterschiedlich intensiv für ihr Gemeinschaftsleben einsetzen, und einige werden auch in der Informationsgesellschaft ganz darauf verzichten. Dennoch haben die Netze Auswirkungen auf die reale Welt – auch für diejenigen, die Digitalien gar nicht nutzen.

Netzpioniere unterstützen die Bedeutung des Datenreiches gerne mit dem Argument, daß die Grenze zwischen virtueller und realer Welt durchlässig sei. Howard Rheingold beispielsweise belegt damit, wie lebendig und ernstzunehmend die virtuellen Gemeinschaften seien.[9] Tatsächlich beeinflussen »Erlebnisse« in Digitalien die Netzreisenden auch im realen Leben. Die Kommunikation in den Netzen kann sie weit über die Zeit am Bildschirm hinaus verletzen und beleidigen, freuen und stolz machen. Und die im Netz geweckten Emotionen können sich manifest auf Dritte auswirken: Eine amerikanische Ehefrau hat die Scheidung beantragt, weil ihr Mann sie virtuell betrogen habe. Dieser hatte sich mit einer anderen Teilnehmerin in erotischem Geflüster ergangen, das in der Netzsprache als »Cybersex« bezeichnet wird. Die Affäre lief wohlgemerkt lediglich über die Computertastatur.

Kontakte im Netz bahnen auch persönliche Treffen an, und das oft über den Umweg des Telephons. Die von Rheingold beschriebenen Treffen der WELL-Teilnehmer sind dafür ein Beispiel. In Netzen mit einem regionalen Kern fällt die reale Kontaktaufnahme naturgemäß leichter als in Online-Foren, deren Mitglieder um den Globus verstreut sind. Aber auch aus ihnen gehen neben Partys für die Mitglieder private Verabredungen hervor. Und Netzkontakte über weite Strecken hinweg haben schon mehrfach zu Hochzeiten geführt, die dann wiederum in den betroffenen Netzgruppen bejubelt worden sind.

Während Rheingold die unmittelbaren und persönlichen Effekte herausstreicht, reichen die mittelbaren und strukturellen Veränderungen viel weiter. So revolutionieren die Computernetze – wie schon gesehen – die reale Arbeitswelt und führen dort zu einer dramatischen Zersplitterung. Die Grundlage sozialer Institutionen löst sich auf, weil die digitale Revolution einer Vielfalt neuer Arbeitsformen und Wirtschaftsbeziehungen den Weg ebnet. Und das Gemeinschaftsleben jenseits der Arbeit wandelt sich in diesem Zuge mit. Ein schon kurz erwähntes Beispiel: In der schönen Landschaft der amerikanischen Rocky Mountains haben sich Telearbeiter in Gemeinden zusammengefunden, die ihren Bedürfnissen nach Natur, arbeitsfreundlicher Umgebung und niedrigen lokalen Steuern entsprechen; trotzdem haben sie Anschluß an die Infobahn und einen Flugplatz in der Nähe. Dort sind Verlagsredakteure, Finanzanalysten und Programmierer zu Hause am Bildschirm tätig, fernab ihrer Arbeitgeber und Kunden in New York und Los Angeles. Architekten und Bauunternehmen haben bereits Eigenheime entwickkelt, die den vom Computer abhängigen Haushalten das Leben leichtmachen sollen. Erste Siedlungen mit entsprechenden Häusern, in denen sich Heimarbeitsplätze leicht installieren lassen und in denen man in nahezu jedem Zimmer Computer vernetzen kann, sind bereits bewohnt – und einige der neuen Musterhaushalte im landesweiten Fernsehen vorgestellt worden.

Diese Gemeinden von Telearbeitern stehen nicht allein. So ziehen sich Forscher und Berater, die für Institute und Unternehmen in der Bostoner Region arbeiten, in malerische Dörfer an der Küste von Massachusetts und Rhode Island zurück. In die Hauptgebäude ihrer Arbeitgeber kommen sie nur zu besonders wichtigen Treffen. Längst interessieren sich auch Werbefirmen in den Vereinigten Staaten für den Lebensstil der Computeristen. Serien von Fernsehspots zielen auf die Mischung aus friedfertigem Landleben und vernetztem Computer – beispielsweise für die Automarke Jeep oder für Maxwell-House-Kaffee. Übrigens spielt selbst die Deutsche Telekom in Werbespots für ihre »Infobahn« auf das Thema an, wenn sie ein Telearbeitszentrum auf dem bayerischen Land zeigt und verkündet, dank des vernetzten Computers könne man dort nun wieder leben und arbeiten.

Die digitalen Netze entbinden ihre Nutzer von den Zwängen

des Ortes: Telearbeiter müssen nicht mehr in einem bestimmten Umkreis ihres Arbeitgebers wohnen, Telekonsumenten nicht mehr in der Nähe günstiger Einkaufsmöglichkeiten, die Kunden von Teledienstleistern nicht mehr nahe einer Bankfiliale oder eines Reisebüros. In den Wahlnachbarschaften finden sich meistens Haushalte zusammen, die sich in ähnlichen Lebenssituationen befinden, ähnliche Vorlieben haben und ähnliche soziale Kontakte pflegen. Auch auf der Einkommensskala sind sie oft nicht weit voneinander entfernt. So entstehen Ortsgemeinschaften, die in sich vergleichsweise homogen und stabil sind und sich gerade deshalb voneinander abgrenzen. Schon seit einiger Zeit nimmt diese Form der Zonierung und der sozialen Segregation in den sogenannten Industrieländern zu – in Deutschland allerdings wesentlich zaghafter als in den Vereinigten Staaten. Dort finden sich nicht nur Haushalte der Ober-, sondern auch schon der Mittelklasse in eigenen, umzäunten Vierteln zusammen, um die Kriminalität außen vor zu halten und ihre Ideen vom Gemeinschaftsleben zu verwirklichen. Die digitale Revolution dürfte diese Entwicklung potenzieren.

Dahinter steht ein prinzipieller Wandel der Basis von Gemeinschaft. Bisherige Grundlagen wie eine effiziente Arbeitsteilung treten im Vergleich zur Industriegesellschaft in den Hintergrund, dagegen spielen gemeinsame Präferenzen eine wichtigere Rolle. Bislang kamen Haushalte zusammen, die ein breites Spektrum sozialer Positionen und Einstellungen abdeckten. Innerhalb der einzelnen Wahlnachbarschaften nimmt demgegenüber die Ungleichheit der Mitglieder ab. Diese identifizieren sich relativ schnell mit der selbstgewählten Gruppe und werden sie entsprechend unterstützen. Vor allem die entstehende Elite der Wissensarbeiter wird diese Möglichkeit nutzen können. Was für sie mehr Freiheit bedeutet, kann für andere allerdings zum schmerzlichen Verlust ihrer gewohnten Umgebung werden.

Angesichts des Trends zur massiven gesellschaftlichen Differenzierung ist es schon erstaunlich, daß Vertreter unterschiedlicher Denkrichtungen große Hoffnungen in das digitale Netzreich und seine Wirkung auf die reale Welt setzen. Libertäre Aktivisten wie Alvin Toffler stehen darin alternativen Netzfreunden wie Howard Rheingold in nichts nach. Die erste Gruppe hofft auf die Marktkräfte, die Computernetze freisetzen sollen, und auf die interessenbezogenen Vereinigungen, die sich direkt oder indirekt mit Hilfe der Datenleitungen entwickeln können. Die zweite Gruppe baut auf neue Gemeinschaften im Netz. Vereint in tiefem Mißtrauen gegenüber dem Staat setzen beide Seiten auf die Prinzipien der Freiwilligkeit und der Dezentralität.

Ganz pragmatisch wollen Stadtpolitiker und Soziologen in den Vereinigten Staaten mit der Vernetzung den kommunalen Geist und die Ortsgemeinschaft stärken. Digitale Kommunikation soll den Umgang mit der Verwaltung erleichtern. Zudem, so der Gedanke, könnten die Bürger einander im Netz ihre Probleme und Sichtweisen nahebringen und über Vorhaben der Kommunalpolitik diskutieren. Über das Kommunalnetz würden sie Informationen über lokale Geschäfte, Restaurants oder Kulturereignisse austauschen. Sie könnten effizienter als bisher soziale Dienste organisieren und einander in Notlagen schnell helfen. Auch im Austausch mit anderen digitalen Ortsgemeinschaften brächten sie eigene Initiativen einfacher als bisher auf den Weg. Anhänger der Basisdemokratie sehen in den kommunalen Digitalwelten neue Möglichkeiten. So ließe sich in elektronischen Stadttreffen über lokale Projekte nicht nur debattieren, sondern anschließend auch abstimmen.[10]

In Europa entwickeln sich bereits sogenannte virtuelle Städte. »De digitale Stad« von Amsterdam, in der angeblich 30 000 Netzreisende von nah und fern verkehren, ist die wohl größte und bekannteste. Deutsche Kommunen eifern dem nach. Von München bis Bremen sind die meisten Großstädte mittlerweile mit eigenen Angeboten im World Wide Web vertreten. Vielfach sind diese noch im Versuchsstadium: Zunächst offerieren die Städte in der Regel Hinweise für Touristen und Informationen über die kommunale Verwaltung.

Auf akademischer Seite hat sich in den Vereinigten Staaten die

Bewegung des Kommunitarismus formiert, die für einen neuen, vor allem lokalen Gemeinschaftsgeist eintritt.[11] Entstanden aus einer Auseinandersetzung mit dem Liberalismus, vereinen die Ideen der Kommunitarier mittlerweile sogar eine Reihe von Demokraten und Republikanern im Washingtoner Kongreß. Sie versuchen, den Sinn für soziales Verhalten und eine über den Individualismus hinausgehende moralische Verantwortung wiederzubeleben. Selbst Kommunitarier haben die Infobahn als Ausweg zu mehr Solidarität in der Gesellschaft entdeckt. Digitalien verspricht einigen von ihnen spontan entstehende Gemeinschaften – ähnlich denen, die amerikanische Gründer vor 200 Jahren formten.

Dabei sind viele Kommunitarier grundsätzlich skeptisch, wenn es um neue elektronische Medien geht. Sie fürchten, daß diese den Individualismus nur noch weiter fördern und nicht eindämmen. Telegraph, Radio und Fernsehen dienen den Solidaritätsforschern dabei als Beispiele, die durchaus einleuchten. Trotzdem begibt sich einer ihrer Autoren beispielsweise auf die »Suche nach Gemeinschaft auf dem Internet«[12]. Zwar wahrt er Distanz vor dem neuen Medium: »Das Schlüsselwort in der Gemeinschaft des Cyberspace ist ›virtuell‹. Wie ein ausgeklügelter elektronischer Flugsimulator begeistert auch diese Technologie, und die Simulation scheint perfekt zu sein. Erst wenn die Nutzer im Cockpit eines realen Flugzeugs sitzen, merken sie, wie beschränkt ›virtuell‹ wirklich sein kann.«[13] Gleichwohl empfiehlt er die Infobahn schließlich als gemeinschaftsbildende Einrichtung, zumal viele Menschen nur die Wahl hätten zwischen simulierter und gar keiner Gemeinschaft.

So schließt sich der Kreis all derer, die das Miteinander in der virtuellen Welt begrüßen, dabei jedoch unterschiedliche Facetten Digitaliens betonen. Auf der einen Seite steht die Effizienz in den *fluid networks*, die sich – ob nun im Beruf oder im Privatleben – fortlaufend den veränderten Anreizen und Interessen der Menschen anpassen. Auf der anderen Seite steht die Erwartung, daß die über Netze entstehenden Vereine das Stadium des reinen Clubs hinter sich lassen und dank des Engagements der Mitglieder zu Gemeinschaften im traditionellen Wortsinn werden können – und zwar ohne Einmischung des von speziellen Interessen geleiteten Staates.

Es bleibt aber merkwürdig, daß diese Gruppierungen die Lösung ihres grundlegenden Problems, der Krise des gesellschaftlichen Miteinanders nämlich, in einer Welt suchen, die aus Siliconchips, Kathodenstrahlröhren und Glasfaserleitungen gemacht ist. Und es bleibt auch merkwürdig, die Lösung gerade in dem Medium zu suchen, das an der Entstehung des Problems maßgeblichen Anteil hat. Dazu gehört schon ein gutes Stück Verzweiflung. So sind die übertriebenen Netzhoffnungen nur als Reaktion darauf zu erklären, daß die traditionellen Grundlagen sozialer Gemeinschaft nach und nach zerfallen. Anders gesagt: Sie sind eine – oft unbewußte – Reaktion auf den Wandel von der Industrie- zur Informationsgesellschaft.

Immer vehementer äußert sich die soziale Krise darin, daß viele Menschen sich mit dem Sozialstaat nicht mehr »identifizieren«, daß die Sicherungssysteme »überborden«, wie es heißt, daß alle Welt beklagt, wie »zentralisiert« und »wenig transparent« unsere sozialen Mechanismen doch geworden sind. Dies sind zwar nur Symptome für den tiefgreifenden Wandel, aber auch solche Schwächezeichen bewegen Netzreisende dazu, in Digitalien nach Gemeinschaft zu suchen und dabei die Beschränkungen des elektronischen Austausches hinzunehmen. Die Entwicklung ist also kein weiteres Indiz dafür, daß sich die Menschen zu hoffnungslosen Egoisten entwickelt haben, sondern sie zeigt einmal mehr, daß der Aufbau der Solidargemeinschaft nach den Mustern des industriellen Zeitalters in der sich entwickelnden Informationsgesellschaft zuviel Reibung verursacht.

Bewegt von der in seinem Land weit verbreiteten Technikbegeisterung, zeichnete der Japaner Yoneji Masuda bereits Mitte der achtziger Jahre in groben Strichen sein »Computopia« – eine Zukunftsgesellschaft, die von freiwilligen Gemeinschaften getragen wird.[14] Auch heute gilt der Jubel in der Diskussion um die Informationsgesellschaft vor allem dem Prinzip der Freiwilligkeit. In der Agrargesellschaft waren Familie und Dorfgemeinschaft die entscheidenden sozialen Institutionen. Diese könnten in der künftigen Wissensgesellschaft aber kaum eine Rolle spielen, schreibt Peter Drucker, der seit nunmehr vier Jahrzehnten den Aufstieg des Wissens zum entscheidenden Faktor in Wirtschaft und Gesellschaft beschreibt. Deren Kern sei nämlich »Mobilität in bezug darauf, wo man wohnt, welchen Beruf man ausübt und welche Verbindungen man eingeht«[15]. Historisch sei Gemeinschaft »Schicksal« gewesen, in der nachindustriellen Gesellschaft entwickle sie sich indes zu freiwilliger Zugehörigkeit. Der Sozial- und Wohlfahrtsstaat hat nach seiner Auffassung als Mittel ausgedient, um die sozialen Belange durchzusetzen. Gleiches gilt für die Unternehmen, von denen Drucker einmal erwartet hatte, daß sie die Rolle sozialer Gemeinschaften übernehmen könnten. Nunmehr überträgt er diese Rolle freiwilligen Organisationen aus dem *non-profit sector*. Teils aus dem Umfeld der Kirchen, teils aus Bürgerinitiativen und Firmen heraus hätten sich in den Vereinigten Staaten eine Million Organisationen entwickelt, die soziale Aufgaben übernehmen. Gerade die Wissensarbeiter benötigten abseits ihres Jobs und abseits der staatlichen Großinstitutionen ein Betätigungsfeld, auf dem sie »als Bürger handeln und Gemeinschaft aufbauen« können. Folglich müsse sich in der Wissensgesellschaft neben dem privaten und dem öffentlichen Sektor eine weitere Einheit etablieren: der soziale Sektor.

Freiwillige Sozialorganisation ist seit jeher ein wichtiger Baustein der amerikanischen Gesellschaft. Die Anzeichen der Auflösung auf dem Weg zur Informationsgesellschaft bedeuten aber auch Wasser auf die Mühlen liberal-konservativer Politiker und Forscher in Europa. Nur muß klar sein, was freiwillige Sozialgemeinschaft bedeutet: Ein großer Teil der sozialen Selbstverpflichtung kommt der eigenen Wahlnachbarschaft zugute. Außerdem richtet sich private Wohlfahrt vielfach auf Gruppen, deren Ansichten und Werte den Initiatoren gefallen – beziehungsweise den ihren verwandt sind. Mitunter ist die freiwillige Fürsorge auch Modesache: Einige Gruppen und Projekte können sich vor Unterstützung kaum retten, während andere auf sich selbst gestellt bleiben. Und schließlich sind die Initiativen ihrem Wesen nach instabil, sie können also schnell entstehen und sich ähnlich schnell wieder auflösen. Es entsteht ein ungleichmäßiges soziales Netz, dem ständig neue Maschen hinzugefügt werden und alte abhanden kommen. Teils liegt diesem fortdauernden Wandel die Fähigkeit des dezentralen Systems zugrunde, auf soziale Veränderungen zügig zu antworten, teils aber eben auch die fortwährende Möglichkeit für die Mitglieder, der Gemeinschaft den Rücken zu kehren.

Nun haben europäische Länder eine ganz andere soziale und kulturelle Tradition als die Vereinigten Staaten, und das bedeutet auch, daß die deutsche Gesellschaft einen anderen Weg ins Informationszeitalter einschlagen wird als die amerikanische. Gerade für das von einem starken Sozialstaat geprägte Deutschland ergibt sich ein bedeutsamer Widerspruch: In der risikoreichen Wirtschaftswelt des digitalen Zeitalters nehmen die sozialen Aufgaben keinesfalls ab – um es vorsichtig auszudrücken. Gleichzeitig macht es die Informationsgesellschaft schwer, ein hohes Maß an staatlich organisierter Solidarität zu erhalten oder neu zu schaffen.

8 WENN DER COMPUTER ÜBERNIMMT...

Das »Cyber Café« im New Yorker Stadtteil SoHo war eines der ersten seiner Art und ist entsprechend bekannt geworden. Auf den meisten der kargen Tische stehen keine Tassen und Teller, sondern Computer. Für ein paar Dollar in der Stunde begeben sich die Gäste ins Internet – und falls es notwendig ist, weiht sie die Bedienung auch in die digitale Welt ein. Mittlerweile sind Computercafés nichts Besonderes mehr. Auch in Deutschland ziehen sie vor allem in den Großstädten Besucher an, und das nicht nur zu gastronomischen Zwecken: Schon entsteht in einem ersten Gymnasium ein solches Café, damit die Schüler in den Pausen neben einem Getränk auch digitalisierte Informationen zu sich nehmen können. Die Verbindung aus Netz- und Gaststättenkultur hat durchaus Symbolwert: Dort passiert im kleinen Rahmen etwas, das die Informationsgesellschaft auch im großen kennzeichnet.

Auf den ersten Blick gelangt man zu folgender Analogie: Die Menschen tauschen Kommunikation in der wirklichen Welt gegen virtuelle Kontakte ein. Zwar sitzen sie gemeinsam in einem Raum, aber sie reden nicht miteinander, sondern starren auf elektronische Bildschirme. Das paßt ins Klischee: Mit der These, daß wir vor dem Computer vereinsamen werden, sind Kritiker der digitalen Revolution schnell bei der Hand. Überall finden sie Indizien dafür – selbst in der Werbung. So hat AT&T im Fernsehen unter dem Titel »Eines Tages werden Sie ...« eine Welt heraufbeschworen, in der die Technologie jeden persönlichen Kontakt unnötig macht. Und wie der weltweit größte Unterhaltungskonzern Walt Disney eine multimediale Computer-CD für Kinder anpreist, bestärkt auch Hollywood das Vorurteil. In einer Serie von Werbespots für den amerikanischen Markt strahlt ein niedliches Mädchen von vielleicht sechs Jahren angesichts der unglaublichen Abenteuer, die es erlebt. In seinem Alter, so heißt es, hat es schon nach Gold gegraben, war auf Safari, hat einen Krieg beendet und ein Meisterwerk gemalt. Schließlich sieht man, wie das Mädchen im luxuriösen Kinderzimmer am Computer sitzt: »Und sie mußte nicht einmal ihr Zimmer verlassen«, sagt die Werbestimme. Na bitte, die Industrie gibt es selbst zu.

So beliebt die Vereinsamungsthese bei furchtsamen Gemütern auch ist – nur wenig spricht tatsächlich dafür, daß der Computer uns in eine autistische Gesellschaft treibt. Wer vereinsamt im Computerzimmer hockt, führte in der Regel schon vor der Vernetzung ein vergleichsweise leeres Sozialleben. Den anderen nimmt die Online-Welt nur in Ausnahmefällen dauerhaft die Lust an realen Kontakten. Und das elektronische Medium, das für den größten Vereinsamungsschub gesorgt hat, steht schon seit dreißig Jahren in unseren Wohnzimmern: Wenn die Netzwelt Zuschauer vom Fernsehen weglockt, ist das jedenfalls keine soziale Katastrophe. Tastatur und Maus verlangen mehr Eigeninitiative und Phantasie als die Fernbedienung.

Interessanter sind die Cyber-Cafés wegen einer anderen Analogie. Tatsächlich reden die Besucher dort viel miteinander. Doch, und das ist der entscheidende Punkt, bestimmt der Computer dabei neben der Sitzordnung vielfach auch die Inhalte der Konversation. Offenkundig wird dieser Einfluß, wenn die Kenner Anfängern das Internet erklären oder Netzreisende gemeinsam bestimmte Stellen in Digitalien aufsuchen. Subtiler zeigt er sich, wenn abseits der Bildschirme Gäste miteinander zu reden versuchen, die kein Interesse am Computer haben, aber dessen Gegenwart auch nicht ignorieren können.

Es geht also nicht um das Ende wirklicher Kommunikation,

sondern darum, wie der Computer sie verändert, welche Möglichkeiten er auf der einen Seite hinzufügt und auf der anderen raubt. Die Menschen suchen sich neue Horizonte in der digitalen Welt, sie schaffen sich neue Freiheiten als Telearbeiter, Telekonsumenten und Mitglieder virtueller Clubs und Gemeinschaften. Ob nun im Privatleben oder bei der Arbeit: Je weiter sie in diese Richtung gehen, desto mehr unterwerfen sie sich auch den Möglichkeiten und Grenzen des Computers und der Netzwelt. Der Preis für ihre neuen Freiheiten sind die Notwendigkeiten, sind die Zwänge, die das Instrument der Freiheit mit sich bringt.

Kaum jemand hat diese Entwicklung so detailliert unter die Lupe genommen wie Stephen Talbott, der sich mit der digitalen Revolution als Forscher, als Angesteller in der Computerindustrie und als Verlagsredakteur für entsprechende Fachbücher befaßt.[1] Mit Schreckensszenarien wie allgemeiner Vereinsamung oder vollkommener Virtualisierung menschlicher Erfahrungen hat er nichts im Sinn. Talbott fürchtet vielmehr, daß die eigentliche Revolution sich sanft und kaum merklich vollzieht, indem der Computer »schmerzlos in jede soziale Institution eindringt (und) jede menschliche Regung beeinflußt«[2]. Seiner Ansicht nach verwandelt der Computer auch weiterhin täglich und unauffällig unser Verständnis dessen, was klug und vernünftig ist. Aufgrund der weitverbreiteten Bereitschaft, immer mehr gesellschaftliche Funktionen auf die digitale Technologie zu übertragen, passen sich sowohl das menschliche Verhalten wie auch Institutionen diesen Zwängen an, die im Laufe der Zeit dann kaum noch als solche empfunden werden. Der Nutzerfreundlichkeit von Computern wird somit die These von der wachsenden Computerfreundlichkeit der Nutzer entgegengestellt.

Indem die Menschen mit Hilfe vernetzter Computer nachdenken und entscheiden, wenden sie Talbott zufolge innere Denkprozesse – oder allgemeiner das Bewußtsein – nach außen. Dann wird aus dem »Wort« ein »Text«, aus »Denken« wird »Textverarbeitung« oder schlicht die Ausführung eines Programms;

Bedeutung wird auf diesem Weg zur Information, Gemeinschaft zur Verbindung und die unmittelbare Erfahrung zu einem abgeleiteten Bild. Was jedoch bleibt, ist der Wunsch nach intensiven inneren Erfahrungen. Die Erfüllung dieses Bedürfnisses, so Talbott, suchten Datenreisende dann ausgerechnet hinter der Oberfläche des Bildschirms in den digitalen Netzen. So erklärt er sich auch die Mystifizierung der elektronischen Welt: die Utopie eines in den Netzen entstehenden Weltgeistes, die Überzeugung, daß dort ein kollektives Bewußtsein entsteht, der Glaube, daß sich all dies ohne große Mühe einfach entwickeln wird.

Folgt man Stephen Talbott, droht die digitale Technologie ihren Nutzern also Teile des Bewußtseins zu entfremden – eigene Abwägungen, Entscheidungen und das Entstehen von Überzeugungen. Nicht von ungefähr bezieht er sich mehrmals auf Jacques Ellul. Der 1994 verstorbene Franzose war ein Sozialforscher, der sich allen üblichen Einordnungen entzog und wohl auch deshalb nicht so bekannt wurde wie andere Kulturkritiker seiner Zeit. Moralist und Historiker, protestantischer Theologe und später auch noch Juraprofessor: Von verschiedenen Warten aus analysierte Ellul in vielen Essays und Büchern den Zerfall der westlichen Gesellschaften und die wachsende Dominanz der Technologie. Mitte der siebziger Jahre erfuhr der Sozialist in Deutschland einige Öffentlichkeit, als er mit den europäischen Linksintellektuellen brach. Diese würden mit ihrer absoluten Systemkritik und der undurchdachten Utopie einer neuen Welt die Kultur des Abendlandes bedrohen. Denn diese gründe auf Widerspruch und dialektischer Spannung, auf dem Gegensatz von Machtwillen und Nächstenliebe, von Freiheit und Solidarität, von Vernunft und Vergehen wider die humanistische Idee. Gerade die führenden Geister dürften das in ihrer Wut über die Verfehlungen kapitalistischer Systeme nicht beiseite schieben.

Angesichts der Sorge um die westliche Kultur liegt die Beschäftigung mit der allseits präsenten Technologie nahe. So warnte der Franzose über eine lange Zeit davor, daß die westlichen Gesellschaften die Technologie an sich zum höchsten

Wert erheben würden. Ellul neigte dazu, die von neuen Technologien ausgelösten Mechanismen ebenso pessimistisch wie deterministisch darzustellen, doch das mindert nicht den Wert seiner Einsichten in ebendiese Wirkungen. Gemeinsam mit dem Franzosen stellt Stephen Talbott fest, daß man sich vor dem einnehmenden Wesen des Computers wappnen müsse: Vor allem sollten die Menschen nicht meinen, sie seien frei. Ein Stück Freiheit erreiche man nur durch eigenes Verstehen, unabhängig von vernetzten Maschinen, und indem man sich der technologischen Zwänge bewußt werde.[3]

Demgegenüber übertragen es Netzreisende zunehmend dem Computer, Entscheidungen vorzubereiten und mitunter auch schon selbst zu treffen. So entwickeln kleine und große Softwarefirmen allerorten neue Programme, die Verbrauchern die Informationssuche im Netz abnehmen sollen. Diese digitalen Agenten sind vor allem in zweierlei Hinsicht dynamisch: Zum einen nehmen sie immer neue Daten über den jeweiligen Nutzer auf, um mit den passenden Informationen aus den Weiten des Internet aufwarten zu können. Die Daten umfassen neben allem, was der Nutzer über sich selbst eingibt, auch die Geschichte seiner elektronisch getroffenen Entscheidungen. Zum anderen gleichen solche Agenten die Merkmale ihrer Nutzer ab und organisieren sie in möglichst homogenen Gruppen, in denen der Informationsaustausch dann weiter intensiviert wird.

Auch wenn die Forschung über künstliche Intelligenz seit Jahrzehnten nicht recht vom Fleck kommt: Die digitalen Netzagenten werden mit der Zeit immer eindrucksvollere Ergebnisse produzieren. Sie werden, um im Sprachgebrauch der Branche zu bleiben, besser »lernen« und somit auch effizienter arbeiten als die heutigen Prototypen. Schließlich werden sie wohl nicht nur alltägliche und leicht definierbare Entscheidungen treffen, sondern auch kompliziertere Wahlmöglichkeiten auskundschaften. Eines werden sie indes nie sein: neutral. Jedes dieser Programme gibt eine Struktur vor, nach der es Informationen über Nutzer und über die in Frage stehenden Angebote auswählt und bewertet. Der Prozeß beginnt damit, daß Kategorien für die Informationen bestimmt werden; dann müssen die verschiedenen Attribute der Nutzer einschließlich ihrer in der Vergangenheit getroffenen Entscheidungen gewichtet werden – letztere unter anderem danach, wie lange sie zurückliegen. Zudem bestimmt die Struktur, in welchen Teilen der Netzwelt und nach welchen Prioritäten der Agent sich auf Informationssuche begibt. Und schließlich hängt das Ergebnis dieser Suche auch davon ab, welchen Nutzerkreis das Progamm anzieht.

Freiheitsliebende Netzfreunde fordern denn auch, daß die sogenannten Agenten »sich selbst erklären«, daß sie dem Nutzer also ihre Struktur offenbaren. Nur so kann der einzelne bewerten, welche Vorurteile das Progamm bestimmen und ob er mit dieser Grenzziehung und den damit verbundenen Einstellungen einverstanden ist. Freilich sieht es vielfach so aus, als interessiere das die Nutzer nicht weiter. Wichtiger als die Progammstruktur ist ihnen oft, ob die Information graphisch ansprechend oder unterhaltsam angeboten wird. Neben der äußeren Form interessiert dann allenfalls noch die Frage, wer das Progamm entwickelt hat und vertreibt; denn je nachdem treten gravierende wirtschaftliche Interessen zu Tage, die sich durchaus in der Funktionsweise niederschlagen können. Aber je anschaulicher die Software sich auf dem Bildschirm präsentiert, desto weniger werden die Grenzen hinterfragt, die ihre Programmierer zwangsläufig gezogen haben. Und daß die Agenten personalisiert werden, fördert auch nicht gerade die Distanz der Nutzer. Der Softwareriese Microsoft hat bereits 1995 versucht, eine – noch höchst unbedarfte – Digitalfigur namens Bob innerhalb seines Betriebsprogramms für Personalcomputer zu etablieren. Freilich neigen nicht nur Marketingstrategen, sondern auch viele Computernutzer dazu, Programme zu vermenschlichen, die sich in gewisser Weise selbständig gebärden.

Die Wahlfreiheit ihrer Nutzer schränken die digitalen Entscheidungsträger noch auf eine andere Art ein: Es wird mit der Zeit immer schwerer, von einem auf den anderen Agenten zu wechseln. Der Nutzer investiert in das von ihm einmal gewählte Programm. Dieses nimmt seine Charakteristika auf und »lernt«, auf der Basis der nach und nach gesammelten Daten passable Ergebnisse auf den Bildschirm zu bringen. So kann der Nutzer zu Beginn die Agenten noch ohne weiteres austauschen. Später aber steht er vor der Wahl, entweder bei seinem Programm zu bleiben oder aber den ganzen Sammel- und Lernprozeß noch einmal mitzumachen.

Nach einiger Zeit nehmen die digitalen Agenten dann regelrecht Eigenschaften technischer Standards an: Wechseln kann man leicht zwischen Versionen eines bestimmten Typs oder eines Anbieters; in dem Fall läßt sich die eigene Datenhistorie auch übertragen und weiter nutzen. Doch wirklich alternative Agenten mit anderer Arbeitsweise – oder besser: mit anderem Programmaufbau – verlangen vom Kunden hohe Anpassungskosten. Außerdem beeinflußt ja die Größe des jeweiligen Nutzerkreises, wie brauchbar die Programmergebnisse sind. Schon deshalb wird es ab einem bestimmten Punkt für ein neues Programm schwer, sich noch gegen die in der Netzwelt etablierten Konkurrenten durchzusetzen.

Aber auch abgesehen von einzelnen Agenten und der Konkurrenz zwischen ihren Anbietern: Als Entscheidungshelfer und -träger verlangen vernetzte Computer von ihren Nutzern bestimmte Formen der Rationalität – selbst wenn diese den Verhaltensweisen der Datenreisenden widersprechen. Und die Rechner werden, auf die eine oder andere Art, von alten Informationen geleitet. Damit ziehen sie zwei Grenzen, die wichtig genug sind, um sie näher zu beleuchten.

Seit mehreren Jahrzehnten schon versuchen einige Ökonomen im Verein mit Psychologen zu ergründen, wie unser Entscheidungsverhalten sowohl im Alltag als auch in besonderen Situationen von den Postulaten der Rationalität abweicht.[4] Entstanden ist diese empirische Forschung aus Zweifeln am ökonomischen Menschenbild, demzufolge der einzelne gemäß seinen Präferenzen und im Rahmen der verfügbaren Informationen nach strenger Logik entscheidet. Er maximiert seinen Nutzen und fällt dabei auch über längere Zeit hinweg Entscheidungen, die ein konsistentes Bild ergeben. Mittlerweile hat die Schule der »beschränkten Rationalität« Indizien zusammengetragen, die zeigen, daß Menschen in vielen Situationen ganz und gar nicht nach den Prämissen des ökonomischen Ideals handeln. Sie weichen auch nicht nur hin und wieder davon ab, sondern systematisch. Selbst die schlichtesten Annahmen der Wirtschaftswissenschaftler wollen die Menschen offenbar nicht erfüllen.

So sollte es für die Kaufentscheidung des *homo oeconomicus* egal sein, in welcher Reihenfolge man ihm die zur Auswahl stehenden Produkte präsentiert. Viele Experimente zeigen aber, daß die Reihenfolge Konsumenten in ihrer Wahl sehr wohl beeinflußt. Vor allem wenn die Entscheidung zwischen einander ähnlichen Alternativen schwerfällt, neigen sie dazu, das zuletzt gezeigte Produkt zu nehmen. Indes wird ihnen der wahre Grund für ihre Entscheidung oft gar nicht bewußt. Sie gehen davon aus, daß sie sich rational verhalten haben, und konstruieren im nachhinein oft mehr oder weniger plausible Gründe, warum sie so entschieden haben und nicht anders.

Auf eine weitere Abweichung vom Postulat der Rationalität stießen die Forscher schon früh: Menschen entscheiden verschieden, je nachdem, wie eine formal gleiche Situation ihnen dargestellt wird – für einige Ökonomen der überzeugendste Beweis, daß kaum jemand in konsistenter Weise seinen Nutzen maximiert, wie es die Theorie unterstellt. Beispielsweise ist es für die Entscheidung von Belang, ob die Folgen möglicher Aktionen als Gewinn oder als Vermeidung eines drohenden Verlustes vermittelt werden. Soll ein Verlust vermieden werden, gehen die Menschen in der Regel höhere Risiken ein als bei der Realisierung von möglichen Gewinnen. So lautet das Fazit dieser Untersuchungen: Vielfach durchschauen die Entscheider nicht die Struktur der vor ihnen liegenden Situation, sondern lassen sich davon beeinflussen, welchen Rahmen man ihnen für ihre vermeintlich rationale Wahl vorgibt. Unter den Ökonomen, die das Menschenbild der eigenen Zunft ablehnen, ist der deutsche Nobelpreisträger Reinhard Selten einer der prominentesten. Er hat gelernt, daß Entscheidungen nicht nach einer vorab bestimmten Struktur getroffen werden, sondern »aufquellen«. Dabei spielt Rationalität nur die begrenzte Rolle eines Beraters; sie hat keine vollständige Kontrolle über den Willen und das Verhalten.

Digitalagenten funktionieren dagegen notwendigerweise nach vorab festgelegten Prinzipien. Der Programmierer gibt vor, wie der Computer Alternativen sucht und bewertet. Er beeinflußt, in welcher Reihenfolge Alternativen präsentiert werden und wie dem Nutzer die jeweilige Situation vorgestellt wird. Aber mehr noch: Im Zentrum des Programms steht eine logische Struktur, die bei der menschlichen Entscheidung nur einen Teil des Ganzen ausmacht. Die meisten anderen Entscheidungskomponenten schließt der Computer aus – oder kann sie jedenfalls nur unvollständig berücksichtigen. Das Fairneß-Empfinden von Käufern beispielsweise: In bestimmten Fällen sind Konsumenten bereit, das beste Angebot auszuschlagen, um einen Anbieter zu bestrafen, der sich einmal als unfair erwiesen hat. Oder sie kaufen ungeachtet des maximalen Nutzens bei der Firma, die sich in der Vergangenheit besonders fair verhalten hat. Bereiten dagegen Softwareagenten den Kauf vor, gehen viele Facetten dieser Motivation, die abseits eines rationalen Kalküls liegt, automatisch verloren.

Die digitalen Helfer sollen einmal unsere tägliche Zeitung im Netz zusammenstellen, sie sollen aufmerksam machen auf neue Gedanken und Fakten, die wichtig sein könnten, und diese für uns ordnen, sie sollen Ratschläge von anderen einholen, die unseren Geschmack teilen, und sie sollen vor einer anstehenden Kaufentscheidung die Alternativen heraussuchen, die unseren Präferenzen nahekommen. Dabei stützen sie sich auf Informationen über den jeweiligen Nutzer, darauf, wie er bisher entschieden hat und welche Prioritäten er eingegeben hat. Diese stammen jedoch allesamt aus der Vergangenheit. Hilfreich sind die Computerprogramme daher, solange die Präferenzen und Entscheidungen des Nutzers über die Zeit hinweg konstant bleiben oder zumindest vergleichbaren Mustern folgen. Aber auch in dieser Hinsicht scheint der Mensch vom *homo oeconomicus* weit entfernt zu sein. Mitunter können sich die Präferenzen des einzelnen nahezu schlagartig ändern, sie hängen ab von physischen Bedürfnissen, von Moden und von anderen unwägbaren Einflüssen, die zum vollständigen Sinneswandel führen können. Ab und zu verhalten sich Menschen selbst in identischen Wahlsituationen kurz nacheinander so unterschiedlich, daß es unmöglich wäre, von früheren Entscheidungen die heutige auch nur näherungsweise abzuleiten. Und nach den Ergebnissen der Rationalitätsforscher zu urteilen, können sie oft selbst nicht vorhersagen, wie sie das gleiche Problem in der nahen Zukunft entscheiden würden. Ja, sie wissen in diesen Fällen heute nicht einmal, welchen Nutzen sie morgen aus den einzelnen Alternativen ziehen oder wieviel ihnen diese Möglichkeiten bedeuten werden. Bei schnell veränderlichen Entscheidungen kann die Software die Wechselhaftigkeit menschlicher Wertschätzungen nicht widerspiegeln.

Wie lernfähig und flexibel die digitalen Agenten auch werden, sie hinken dem Netzreisenden in seiner Komplexität hinterher. Insofern engen sie ihn ein – und eröffnen damit auch neue Wege zur Manipulation. Das ist der Preis dafür, daß solche Programme auf der anderen Seite Informationen höchst effizient beschaffen und bewerten und den Menschen damit auch vor Fehlschlüssen bewahren können. Bei vielen Entscheidungen im Beruf wie im Privatleben wird die negative Kehrseite gar nicht zum Tragen kommen. Doch es ist wichtig, sie sich immer wieder bewußt zu machen – vor allem dann, wenn die innere Struktur der Digitalagenten erst einmal von schönen Benutzeroberflächen und eindrucksvollen Suchergebnissen überdeckt wird.

»Computer«, schreibt Stephen Talbott, »sind Werkzeuge der Vergangenheit. Sie sind perfekt entworfen, um unser Verständnis zu unsützen, soweit es ein Verständnis der Vergangenheit ist.«[5] Damit lassen sich Ereignisse prognostizieren, die ganz aus den schon bestehenden Daten hervorgehen – wie beispielsweise eine Mondfinsternis. Dagegen sind unsere kritischen und richtungsweisenden Entscheidungen Sache der Zukunft. Entsprechend groß ist für Talbott das Desaster, wenn die Systeme zur Unterstützung menschlicher Entscheidungen falsch oder außerhalb ihrer Möglichkeiten eingesetzt werden. Da helfe es auch wenig, wenn der Computer alle Optionen und die Wahrscheinlichkeiten möglicher Handlungsergebnisse einander gegenüberstelle. Menschen würden, anders als digitale Rechner, derartige Entscheidungen nicht dem rationalen Kalkül überlassen. Sie erwögen viele Optionen, ließen sich am Ende aber von anderem leiten – von Hoffnungen auf Unerwartetes beispielsweise, von Vorahnungen und von Visionen. Gäbe es eine vollkommen adäquate programmierbare Grundlage, wäre die Entscheidung ohnehin trivial. Talbott folgt damit der Kritik Joseph Weizenbaums. Mit der instrumentellen Rationalität des digitalen Rechners könne man zu Entscheidungen gelangen, schreibt der amerikanische Computerwissenschaftler, aber nicht zu einer echten Wahl. Diese beruhe auf Wahrheiten des Lebens und nicht auf vorstrukturierter Berechnung.[6] Die Idee der Berechenbarkeit, fährt Talbott selbst fort, bestimme immer größere Bereiche menschlicher Entscheidungen – gerade so, als könnten heute die digitalen Netze das Geheimnis der Zukunft offenbaren.

Zwar polemisiert Talbott ein wenig, aber seine Warnung ist ernst gemeint und nachvollziehbar. Denn während der Computer als Entscheidungsgehilfe seinen Nutzern alle möglichen Handlungsoptionen vermittelt und Informationen heranschafft, auf die man alleine nie gestoßen wäre, während er so eine enorme zusätzliche Flexibilität schafft, hält er das Handeln gleichzeitig in vorbestimmten Bahnen. Wird der Computer übertrieben eingesetzt, gehen nicht nur Optionen im Privatleben verloren, sondern auch originelle Strategien und mögliche Innovationen in den Unternehmen; denn diese basieren gerade darauf, daß mit einer Tradition gebrochen wird.

Auch als Medium zur persönlichen Kommunikation lenkt der Computer seine Nutzer – vor allem indem er den zeitlich versetzten Austausch unterstützt. Ein Treffen oder ein Telephongespräch funktioniert synchron: Die Partner sprechen zur gleichen Zeit miteinander. Der Anrufbeantworter hat diese Regel bereits durchbrochen. Beim Computer ist die synchrone Kommunikation zumindest bisher nicht die Regel, sondern die Ausnahme. Bei Videokonferenzen ebenso wie in den Chat-Gruppen des Internet und in Spielwelten wird zwar in Realzeit kommuniziert, elektronische Post und die meisten Diskussionsgruppen arbeiten aber asynchron: Jemand legt die Post ab, ein anderer ruft sie auf und beantwortet sie.

Nicholas Negroponte erhebt die zeitversetzte Kommunikation gar zum Prinzip: »Being asynchronous« ist für ihn ein besonderer Segen des digitalen Zeitalters.[7] Mit dem vernetzten Computer ist der Nutzer demzufolge nicht ständig und unnötig zur Pünktlichkeit gezwungen. Während der papierne Brief zu formal und langsam ist, ermöglicht die elektronische Post Schnelligkeit und Asynchronität gleichzeitig: Dem Nutzer bleiben ständige Unterbrechungen erspart, und er kann daher seine Zeit besser aufteilen. Zudem, so Negroponte, hätten elektronische Briefe den großen Vorteil, daß der Computer sie lesen kann. Künftig sollen »Assistenten an der Schnittstelle« die Post nach der Wichtigkeit des Absenders und des Themas sortieren und den Nutzern entsprechend präsentieren – eine Arbeit, die bislang das Sekretariat erledigt hat.

Daß zeitlich versetzte Kommunikation und digitale Postfilter vor allem im Büroalltag die Effizienz fördern, wird niemand bezweifeln. Der Computer schirmt seinen Nutzer dabei jedoch auf eine vorstrukturierte Weise ab und setzt damit erneut Grenzen – der unerwarteten, spontanen Diskussion ebenso wie der Möglichkeit, unmittelbar und zufällig auf interessante Personen und Themen zu stoßen, mit denen man nicht gerechnet hat. Und er fordert den Nutzer wieder einmal auf, sein Interesse von vornherein zu kategorisieren, da die Technologie ihr Effizienz-

versprechen sonst nicht einlösen kann. A priori kann der Netzreisende nicht sagen, wann diese programmierte Struktur nach-
teilig wirken und Optionen ausschließen wird – aber es wird
dazu kommen. Elektronische Assistenten sind eben kein unge-
teilter Segen, sondern eine technische Möglichkeit, deren Kosten und Nutzen Institutionen und Personen abwägen müssen.
Und auch wenn man angesichts der Datenflut Digitaliens gar
nicht um die Helfer aus Computercode herumkommt, lohnt es
doch, sich über ihre Tücken und ihre generelle Ausrichtung
klarzuwerden.

Die Netzwelt formt ihre Nutzer. Der besagte Computerfor-
scher Joseph Weizenbaum vom Massachusetts Institute of Technology warnte schon in den siebziger Jahren, daß die Menschen
Gefahr liefen, ihre Denkweise und ihre Anschauungen der Informationstechnologie anzupassen.[8] Damals ging es vor allem
um die Utopien derjenigen Kollegen, die quasi über Nacht
künstliche Intelligenz schaffen wollten. Heute hat sich in den
Vereinigten Staaten eine Opposition gegen die links- und rechts-
liberalen Netzfreunde formiert. Unter großer Aufmerksamkeit
treffen sich selbsternannte »Luddites« auf Kongressen, die in
Anlehnung an die Maschinenstürmer zu Beginn des industriellen Zeitalters die digitale Revolution aufhalten wollen, weil sie
fürchten, daß wir zu einem virtuellen Disneyland verkommen.
Dahinter steht auch Enttäuschung über Mitglieder der 68er-Be-
wegung, die auf der Suche nach Selbstverwirklichung und Gegenkultur in der Netzwelt hängengeblieben sind und dabei alte
Überzeugungen zu verraten scheinen. Selbst im Internet haben
sich Gruppen gebildet, die gegen die Umarmung durch die digitale Technologie zu Felde ziehen. Und sogar das pamphletartige
»Manifest« des »Unabombers« hat dort Anhänger gefunden.
Hinter diesem Namen verbarg sich fast zwanzig Jahre lang ein
Technologiefeind, der mit Bombenattentaten die amerikanische
Gesellschaft dazu bewegen wollte, den Weg ins Informations-
zeitalter abzulehnen.

Der kalifornische Kulturkritiker Theodore Roszak bezeichnet

sich selbst als »Neo-Luddite«. Er fürchtet, daß die High-Tech-Elite ihr Ideal einer durch und durch technologisierten Kultur verwirklicht. Während Ideen- und Medienunternehmer die Gewinne einstreichen würden, müßte die passive Masse der Medienkonsumenten dafür die Rechnung begleichen. Roszak wird klassenkämpferisch: »Es ist deren Informationskult, nicht unserer. Sie benutzen ihn, und zwar gegen uns. Was ›dem Rest von uns‹ als ›Zugang‹ zur Informationsgesellschaft angeboten wird, reicht wohl nicht, um uns zu echten Bürgern des Informationszeitalters zu machen – vielleicht ist es auch nur bloße Zerstreuung.«[9]

Daß die öffentliche Debatte in Amerika so extrem und so vernehmlich geführt wird, stand zu erwarten: Allzu unkritischer Optimismus erzeugt eine starke Gegenreaktion. Netzfreunde auf der konservativen Seite haben mit dem Vorwurf zu kämpfen, im dezentralen Digitalien würden unliebsame Inhalte und Ansichten verbreitet. Daraus erwächst die Forderung nach rabiater Zensur im Internet. Ihren Pendants auf der anderen Seite wird dagegen vor allem vorgehalten, daß die neue Technologie die Moral verdränge und das Leben vollkommen ökonomisiere. Aus dieser Furcht zieht die Bewegung der modernen Maschinenstürmer ihre Nahrung.

In Deutschland erreicht die Diskussion um die Folgen der Vernetzung weniger Öffentlichkeit. Dabei dominieren unter Politikern und Wissenschaftlern die moderaten und verantwortlichen Töne.[10] Gegen die großenteils aus den Vereinigten Staaten importierten Netzutopien argumentieren auch hierzulande Sozial- und Medienforscher, daß sich die Informationstechnologie verselbständigt, daß sie sich nach und nach der Kontrolle durch die einzelnen Nutzer entzieht und das humanistische Denken verdrängt. Am Ende dieses Szenarios droht eine unaufgeklärte Gesellschaft, die allerorten und unreflektiert digitale Technologie einsetzt und sich entsprechend davon beeinflussen läßt. Der Schriftsteller John Updike erregte im Jahre 1995 Aufmerksamkeit mit einem fiktiven »Dialog im Cyberspace« für die Frankfurter Buchmesse: Über der Buchmesse schweben – der Computer macht es möglich – die Geister von Johannes Gutenberg, dem Pionier des Buchdrucks aus dem fünfzehnten Jahrhundert, und von Softwarekönig Bill Gates. Die beiden epochemachenden Männer diskutieren über Bücher und Computer. »Die Geschwindigkeit, die schiere Gewalt Eurer Revolution unterhöhlt ihren Kontakt mit dem Leben«, resümiert Gutenberg. »Ihr sprecht von diesem weltumspannenden Internet, als reichte es über das menschliche Gehirn hinaus. Aber der Mensch ist immer noch das Maß aller Dinge.« Bevor der ungeduldige Computermilliardär einen Nervenzusammenbruch erleidet, bringt er noch hervor: »Auch dieses Problem kann irgendwann behoben werden.«

Es hilft nicht weiter, all diese Bedenken als altmodische und hinderliche Kulturkritik abzutun. Wie gesehen, stehen dahinter wichtige Einsichten in die Funktionsweise digitaler Kommunikation. Doch es ist genauso irrig zu fordern, daß die Gesellschaft die Verbreitung des technischen Teufelszeugs verhindern oder auch nur aufhalten soll. Der Amerikaner David Bolter hat ganz recht: »Wir sollten nicht mit allzuviel Optimismus versuchen, den technologischen Wandel von außen zu kontrollieren; selten nur funktioniert es, wenn man eine bestimmte Forschungsrichtung untersagt oder Anwendungen des Computers verbietet, die einem nicht gefallen.«[11]

Die meisten von uns werden mit vernetzten Computern umgehen müssen. Zum einen zu Hause: Dort kann der Mensch zwar immer noch abschalten, wenn es ihn nicht gerade in eine Orwellsche Welt verschlägt, aber preisbewußten Konsumenten und Bankkunden wird es schwerfallen, ganz auf die Technologie zu verzichten. Zum anderen am Arbeitsplatz: Dort sind die Wahlmöglichkeiten noch geringer. Die Nutzer sollten indes nicht vergessen, daß sie ein Werkzeug benutzen. Es gibt Strukturen vor, legt Gewicht auf die Formen und Inhalte, die ihm entsprechen, und schiebt andere beiseite, die nicht zu seinen Algorithmen passen.

Es wird immer einfacher werden, das digitale Instrument zu vergessen. Dafür sprechen die Pläne der Softwarehersteller, die spielend leicht zu benutzende Programme entwickeln. Der Einstieg in die Netzwelt wird wohl tatsächlich einmal so natürlich sein wie heute das Telephonieren. Schon jetzt merken wir nicht mehr, wie viele Kleincomputer unseren Alltag beeinflussen – in der Wohnung ebenso wie im Auto, bei der Bank wie am Arbeitsplatz. Hard- und Softwareunternehmern ist längst klar: Digitale Technologie findet um so mehr Abnehmer, je weniger Mühe sie beansprucht und je weniger der Nutzer die Schnittstelle zwischen sich und dem Computer überhaupt noch wahrnimmt. Wegen der damit verbundenen Gefahr lehnen einige Computerpuristen schon die graphischen Oberflächen moderner Betriebsprogramme ab, die freilich erst der Anfang dieser Entwicklung sind.

In Deutschland wird mittlerweile lautstark die Forderung erhoben, entgegen aller Technikfeindlichkeit die Informationstechnologie schnellstens allerorten einzusetzen und weiterzuentwickeln, damit die Volkswirtschaft im internationalen Wettbewerb nicht zurückfällt. Das stimmt auch – wenngleich das so allgemein gehaltene Postulat recht wohlfeil ist. Gleichzeitig aber muß die Auseinandersetzung mit der digitalen Welt intensiver werden. Ein Beispiel: Ähnlich wie in den Vereinigten Staaten schon seit geraumer Zeit sollen nun auch in Deutschland die meisten Schulen dazu bewegt werden, sich der Netzwelt anzuschließen. Im Verein mit der Telekom setzt sich der Bonner Zukunftsminister für die Schulvernetzung ein und subventioniert sie auch. In der Tat kann es Schülern helfen, wenn sie sich den virtuellen Kosmos früh erschließen und damit umzugehen lernen. Ebenso wichtig ist es aber, daß sie lernen, wie der vernetzte Computer funktioniert, daß sie lernen: Das digitale Medium ist nicht neutral, es schafft nicht nur Möglichkeiten, sondern setzt auch neue Grenzen.

Die Schulen müssen sich daher auf mehreren Ebenen mit der zentralen Technologie der Gesellschaft auseinandersetzen. Wie ein Fernsehprogramm entsteht und wie digitale Agenten arbeiten, wie das Internet und seine Nachfolger aufgebaut sind und welche Interessen dahinterstehen, sollte im Informationszeitalter zum Allgemeinwissen gehören – jedenfalls in groben Zügen. Auch die Argumente im Streit zwischen Kulturkritikern und Netzpionieren sollten vermittelt werden. Nur so lassen sich die technischen und medialen Grundlagen der eigenen Umwelt später noch verstehen.

Weder blinde Ablehnung des Computers aus Furcht oder aus ideologischen Gründen noch Euphorie über die digitale Welt: Der überlegte Umgang mit den zentralen Werkzeugen ist Zeichen einer aufgeklärten Gesellschaft. Diesen Luxus muß sie sich leisten, auch wenn dabei die eine oder andere Innovation zu kurz kommt. Denn nur so kann sie alle Optionen erkennen und nutzen, die sich ihr auf dem Weg in das digitale Zeitalter bieten. Dann bleibt auch am ehesten die gesunde Erkenntnis bestehen, daß der vernetzte Computer und die von ihm ausgehende Philosophie nur einen Teil der Wirklichkeit vermitteln und bedeuten – daß also die Technologie nicht mehr sein sollte als ein Mittel zu bestimmten menschlichen Zwecken.

9 DER LANGE WEG IN EINE GEORDNETE ZUKUNFT

Technologie allein bewirkt wenig. Nur im Zusammenspiel mit wirtschaftlichen und kulturellen Kräften kann sie einen Umbruch auslösen. So war China dem Abendland im Mittelalter technologisch um Längen voraus, ohne daß sich dies erkennbar ausgewirkt hätte.[1] Mehrere Jahrhunderte vor den Europäern hatten die Chinesen schon die mathematischen Grundlagen für das industrielle Zeitalter gelegt, sie verfügten über die Technik, um Stahl herzustellen, über Schießpulver und Kanonen, Papier und Druckpressen. Sie nutzten ihre Innovationen kaum, sondern ließen sie vor sich hin dämmern, bis sie auf der anderen Seite des Globus nachvollzogen wurden und die industrielle Revolution in Gang setzten. Indes war die Abstinenz nicht das Ergebnis eines bewußten Entscheidungsprozesses: Die Chinesen dürften kaum erwogen haben, ihre Erfindungen zu Massengütern weiterzuentwickeln. Daran hinderte sie vor allem die praktische Philosophie des traditionsorientierten Konfuzianismus, deren Hauptziel das Streben nach Menschlichkeit war. Lösungen für ihre Probleme hatten sie einzig in den entsprechenden Schriften zu suchen – und ganz bestimmt nicht in irgendeiner neuartigen Technologie.

Heute ist es vor allem eine von Glaubenssätzen kaum gehemmte wirtschaftliche Dynamik, die der technologischen Neuerung ihre Kraft verleiht. Der dramatische Wandel in der Arbeitswelt belegt das nur zu gut. Wo die digitale Technologie effiziente Möglichkeiten und attraktive neue Produkte hervorbringt oder wo sie es gestattet, eine vorgegebene Leistung ohne Abstriche an der Qualität schneller und billiger anzubieten, setzt sie sich in der Regel auch durch. So verstärken sich der weltweite Wettbewerb und die digitale Kommunikation gegenseitig: Die Konkurrenz drängt das einzelne Unternehmen dazu, Innovationen möglichst schnell zu realisieren, und gleichzeitig verschafft die Technologie dem Wettbewerb neue Räume und Mechanismen, um sich auszubreiten.

In seinem zweiten Aufsatz zum technologischen Determinismus revidiert Robert Heilbroner die ehemals geäußerte Ansicht, daß Maschinen den Gang der Geschichte bestimmen. Heilbroner schreibt heute wirtschaftlichen Kräften die größte Bedeutung zu, wenn es darum geht, technische Erfindungen umzusetzen: »Wir leben in einer sozialen Ordnung, in der wirtschaftliche Berechnung Vorrang vor vielen Aspekten des Lebens hat und andere mitbestimmt. (…) Solange wirtschaftliche Belange die mächtigste und überzeugendste Motivationskraft haben und zudem die einzige, der man ein regelmäßiges Verhalten zuordnen kann, solange scheint mir der Standpunkt des ›weichen Determinismus‹ am besten geeignet, um die historischen Prozesse zu begreifen, in die wir verwickelt sind.«[2] Damit meint Heilbroner folgendes: Zwar reagieren Manager und Unternehmer im Kapitalismus allerorten ähnlich auf technologische Umwälzungen. Zugleich aber beeinflussen »weiche« Elemente – also politische Entscheidungen, soziale Ansichten oder kulturelle Moden – das wirtschaftliche Kraftfeld und seine harten Fakten.

Wie Technologie und Ökonomie zusammenwirken, zeigt beispielhaft die Entwicklung des digitalen Handels, von dem bisher nur ansatzweise die Rede war. Noch kann von einem virtuellen Weltmarkt, wie ihn sich Bill Gates in seiner Vision vom »reibungslosen Kapitalismus« vorstellt, keine Rede sein. 1995 machten die Geschäfte im Internet weltweit kaum mehr als eine Milliarde Dollar aus, und Schätzungen zufolge werden die Deutschen allein diese Summe erst im Jahre 2000 in Digitalien umsetzen – verglichen mit dem gesamten Handel der Bundesrepublik immer noch ein kleiner Anteil. Trotzdem beginnt die digitale Revolution auch auf diesem Gebiet die Regeln zu ändern.

Derzeit formen sich die ersten elektronischen Marktplätze für den Handel zwischen Unternehmen. In den Vereinigten Staaten hat die junge Firma Industry.Net fast 5000 Anbieter elektronisch vereint. Gegen eine Gebühr kaufen diese sich einen Platz im Verzeichnis und die Möglichkeit, das eigene Unternehmen und die Produktpalette im Netz zu präsentieren. Mitte 1996 hatten sich bereits 200 000 Kaufinteressenten gemeldet. Bald sollen die Unternehmen auf dem elektronischen Marktplatz direkt verhandeln, kaufen und verkaufen können. In einem weiteren Schritt wird es dann wohl möglich sein, dort Spezialaufträge auszuschreiben und dem besten Anbieter digital den Zuschlag zu erteilen. Dazu muß freilich eine Kreditagentur die Bonität der Kunden prüfen, eine Bank den Geldfluß sichern und eine Lieferfirma die Ware auch zustellen. Der Aufbau des Systems dürfte sich lohnen: Ist es erst einmal errichtet, kann der amerikanische Veranstalter von allen beteiligten Parteien eine Gebühr kassieren.

Asiatische Regierungsstellen wie das Hongkonger Energieministerium schreiben gar schon öffentliche Aufträge im Internet aus. Kraftwerksbauer können daraufhin via Computer die Bewerbung ankündigen, während sie ihre detaillierten Angebote aus Sicherheitsgründen weiter mit der Post senden. Ebenfalls in Fernost führt der Informationsdienstleister Asean Sources eine lange Liste von Industrieherstellern und -händlern. Virtuell reisende Kunden können dort nach Namen, Produkten und Regionen suchen. Viele der Unternehmen haben elektronische Kataloge mit ihrem Eintrag verknüpft. Käufer sehen die Ware dann in mehr oder weniger passabler Bildqualität und können in einigen Fällen auch gleich ordern.

Industriezulieferer aus Deutschland sind dagegen in der Netzwelt bisher kaum zu finden. Gerade unter den Mittelständlern bieten erst wenige Unternehmen ihre Produkte und Dienstleistungen in den Computernetzen an. Einige Firmen spüren allerdings schon den ersten Druck seitens der Kunden. Die ersten internationalen Geschäftspartner verlangen digitale Formblätter, und auch Jobbewerber wollen mit ihren Unterlagen elektronisch an die Unternehmen herantreten. Der schwedisch-schweizerische Elektronikkonzern Asea Brown Boveri, der schon als Paradebeispiel für moderne Unternehmensorganisation erwähnt wurde, hat auch in Deutschland einige solcher Fälle registriert.

Gleichwohl nutzt ABB die Computerkommunikation erst einmal fast nur intern. So können die Entwickler in Indien mit den Kollegen in Europa und Amerika gemeinsam an Plänen für neue Anlagen feilen. Und eilt es einmal, geht die Arbeit an einem Projekt rund um die Uhr und rund um die Welt weiter. Der amerikanische Computerriese IBM, um ein weiteres Beispiel zu nennen, koordiniert darüber hinaus auch den globalen Einkauf digital. Im enggeknüpften internen Unternehmensnetz können sich die Beschaffer dann unter allen Angeboten der IBM-Vertragspartner das billigste heraussuchen. Andere Großunternehmen bauen ebenfalls die eigenen Computernetze aus, integrieren darin Kunden und Zulieferer, senden aber keine wichtigen Daten über das Internet.

Weil dort keine ausreichenden Sicherheitsstandards herrschen, schrecken auch die deutschen Kreditinstitute vor der Netzwelt zurück. Doch das ändert sich nach und nach. So testet die Deutsche Bank mittlerweile das elektronische Bargeld der Amsterdamer Firma Digicash. Ohne daß der Zahlungsstrom sich nachverfolgen ließe, können Netzreisende damit am Bildschirm bezahlen. Sie fordern das Geld von einer Bank an, die für entsprechende Abzüge auf dem Girokonto verschlüsseltes Digitalgeld an den Kunden übermittelt. Der speichert die wertvollen Daten auf der Festplatte und transferiert sie seinerseits weiter, wenn an einem bestimmten Punkt im Netz eine Zahlung fällig ist. Der Verkäufer kann das empfangene Digitalgeld dann bei der Bank online wieder in »reales« Geld zurücktauschen.

Außerdem zeichnet sich ein wirksamer Standard für das

Übermitteln von Kreditkartennummern in Computernetzen ab. Gelingt es, den digitalen Zahlungsverkehr zu sichern, wäre jedenfalls ein großes Hindernis für mehr elektronischen Handel beseitigt. Derweil bilden sich auch im deutschen Teil der Netzwelt erste Einkaufspassagen für datenreisende Verbraucher, und einzelne Unternehmen haben am Digitalmarkt Fuß gefaßt. So bekommen Reisebüros die virtuelle Konkurrenz bereits zu spüren: Die Firma Skyways aus dem Münchner Raum zum Beispiel, die aus Prinzip keinen eigenen Laden betreibt, bietet via Internet billige Linienflüge in alle Welt an. Wer seine Reisedaten eintippt, bekommt die verfügbaren Flugschnäppchen auf den Bildschirm und kann gleich buchen. Fluggesellschaften erreichen potentielle Kunden ebenfalls direkt per Netz und sparen bei digitalen Buchungen eine Provision von beinahe zehn Prozent für die Reisebüros. Auch Mietautos lassen sich über kommerzielle Computerdienste wie T-Online und über das Internet reservieren, Bahnfahrten buchen, Pauschalreisen aussuchen.

Für Angestellte von Reisebüros und andere Reisevermittler wird der digitale Marktplatz schnell zur Gefahr – sie könnten ihre Arbeit einbüßen. Die Angebote sind leicht und zügig am Bildschirm zu ermitteln und zu vergleichen, und Anbieter wie Kunde können Geld sparen, weil sie eine Vertriebsebene ausschalten. Ähnliches deutet sich im Finanz- und im Versicherungsgewerbe an. Auch in diesen Branchen läßt sich vieles schneller virtuell erledigen als auf traditionellem Weg: die Kontoführung ebenso wie das Ausrechnen von Versicherungspolicen, die Aktienanalyse wie die Schadensregulierung. Insgesamt geben die Netze Kunden die Möglichkeit, vergleichsweise schnell und effizient den Dschungel der Angebote zu durchforsten, und das geht zwangsläufig auf Kosten von Filial- und Außendienstangestellten.

Auch wenn die meisten hiesigen Großunternehmen auf den Netzen bisher nur werben und informieren und auch wenn bei den meisten virtuellen Händlern der Anteil des Netzumsatzes am gesamten Unternehmensgeschäft unter einem Prozent liegt: Auf den ersten Märkten macht sich der Online-Handel bemerkbar. Die digitale Revolution wirkt dort wie sonst auch: Zu Beginn der Entwicklung wachsen die Zahlen nur langsam, aber ab einem kritischen Punkt zeigt die Wachstumskurve steil nach oben. Traditionelle Marktnischen gehen ebenso verloren wie traditionelle Arbeitsplätze. Wer im Geschäft bleiben will, muß den Wandel mitvollziehen und seine Dienste anpassen, er muß auf neue Ideen setzen und dabei auf die vielleicht gewohnte Stabilität verzichten.

Der Netzhandel ist nur ein Beispiel dafür, wie wirtschaftliche Kräfte den durch Technologie ausgelösten Wandel vorantreiben. Der Computer gestattet feine Differenzierungen, wo bislang über einen Kamm geschoren wurde, er gestattet es, ohne große Kosten international zu konkurrieren und trotzdem auf die Wünsche kleiner Kundengruppen einzugehen. Es ist die Ökonomie, die diese Optionen dann tatsächlich einfordert, sofern sie die Effizienz steigern oder neue Angebote entstehen lassen. Viele Konsumenten werden weiterhin auf persönlichem Kontakt zum Anbieter oder Verkäufer bestehen; insofern lenken die Einstellungen der Menschen, lenkt die Kultur, in der sie leben, durchaus den Einsatz der digitalen Technologie. Indes zeigt sich bei Banken schon heute, wie teuer diese Dienste geworden sind und wie weit die Anbieter sie einschränken, um zu sparen. Das Filialnetz wird dünner, und jede einzelne Leistung wird abgerechnet. So erzeugen die Banken Druck auf die Kunden, immer mehr Finanzgeschäfte auf elektronischem Weg zu erledigen – heute noch an Automaten und morgen am heimischen Bildschirm. Sofern ihr Einkommen es erlaubt, können Privatkunden die steigenden Kosten vielleicht ignorieren, nicht aber gewinnorientierte Unternehmen.

Der Wandel vom industriellen ins digitale Zeitalter passiert täglich. An immer mehr Ecken kollidieren die alten Institutionen, Gewohnheiten und Abläufe mit neuen Anforderungen. Der einzelne merkt es am Arbeitsplatz und im Konsum, die Gesellschaft merkt es daran, daß die Sozialsysteme trotz teilweise wachsender Leistungen subjektiv wachsende Unzufriedenheit und objektiv unzureichende Ergebnisse zeitigen. Eltern wird der Wandel bewußt, wenn sie über die Bildung ihrer Kinder nachdenken und sehen, daß kaum noch ein Studiengang oder eine berufliche Ausbildung den Sprößlingen eine halbwegs sichere Karriere versprechen kann. Unternehmer merken es an neuer, elektronisch vermittelter Konkurrenz und daran, daß ihre alten Strategien und Reaktionsmuster sie nicht aus der Klemme befreien. Politiker sehen es, weil sie Instrumente verlieren, mit denen sie früher Interessengruppen zu Hilfe eilen konnten: Protektion gegenüber ausländischer Arbeit gehört ebenso in diese Kategorie wie der Versuch, durch gezielte Industriepolitik wegweisende Innovationen zu ermitteln und zu fördern.

Kaum ein Mensch also, kaum eine gesellschaftliche Gruppe, die der Umbruch nichts anginge. Trotzdem wird vielfach immer noch ignoriert, daß wir längst nicht mehr im spätindustriellen Zeitalter leben, sondern in einer Gesellschaft, deren Grundlagen sich rasch und heftig verändern. Tatsächlich erodiert das Fundament der Industriegesellschaft seit Jahrzehnten. Was sich alles schon geändert hat, wird indes schnell vergessen – oder den industriellen Traditionen zugerechnet. Dahinter steht nicht nur menschliche Gewöhnung: Großenteils werden die einzelne Wirkung und der einzelne Schock schlicht nicht mit einer langfristigen Zeitenwende in Verbindung gebracht. Um den Wandel im Auge zu behalten, muß man sich daher hin und wieder fragen: Wie viele Arbeitsplätze hat der Computer schon neu definiert, wie viele Fabrikationshallen auf den Kopf gestellt, wie viele Ideenprodukte hervorgebracht? Während sich der Umbruch an einem einzelnen Tag nur wenigen bemerkbar macht, hat er über die Zeit schon die allermeisten Menschen berührt.

In Gesellschaften, die solche Revolutionen mitmachen, bleibt am Ende kaum ein Stein auf dem anderen, meinte Alfred North Whitehead. Der Wandel zur Informationsgesellschaft gewinnt immer mehr Wucht. Er betrifft nicht mehr nur einzelne Märkte und Produktionsbedingungen, nicht mehr nur die Art, wie wir uns – im doppelten Wortsinn – unterhalten: Traditionelle Gemeinschaften fallen auseinander, industrielle Werte wie Stabilität und Planbarkeit lassen sich vielerorts nicht mehr durchsetzen. Der marxistisch beeinflußte Franzose Jacques Ellul sah hinter dem Zug ins Informationszeitalter vor allem eine wirtschaftliche Revolution am Werk, dominiert von neuartigen Gütern und Leistungen, die ihrerseits nur dazu da sind, Informationen herzustellen und zu verarbeiten. Ellul zufolge ist es sehr schwierig, während des Umbruchs das Für und Wider technologischer und wirtschaftlicher Änderungen abzuwägen, denn die Technik bewegt sich so schnell, daß man nicht mehr gründlich über die Veränderungen nachdenken kann. Ellul geht so weit zu behaupten: »Tatsächlich müssen wir einsehen, daß wir uns in einem Prozeß allgemeiner Transformation befinden, ohne wirklich zu wissen, was passiert.«[3] In einem tiefen Sinn hat er wohl recht. Bestimmte Muster und Wirkungsweisen wird man erst erkennen, wenn sich die Informationsgesellschaft etabliert hat – falls uns der Glaube an die Technologie solche Einsichten dann noch gestattet, wie Ellul wohl hinzufügen würde.

Gelten die alten Regeln nicht mehr, entsteht Unbehagen: Einer Umfrage zufolge fürchtet beinahe jeder zweite Deutsche, der anschwellenden Medienflut und den Anforderungen des Computers nicht gewachsen zu sein. Wie zu der Zeit, als die Handwerker mit dem Aufkommen der industriellen Revolution als gesellschaftliches Leitbild ausgedient hatten, geht vielen Menschen ein Teil ihrer Identität verloren. Brüche in der wirtschaftlichen und sozialen Entwicklung führen dazu, daß ihre Fähigkeiten neu bewertet werden, daß sie vielfach ihren gewohnten Status einbüßen – und damit auch ein wichtiges Prinzip, um sich in der Gesellschaft zu orientieren. Teilweise ist die Furcht daher durchaus berechtigt: Bestimmte Talente, die früher hoch im Kurs standen, zählen in der Ideenökonomie nichts mehr. Verluste beklagen auch diejenigen, denen die Stabilität der

Industriegesellschaft besonders viel bedeutet. Gerade in der unsicheren Zeit des Übergangs von einer Gesellschaft in die andere muß sich ein großer Teil von ihnen wohl oder übel umstellen.

Was sich innerhalb einer Gesellschaft abzeichnet, eine Neubewertung von Fähigkeiten und Talenten beziehungsweise eine neue ökonomische Gewichtung, ereignet sich auch zwischen einzelnen Volkswirtschaften. Wenn gut ausgebildete Wissensarbeiter in Entwicklungsländern ihre Arbeit digital um die Erde transferieren, können sich Lebensstandard und Wirtschaftsentwicklung dort relativ schnell verbessern: In der Ideenökonomie müssen diese Volkswirtschaften nicht mehr nach und nach jede Ebene einer industriellen Infrastruktur aufbauen, sondern können Entwicklungsstufen überspringen, die früher als unabdingbar galten. Längst ist das Konzept der einheitlichen »Dritten Welt« überholt.[4] Einige dieser Länder, vor allem in Asien und mit einigem Abstand in Südamerika, haben in wenigen Jahren enorm von der internationalen Arbeitsteilung profitiert und firmieren als Schwellenländer. Daneben stehen die klaren Verlierer dieser Entwicklung: agrarische Volkswirtschaften und arme teilindustrialisierte Länder, vor allem in Afrika, die zeitweilig als Vierte oder gar Fünfte Welt eingeordnet wurden.

Die Dritte Welt zerfällt: Auf dem Weg ins digitale Zeitalter wird sich die Gruppe der Entwicklungsländer weiter differenzieren. Staaten, die sich vernetzte Computer und die Gesetze der Ideenwirtschaft zunutze machen können, haben die Chance, aus dem regionalen Einerlei auszubrechen. Sie müßten, wie es in einem Buch über »Die neue Weltwirtschaft im Informationszeitalter« heißt, »sich weit mehr als in der Vergangenheit darum bemühen, Informationstechnologie zu kaufen oder zu entwickeln, die ihre Produktionsfähigkeiten verändert«[5]. Auch Teile der südlichen Hemisphäre könnten relativ schnell in die Informationswirtschaft hineinwachsen, wenn sie ihre Politik darauf ausrichten, möglichst viele Menschen entsprechend ausbilden und ein dezentrales und demokratisches Staatswesen zu entwickeln.

So gibt die Ideenökonomie Ländern mit einem Bildungsvorsprung die Chance, diesen ungeachtet anderer Entwicklungsprobleme auszuspielen; die indischen Computerdienstleister und Softwareentwickler zeigen das deutlich. Auch innerhalb des scheinbar so homogenen Kontinents Afrika werden sich die einzelnen Bildungssysteme und -traditionen in wachsenden wirtschaftlichen Unterschieden zwischen Ländern und Regionen ausdrücken. Ebenso werden unterschiedliche Ausstattung mit Informationstechnologie und unterschiedliche Offenheit für die Netzwelt zu neuen Differenzierungen führen. Die Folge ist eine weitaus deutlichere Fragmentierung, als die globalisierte Wirtschaft sie bislang schon hervorgerufen hat.

Doch von den veränderten Grundlagen der Makrowelt zurück zur Mikrowelt innerhalb der sogenannten Industriegesellschaften: Wo widerstrebende Überzeugungen oder gar Ideologien, die den Zukunftsweg grundsätzlich in Frage stellen, kaum Kraft entwickeln, treiben Technologie und Wirtschaft den Wandel mit enormer Geschwindigkeit voran – schneller, als die Menschen sich und ihre Institutionen umstellen können. Wie der Wandel auf dem Arbeitsmarkt ganze Berufsstände überrumpeln kann, zeigt das Schicksal vieler tausend Mitglieder des mittleren Managements. Ihre sicher geglaubten Jobs sind seit Anfang der neunziger Jahre Opfer des vernetzten Computers und seiner Fähigkeit geworden, die Produktivität von Dienstleistungen zu vervielfachen. Viele Unternehmen haben mit Hilfe der Informationstechnologie gleich mehrere Hierarchiestufen entfernt. Den betroffenen Angestellten passiert etwas Ähnliches wie den Hufschmieden zu Beginn dieses Jahrhunderts, die der Erfindung des Verbrennungsmotors applaudierten und hofften, daß diese Innovation auch ihr Geschäft noch vergrößern würde. Erst haben die Manager den Computer unterstützt, weil er höhere Effizienz in der Produktion und in den Stabsstellen der Unternehmen versprach. Später haben sie dann erkennen müssen, daß in einer zweiten Welle der Restrukturierung vor allem ihre eigenen Stellen von der digitalen Revolution betroffen waren und betroffen sind. Die Werte, die ihre Arbeit bisher hervorgebracht hat, schaffen nun vor allem Softwareentwickler. Daher vermag selbst eine gute Ausbildung mittlere Manager oft nicht auf ihrem Stuhl zu halten.[6] Als Beispiel für die Übergangsprobleme mögen ebenso die Bauern herhalten, die mit dem Einzug der Maschinen auf den Feldern ihre Arbeit verloren. In der ersten Generation kamen viele von ihnen nicht in den neu entstehenden Industrieunternehmen unter.

Das erforderliche Umlernen haben die nachindustriellen Gesellschaften noch keineswegs institutionalisiert. Nach wie vor ist die Idee verbreitet, daß die Menschen sich erst bilden und ausbilden lassen und dann auf Grundlage der erworbenen Fähigkeiten eine Karriere in Angriff nehmen. Zwar können und sollen sie sich später weiterbilden, aber oft auf dem Pfad, den sie zu Beginn des Berufslebens eingeschlagen haben. Doch auch wenn sich das akademische und berufliche Bildungswesen schneller anpassen würde, wenn es alte und starre Berufswege nicht länger unterstützte und das Konzept vom lebenslangen (Um-)Lernen besser umsetzte, dürfte der Übergang in eine andere Gesellschaft schwer genug werden.

Das Problem beginnt beim Generationendilemma. Eigentlich kommen gerade älteren Menschen viele Optionen der Infobahn entgegen. Wenn sie nur noch eingeschränkt mobil sind, können sie vom digitalen Kommunizieren wie auch vom digitalen Einkaufen besonders profitieren. Vernetzte Stadtverwaltungen könnten ihnen Wege aufs Amt ersparen. Und Telearbeit böte ihnen die Möglichkeit, ihre Fähigkeiten selbständig anzubieten, nachdem sie dem Arbeitgeber längst den Rücken gekehrt haben und in Rente gegangen sind. Aber Senioren haben angesichts der digitalen Rechner auch die höchsten Hürden zu überwinden. Vielfach sind sie nicht bereit, sich die Technologie zu erschließen. Und sie wissen auch, daß sie dazu weit mehr hinzulernen müßten als die Jüngeren, die nahezu spielerisch an den Computer und die Netzwelt herangeführt werden. Von daher ist die Prognose plausibel, daß es noch Jahrzehnte dauern wird, bis die ältere Generation Computernetze tatsächlich in großem Umfang nutzt.

Ohnedies müssen ältere Erwerbstätige während des beschleunigten Umbruchs damit fertig werden, daß die Halbwertszeit beruflicher Fähigkeiten drastisch sinkt: Der technisch-wirtschaftliche Wandel gestattet es ihnen nicht, die im Berufsleben gesammelten Kenntnisse und Erfahrungen auszuspielen. Mehr noch: Ändert sich die Struktur der Arbeit oder gar der ganzen Branche, können die Erfahrungen hinderlich sein. Anhand traditioneller Muster zu entscheiden führt bei einem solchen grundlegenden Wechsel immer öfter in die Irre, und eine besondere Stärke des Alters kann so zur Schwäche werden. Es sind eben nicht nur gelockerte Familienbande und wachsende Respektlosigkeit der Jugend, die der Weisheit des Alters schon im spätindustriellen Zeitalter den althergebrachten Tribut versagt haben: Wenn das Veränderungstempo steigt, wenn immer wieder anderes Wissen und andere Fähigkeiten verlangt sind, verliert die Weisheit des Alters auch einen Teil ihrer objektiven Grundlage. Das gilt zuallererst für den Beruf, aber in Gesellschaften, die Arbeit zu ihrem zentralen Baustein gemacht haben, überträgt sich dies zwangläufig auch auf andere Lebensebenen.

Freilich ist nicht nur die ältere Generation konservativ in der Art, wie sie Aufgaben angeht und die Umgebung begreift. Schon im Alter zwischen sechs und zehn Jahren formen Kinder Lernforschern zufolge Perspektiven, die in hohem Maß beeinflussen werden, wie sie ihre Umgebung verstehen, wie sie lernen und Probleme analysieren. Nur ein Bruchteil kann dieses früh angepaßte Korsett später beliebig abstreifen und zwischen verschiedenen Modellen hin und her wechseln. Die meisten brauchen dagegen viel Zeit, um sich gänzlich neuen Mustern anzupassen und neue Gewohnheiten anzunehmen. Das gilt zumal, wenn technologische und gesellschaftliche Umbrüche Zusammenhänge grundlegend ändern. Für Alan Kay ist es eine wichtige Erkenntnis aus psychologischen Beobachtungen, daß bereits Kinder eine bestimmte Perspektive annehmen und an ihr festhalten; der amerikanische Computerwissenschaftler, der den Personalcomputer und dessen moderne Benutzeroberfläche mit erfunden hat, entwickelt heute im kalifornischen Unternehmen Apple Konzepte für das Lernen mit den digitalen Rechnern. Dies relativiert aber auch den Abgrund zwischen den Generationen, der so oft mit der digitalen Revolution verbunden wird. Tatsächlich können viele Ältere nur schwer die Sprache des Computers lernen – wie auch andere »Fremdsprachen«. Die ihnen folgenden Generationen lernen zwar leichter, die Technologie einzusetzen, aber ihr Zugang zur Arbeit und das Begreifen der Umgebung sind ebenfalls von den Mustern der Industriegesellschaft geprägt.

Es sind also nicht nur die Institutionen, es sind nicht nur die Bildung und der Sozialstaat, die sich erst nach und nach den neuen Anforderungen anpassen. Auch der einzelne braucht viel Zeit, um den Übergang zu verarbeiten. Neben einer neuen Wertigkeit beruflicher Fähigkeiten verstärkt die Ideenwirtschaft den Trend zur Verdienstgesellschaft. Daraus folgende Verschiebungen im Entlohnungs- und Statussystem greifen zwangsläufig die Identität von Erwerbstätigen an. Denn wir neigen nun einmal dazu, unsere Position und unsere Habe mehr im Vergleich zu denen anderer Menschen als anhand eines absoluten Maßstabs zu bewerten. Die Anforderungen und Mechanismen der Ideenwirtschaft stürzen viele dieser sozialen Relationen um.

Eine weitere Schwierigkeit bei gesellschaftlichen Umbrüchen deutet der Ökonom Herbert A. Simon an. Als einer der ersten Wirtschaftswissenschaftler hat der Nobelpreisträger schon in den vierziger Jahren die Grenzen menschlicher Rationalität untersucht. Da wir in einer komplizierten Welt nur sehr eingeschränkt alle verfügbaren Informationen einbeziehen und dementsprechend rational entscheiden können, verlassen wir uns nach Simons Analyse auf die gewohnte institutionelle Umgebung. Solange sich die Muster des wirtschaftlichen und gesellschaftlichen Miteinanders nicht grundlegend ändern, können wir so »die Folgen unseres Verhaltens vernünftig und stabil kalkulieren«[7]. Wenn diese Muster erstens wahrnehmbar und zweitens verläßlich sind, kann man in der Tat vergleichsweise sicher Entscheidungen treffen, ohne die einzelnen Gründe und Mechanismen dahinter zu kennen. Noch einmal Simon im Wortlaut: »Die stabilen und vorhersagbaren Teile unserer sozialen und natürlichen Umgebung erlauben uns, mit dieser – innerhalb der Grenzen unseres Wissens und unserer Fähigkeit zu kalkulieren – fertig zu werden.«[8] Umgekehrt heißt dies, daß uns angesichts des Zusammenbruchs der industriellen Gesellschaft ein wichtiger Entscheidungshalt abhanden kommt. Man kann es an der Ausbildung ebenso sehen wie an Anlageentscheidungen, um das Auskommen im Alter zu sichern: Gerade auf längere Sicht auszuwählen fällt in der wandelbaren Wirtschafts- und Arbeitswelt schwerer als noch vor einem oder zwei Jahrzehnten. Die Modelle, an denen man sich orientieren konnte oder zumindest meinte orientieren zu können, gelten nicht mehr. Und neue ökonomische und gesellschaftliche Grobraster für die Entscheidung können nur langsam entstehen.

Kaum ein Staat hat sich so konsequent dem Arbeitsmodell der Industriegesellschaft verschrieben wie Deutschland – mit Ausnahme Japans vielleicht. Der hiesige Sozialstaat gründet großenteils auf der Idee eines Normalarbeitsverhältnisses: auf stabiler und regulärer Beschäftigung. Mehr als in anderen europäischen Ländern ist die Arbeit, sind der »Beruf« und der ihn begleitende Titel zentral für Status und soziale Wertigkeit. Auch wenn immer mehr Menschen kurz- oder langzeitig Arbeitslosigkeit erleben, verbinden die meisten Deutschen mit dem Karrierebegriff immer noch ein hohes Maß an Stabilität: Eine Ausbildung und eine Stellung sollen die Erwerbstätigen zu sozialer Sicherheit und zu Wohlstand führen. Trotz aller Auflösungserscheinungen erinnern auch die vergleichsweise starken Gewerkschaften und ihr Selbstverständnis daran, welchen Stellenwert das »normale« industrielle Arbeitsverhältnis und der lebenslange Beruf in Deutschland haben.

Einzelne Menschen wie auch Gruppen leiten aus den traditio-

nellen Arbeitsformen ihre Identität ab. Doch weder Politiker
noch Interessenvertreter trauen sich festzustellen, daß sich diese
Grundlage auflöst und damit auch ein gehöriger Teil der hiesigen gesellschaftlichen Werte zu Bruch geht. Und sie trauen sich
schon gar nicht, nach dieser Analyse zu handeln. Schaut man
sich an, wie treu die Deutschen dem industriellen Arbeitsmodell
immer noch sind, obwohl die Realität es gar nicht mehr hergibt,
und schaut man sich an, welch phänomenalen Erfolg sie auf der
anderen Seite mit diesem Modell nach dem Krieg hatten, kann
man leicht verstehen, warum das Land die Chancen der Ideenökonomie und der digitalen Kommunikation nur zögerlich
wahrnimmt. Ob nun bei Anschlüssen ans Internet oder bei Te-
learbeitsplätzen: Die Deutschen lagen 1995 selbst im europäischen Vergleich weit hinten. Und obwohl ich mir keine allseits
geäußerten Vorurteile zu eigen machen will, muß man es wohl
konstatieren: Die erste Reaktion auf vernetzte Arbeitsplätze abseits der Betriebe war die bange Frage, ob die damit verbundene
Flexibilität nicht das bestehende Arbeits- und Sozialsystem untergräbt. Das tut sie in der Tat, und damit werden auch Risiken
zur Privatsache, die bisher die Sozialgemeinschaft getragen hat.
Doch genauso verspricht sie eben neue Jobs, auf die angeblich
alle politischen Gruppen erpicht sind, mehr Freiheit und weniger Berufsverkehr. Geht es um die digitale Wirtschaft, ist das
Glas in Deutschland die meiste Zeit halb leer.

Was den Wandel zur Informationsgesellschaft angeht, war die
alte und ist die neue Bundesrepublik ein zutiefst konservatives
Land. In ihrem Bemühen, alte Systeme auf neue Entwicklungen
auszuweiten, wollen nicht nur Gewerkschafter und Politiker die
»scheinselbständigen« (Tele-)Arbeiter wieder in die Rechts-
schublade der abhängig Erwerbstätigen einordnen, Juristen
haben auch darüber nachgedacht, wie sie denn das Gesetz zum
Ladenschluß auf den Einkauf in der Netzwelt ausweiten könnten. Statt dessen hätte ihnen das digitale Kaufen noch einmal
bestätigen können, daß die Regelung von Ladenöffnungszeiten
nun wirklich nicht Sache des Gesetzgebers ist. Einmal abge-

sehen davon, daß der Ladenschluß vielen arbeitenden Menschen das Leben unnötig schwermacht und außerdem die so oft beschworene Schaffung neuer Arbeitsplätze behindert: Das Personal fordert für sich ein Recht auf gleichbleibende Arbeitszeiten, während in vielen anderen Branchen längst unterschiedlichste Schichten üblich sind. Auch läßt sich die Behauptung nicht beweisen, daß der Ladenschluß kleine Geschäfte schützt. Im Gegenteil: Bei mehr Raum für Flexibilität können gerade sie sich zeitliche Nischen suchen, die besser zu ihrem Angebot passen als die Öffnung von 10 bis 18 Uhr. Fälle, in denen mehr Flexibilität Großunternehmen stützt und Monopole fördert, sind generell rar. Freilich treibt sie den Wandel voran, schafft Gewinner und Verlierer, fordert die Gesellschaft auf, ihr Wertesystem zu überdenken und ihre Institutionen anzupassen.

Der Weg in die Informationsgesellschaft ist ein Prozeß des Experimentierens und des Entdeckens. Dafür müssen nicht nur mehr junge Ideenunternehmer als heute tätig werden, auch dürfen die Fiktion und der Selbstbetrug industrieller Normalität nicht mehr die öffentlichen Handlungen bestimmen. Sonst wächst nur die Diskrepanz zwischen Wahrnehmung und Wirklichkeit weiter, und alle staatlichen Systeme scheinen tatsächlich »überzuborden«. Am Ende hört man dann, gestützt auf die Mechanismen globalen Wirtschaftens, nur noch die Lamenti von einigen Wirtschaftslobbyisten und Freidemokraten: weniger statt anders, Abbau statt Umbau. Eine der spannendsten Fragen wird diese sein: Läßt sich die hiesige Gesellschaft im Hinblick auf den Umbruch flexibilisieren, ohne daß öffentlich organisierte Solidarität dabei abhanden kommt? Immerhin birgt es auch auf dem Weg in die digitale Zukunft potentielle Vorteile, daß die Deutschen sich mehr nach der Maßgabe allgemeiner Wohlfahrt richten, als es etwa dem Modell der Vereinigten Staaten entsprechen würde. Soziale Brüche während des Übergangs vom einen in das andere Paradigma werden eher ausgeglichen, Trends zu neuen Formen der Ungleichheit eher aufgefangen. So wird Menschen, die unter den Gesetzen der vernetzten Wirtschaft zu leiden haben, der Wandel erleichtert. Auf diesem Weg kann sich ein höheres Maß an sozialer Stabilität auch wieder in volkswirtschaftliche Stärke übersetzen.

Um dieses Potential auszuschöpfen, müssen indes die oft gegensätzlichen Wirkungen der Informationsrevolution auch benannt werden. Die Endzeitstimmung im Sozialstaat ist kein vorübergehender Ausdruck des *fin de siècle*; dahinter stehen reale und dauerhafte Brüche: der Trend zur Risikoökonomie als Preis für mehr wirtschaftliche Wahlmöglichkeiten; die beschleunigte Auflösung der sozialstaatlichen Basis gegenüber neuen Ansätzen für Gemeinschaft; der Verlust gewohnter Ordnung gegenüber mehr Raum, um die eigene Identität zu finden; vor allem aber Freiheitschancen und gleichzeitig ein Verlust an Freiheit, weil die stabile wirtschaftliche Grundlage des Lebens ins Wanken gerät und so Sorgen entstehen, die viele Menschen längst überwunden glaubten. Es ist wichtig zu akzeptieren, daß der Wandel zweischneidig ist, und die Gewinne und Kosten gegeneinanderzustellen – sonst greifen nicht nur Unternehmer, sondern auch Politiker mit ihren Entscheidungen zu kurz.

Marshall McLuhan galt in den sechziger Jahren als der »Sprecher des elektronischen Zeitalters«[9]. Es war nicht nur die Technikbegeisterung seiner Zeit, die ihn zum Star werden ließ; er konnte auch in bis dato ungewohnter Klarheit zeigen, wie neue Technologie der ihr eigenen »Botschaft« Geltung verschafft. Gegensätzliche Wirkungen herauszufiltern war allerdings nicht die Sache des Medienmannes, der gerne in groben Strichen malte. Die elektronisch vernetzte Welt bedeute das Ende der Fragmentierung, erwartete der Medienguru. Anders als die Dampfmaschine teilten der Computer und die damit verbundene Automation die Arbeit nicht in engbegrenzte Funktionen, sondern führten diese auf dezentraler Ebene wieder zusammen. Nach vielen Jahrhunderten der Spezialisierung würden wir nun wieder mit der gesamten Aufgabe und mit den Folgen unseres Handelns konfrontiert. Wenn im Informationszeitalter »unser zentrales Nervensystem technologisch erweitert wird, so daß wir mit der

ganzen Menschheit verbunden sind und sie auch in uns aufnehmen, nehmen wir zwangsläufig tiefen Anteil an den Folgen all
unserer Handlungen«[10]. Anders gesagt: Während technische Innovationen uns bisher immer weiter spezialisiert und von den
Konsequenzen des Handelns entfremdet haben, dreht sich dieser Trend nun radikal um. Auch Kultur und Wissenschaft suchen
demnach nicht mehr nach partiellen Problemlösungen, sondern
nach ganzheitlichen Antworten. In der elektronischen Welt, die
nicht mehr größer ist als ein Dorf, gehen uns auch weit entfernte
Völker und Einzelschicksale wieder etwas an. Das mechanische
Zeitalter mit seinem entfremdenden und gleichzeitig tröstlichen
Hang zur Partikularität ist McLuhans These zufolge vorbei.

Vieles von dem, was heute die digitale Netzwelt ausmacht, hat
der Kanadier schon damals richtig gesehen. Tatsächlich schaffen
die Netze immer neue Verbindungen, zumindest bieten sie diese
den Datenreisenden fortwährend an. Digitalien setzt auf das
Prinzip, daß quasi alles mit allem verbunden ist – und betont
damit gleichzeitig, wie beliebig jede einzelne Verknüpfung ist.
Weniger technophile Medienwissenschaftler fürchten deshalb
schon eine Flut von Informationen und Verbindungen, die sich
nicht mehr handhaben läßt und die Menschen entsprechend verwirrt.

Aber die digitale Revolution verbindet nicht nur, sie spaltet
auch. Sie beendet bestimmte Formen der Teilung, schafft dafür
aber völlig neue Bruchstellen. Es klingt dramatisch, und genau
dieses Attribut trifft auch auf die tatsächliche Entwicklung zu:
Die digitale Revolution zerlegt das Gemeinwesen in tausend
Welten, die zu einer neuen Gesellschaft zusammengefügt werden müssen. Obwohl es zuweilen anders aussieht, lassen uns
die allgegenwärtige Technologie und die globale Wirtschaft dabei nicht nur Raum für individuelle, sondern auch für soziale
Kreativität. Die Gesellschaft ändert sich nicht nach einem fest-
geschriebenen Programm. Vielfach beeinflußt und verstärkt der
Umbruch Trends, die ohnedies schon seit einiger Zeit bestehen.
Wo er Wirtschaft und Gesellschaft in eine neue Richtung treibt,

beeinflussen immer noch wirtschaftliche und politische Entscheidungen den Wandel. Und am Ende hat es auch noch der einzelne in der Hand, wie er mit den Folgen des ganzen Prozesses umgeht. Alle Bewegungsgesetze der digitalen Revolution gelten nur innerhalb dieser Bedingungen. Und selbst wenn es das maßgebliche Ziel ist, einen möglichst hohen Lebensstandard in der Volkswirtschaft zu erreichen, zeichnet sich kein eindeutiger oder gar optimaler Weg in das digitale Zeitalter ab – auch wenn Interessengruppen aller Seiten uns das einreden wollen.

Experimentieren und Entdecken: Alle hier beschriebenen Trends zeichnen nur Konturen der Informationsgesellschaft. Wüßte jemand darüber hinaus Genaues, könnte er oder könnte sie ein Vermögen damit machen. Doch auch der beste Zukunftsforscher muß sich überraschen lassen. Zum einen liegt es in der Natur von Innovationen, daß sie niemand vorhersagen kann. Zum anderen sind es die Freiheitsgrade des einzelnen und der Gesellschaft, die den Übergang in die Informationsgesellschaft zu einer ungewissen Reise werden lassen. Indes: Furcht und Ablehnung gegenüber digitalen Medien oder reflexartige Verteidigung bestehender Institutionen und Fiktionen gegen die neuen Kräfte lassen lediglich den Raum für bewußte Entscheidungen zusammenschrumpfen. Die Gesellschaft muß ihre wirtschaftliche Weltsicht und ihr Wertesystem schon daraufhin überprüfen, ob deren Grundlagen überhaupt noch vorhanden sind. Erst dann kann sie sinnvoll entscheiden, wo sie gegen den wirtschaftlichen Imperativ andere Prioritäten durchsetzen und der Technologie Einhalt gebieten will. Erst dann kann sie auch zwischen kurz- und langfristigen Folgen wichtiger Wegweisungen abwägen und sich von den Zwängen lösen, die eine kurze Sicht und automatische, weil immer schon befolgte Entscheidungsmuster scheinbar diktieren. Das wäre auch die Grundlage wirklich liberaler Politik.

Andernfalls könnten die technologischen und mehr noch die wirtschaftlichen Determinsten doch recht behalten: Dann müßte sich die Gesellschaft am Ende tatsächlich den Zwängen der digitalen Revolution fügen. Diesen Zusammenhang weiter auszuleuchten ist die Aufgabe des letzten Kapitels.

10 EXPERIMENTE, EXPERIMENTE!

Das Informationszeitalter bedeutet Freiheit. Freiheit zunächst einmal wirtschaftlich: Ideenunternehmer können ihre Informationsprodukte ohne große Kosten und umfangreiche Organisation vervielfältigen und verteilen. Die Netzwelt eröffnet einigen von ihnen, die früher nur regional angeboten haben, Märkte rund um die Erde. In den Netzen können sie mit besonderem Wissen und Originalität in relativ kurzer Zeit bekannt werden und auch großen Konkurrenzunternehmen den Rang ablaufen. Künstler und Journalisten sind weniger auf Verlage, Herausgeber, Agenturen und deren Infrastruktur angewiesen, um ihre Texte, Lieder und Photos in Umlauf zu bringen. Zwar geht die Behauptung zu weit, im Internet sei jeder sein eigener Verleger, aber digitale Kommunikation verschafft den Netzpublizisten Freiraum und alternative Absatzkanäle. Auch anderen Dienstleistern fällt es in der digitalen Wirtschaft leichter, sich selbständig zu machen. Von Beratern bis zu Designern gehen jetzt schon immer mehr Erwerbstätige neue Wege. Nachteile wegen fehlender Größe der eigenen Firma heben sie dadurch auf, daß sie innerhalb eines Netzes mit den jeweils passenden Partnern zusammenarbeiten. Zudem genießen Konsumenten in der Informationswirtschaft neue Wahlmöglichkeiten. Und Monopole, die Hauptgegner von Konsumentenfreiheit, sind in dieser Welt ohnedies meist nur von kurzer Dauer.

Freiheit auch gesellschaftlich: Der Broterwerb bindet die Erwerbstätigen und ihre Familien immer weniger an eine bestimmte Region. Durch neue Arbeitsformen werden sie nicht nur unabhängig vom Ort, sondern auch von festgelegten Zeiten. Reine Telearbeiter können ihren Wohnort nahezu frei wählen. Somit haben sie mehr Freiraum, um sich Nachbarschaft und lokale Gemeinschaft auszusuchen, und in den Computernetzen können sie zwischen Verbindungen zu einer großen Zahl von Datenreisenden und Online-Gruppen wählen. Dabei muß es nicht bei – unbefriedigenden – virtuellen Beziehungen bleiben: Netzkontakte bahnen reale Treffen und reale Bekanntschaften an. Über lokale Netze können Gleichgesinnte soziale und kulturelle Initiativen anstoßen und koordinieren. Und mit seiner Meinung zu politischen Fragen findet der einzelne in solchen Netzen ebenfalls ein neues Forum. Allgemein gesagt: Dezentral läßt sich in der Informationsgesellschaft viel ausrichten, und Dezentralität bedeutet Freiheit. Mehr Wege zur beruflichen Selbständigkeit erlauben es den Menschen zudem, sich aus dem Zwangssystem des zentralen Sozialstaats zu befreien. Sie wählen in wachsender Zahl selbst, wie sie ihre sozialen Risiken absichern.

Die Befreiung stößt indes auf Gegenkräfte. Da ist zuallererst die Frage, wie viele alte Freiheiten und Optionen die digitale Revolution zunichte macht. In der Tat drängen uns die Technologie und die Gesetze der vernetzten Wirtschaft oft zu einem bestimmten Verhalten. Es wird immer schwieriger werden, sich dem Computer zu entziehen. Heute stößt auf eine Mischung aus Bewunderung und Unglauben, wer behauptet, er habe sein Fernsehgerät abgeschafft und komme bestens ohne den alten Kasten aus. Morgen wird es uns mit digitalen Rechnern – in der einen oder anderen Funktion – kaum anders ergehen.

Ob nun Jacques Ellul, Stephen Talbott oder auch Clifford Stoll: Läßt man die bekannten Kritiker der Netzwelt noch einmal Revue passieren, stellt man fest, daß sie die gleiche Sorge umtreibt. Im Grunde fragen sie am Ende ihrer Analysen alle nach dem Unterschied zwischen der »Freiheit zu« und der

»Freiheit von«. Stoll stellt die Begriffe allerdings nur einander gegenüber – und bricht an dieser interessanten Stelle sein Buch ab, um dem allzu irdischen »Geruch von Popcorn in der Küche« zu folgen.[1] Die anderen gehen der Sache weiter nach: Daß der Computer uns die Freiheit zu vielen Taten und Dingen beschert, bestreiten sie gar nicht; doch die andere Freiheit, die Befreiung von etwas, wird nach ihrem Urteil dabei ausgeblendet. Sie meinen, wir starren auf die phantastischen Möglichkeiten und vergessen dabei den bewußten und kritischen Umgang mit der Technik; wir lassen uns ein, statt zu fragen, ob wir uns nicht unnötig abhängig machen von den Maschinen und von den wirtschaftlichen Mechanismen, die den Wandel so dringlich erscheinen lassen.

Man darf indes eines nicht vergessen: Zwar lassen uns Digitalien und Globalien, der vernetzte Computer und die integrierte Weltwirtschaft, mitunter keine Wahl, wenn es darum geht, im Wettbewerb zu bestehen und andere wirtschaftliche Ziele zu erreichen. Trotzdem sind die nachindustriellen Gesellschaften weit von einer vorgegebenen Entwicklung entfernt. Nur nutzen müssen sie diese Freiheiten – und nicht bis zum letzten Moment auf alten Strukturen und Auffassungen bestehen.

Der Münchner Soziologe Ulrich Beck warnt schon seit einiger Zeit, daß sich mit der Fiktion einer stabilen Industriegesellschaft keine vernünftige Politik mehr gestalten läßt. Ausgangspunkt für Becks »Risikogesellschaft« waren zwar die Atomenergie und ihre Risiken nach dem GAU von Tschernobyl, aber er analysiert auch, wie die digitale Revolution das Arbeitsleben riskanter macht. Seine Folgerung vor rund zehn Jahren: »Wir spielen in vielen Bereichen das Theater nach dem Skript der Industriegesellschaft, obwohl wir die Rollen, die hier vorgeschrieben sind, in denen wir handeln und leben, gar nicht mehr ausüben können, und wir spielen sie uns und anderen vor, obwohl wir gleichzeitig wissen, daß alles im Grunde ganz anders verläuft.«[2]

Heute ist der Bruch zwischen Modell und Wirklichkeit an vielen Stellen deutlicher geworden. Und in Ansätzen formiert sich aus dem Zerfall heraus die Informationsgesellschaft, zeichnen sich Teile des Puzzlebilds ab. Allerorten werden zunächst neue Trennlinien gezogen, kommt es zu neuen Differenzierungen, aber in dieser zersplitterten Umgebung knüpfen die Menschen auch wieder soziale Verbindungen – ob nun als Privatpersonen, Konsumenten oder Erwerbstätige. Sie bilden Gemeinschaften, die im industriellen Zeitalter nicht so sehr zum Tragen kamen: homogene Gruppen, die, gebildet nach dem Prinzip der Wahlnachbarschaft, auf gemeinsamen Interessen aufbauen und wenig Unterschiede zu überwinden haben. So setzt sich die Gesellschaft neu zusammen, ob man es nun wahrhaben will oder nicht. Die Frage ist nur: Welches Bild, welche Rolle wird jenen zentralen Part übernehmen, den in der spätindustriellen Gesellschaft der »normal arbeitende« Erwerbstätige eingenommen hat – der, mehr oder weniger ortsgebunden, in einem Betrieb dauerhaft seinem Beruf nachgegangen ist und einen stabilen Lohn kassiert hat, der dafür innerhalb einer Hierarchie eine wohldefinierte Funktion wahrgenommen und dessen größte soziale Risiken ein zentrales und öffentliches System getragen hat?

In den Industriegesellschaften ist dieses Modell durchaus unterschiedlich ausgefallen, und so wird es auch in der digitalen Zukunft sein. In den Vereinigten Staaten hat der Staat stets weniger Solidargemeinschaft organisiert – oder verordnet – als in Kontinentaleuropa. Entsprechend leichter fällt vielen Amerikanern der Übergang in die Informationsgesellschaft. Immer schon haben private Wohlfahrtsinitiativen dort eine größere Rolle gespielt als diesseits des großen Teiches, und immer schon wurde die Freiheit des einzelnen dort höher gehandelt als hier. In ähnlicher Weise werden verschiedene Modelle für das »normale« Leben im digitalen Zeitalter miteinander konkurrieren, auch innerhalb Europas.

Eines kennen wir schon – das Modell individueller Freiheit und Differenzierung. Danach nimmt Otto Normalarbeiter soziale Risiken wieder selbst in Kauf. Ganz wie es der enormen Veränderlichkeit in der Ideenwirtschaft entspricht, schwankt seine Wohlfahrt mit dem jeweiligen Marktwert der individuellen Leistung. Gemeinschaft ist in diesem Modell vor allem eine freiwillige und subjektive Angelegenheit, Solidarität vor allem Sache privater Projekte. Darüber hinaus formen die Menschen zeitweise öffentlich wirksame Gemeinschaften, um ein Interesse gegen oder für etwas durchzusetzen. In den bösen Worten von Ulrich Beck heißen diese Gruppen »Zweckbündnisse im individuellen Existenzkampf auf den verschiedenen gesellschaftlich vorgegebenen Kampfschauplätzen« – mit der Folge, daß die entstehende Sozialstruktur anfällig wird »für massenmedial forcierte Modethemen«[3].

Dieses Freiheitsmodell dürfte sich mehr und mehr durchsetzen, wenn sich die Gesellschaft nicht von sich aus umgestaltet und das Skript ändert, nach dem gespielt wird. Ohne aktive Gestaltung und soziale Kreativität bestimmen die bezeichneten technologischen und ökonomischen Trends das Feld. Gegner des hiesigen Sozialstaats erklären, daß es gar keinen anderen halbwegs vernünftigen Weg gibt, als diesen weltwirtschaftlichen und digitalen Kräften nachzugeben. Bestimmt dieses Modell tatsächlich den Begriff der gesellschaftlichen Normalität im Informationszeitalter, wird es kaum möglich sein, eine ähnlich starke Solidargemeinschaft zu organisieren, wie sie die Deutschen aus den vergangenen Jahrzehnten kennen. Denn eine Risikowirtschaft, und das ist die Informationswirtschaft ihrem Wesen nach nun einmal weit mehr als die Industriewirtschaft, verbunden mit dieser Form von Weltanschauung stärkt die Auffassung, daß Erfolg und Mißerfolg verdient sind – daß sie Sache des einzelnen sind. Dann wollen, grob gesagt, die Gewinner weniger abgeben, und die Verlierer müssen damit fertig werden, daß die Gesellschaft ihnen in wachsendem Maß die Schuld an ihrem Versagen gibt. Auch eine Modernisierung des Sozialsystems kann in dem Fall am Ende nur wenig ändern, weil die gesellschaftliche Moral dem Sozialstaat überaus enge Grenzen setzt.

Eine derartige Gesellschaft kommt der Meritokratie nahe, wie sie Daniel Bell modellhaft beschrieben und als faires Prinzip gegen diejenigen Moralphilosophen verteidigt hat, die in den siebziger Jahren soziale und wirtschaftliche Gleichheit predigten. Er zitiert als Grundlage eine Parabel, die der englische Soziologe Michael Young über »Die Entstehung der Meritokratie« geschrieben hat: Getrieben von der Einsicht, daß Großbritannien sich nicht länger eine Oberklasse ohne die notwendigen technischen Fähigkeiten leisten kann, bauen die Briten ihren Staat um: Fortan bestimmen IQ und Leistung den Status, und die Intelligenzija übernimmt die Führung. Doch die Reformer schaffen mehr Probleme, als sie lösen. Früher hatte jede Klasse und jede gesellschaftliche Gruppe hochtalentierte Führer. Diese sind jetzt alle Mitglieder der Wissenselite, und den anderen fehlt nun jede Entschuldigung für mangelnden Erfolg. Populisten lehnen sich gegen das unbarmherzige System auf und schaffen es schließlich wieder ab: Die Verdienstgesellschaft, die allen Sozialverfassungen an Effizienz haushoch überlegen ist, steht im Gegensatz zu dem Wunsch nach mehr Gleichheit und scheitert daran.[4]

Auch abgesehen von Unruhen oder einem Volksaufstand haben Wahlfreiheit, Leistungsorientierung und Nutzenmaximierung des einzelnen ihre Grenzen. Der Kommunitarismus hat es sich zur Aufgabe gemacht, diese Grenzen immer wieder aufzuzeigen. So bemerkt Michael Walzer, die kommunitaristische Kritik des Liberalismus habe »einige Ähnlichkeit mit einer Bügelfalte: gleichermaßen vergänglich, erwacht sie mit der gleichen Gewißheit zu neuem Leben«[5]. Es lohnt sich, Walzer noch einen Moment länger zu folgen. Er macht die Unstetheit einer auf Individualität basierenden Gesellschaft fest an dem Wert der uneingeschränkten Mobilität – geographisch, aber auch sozial, im Eheleben und im politischen Wahlverhalten. Diese Mobilitäten, die Freiheit und die Möglichkeit privaten Glücksstrebens garantieren, weitet die digitale Revolution erheblich aus. Doch so wichtig diese Ziele auch sind, sie führen, wenn sie in hohem Maß erfüllt werden, immer wieder zu »Kummer und Unzufriedenheit«, wie Walzer schreibt – zu dem Wunsch nach mehr Gemeinsamkeit und mehr erfahrener und praktizierter Solidarität.

Gemeinschaft und soziale Stabilität sind aber nur vorstellbar, wenn sie die jeweiligen Mitglieder auch tatsächlich über den Augenblick hinaus aneinander binden. Dieser fortwährende Gegenpart zum individuellen Freiheitsstreben artikuliert sich nicht nur darin, daß Menschen sich ihrer Identität nicht mehr sicher sind, sondern auch in dem übertriebenen Versuch, in der digitalen Netzwelt zu einem erfüllten Gemeinschaftsleben zurückzufinden.

Dahinter steckt mehr als nur der Ausdruck des menschlichen Gemeinschaftssinnes. Der Liberalismus unterhöhle sich beständig selbst, schreibt Walzer. Die Bewegung übertreibt das eigene Prinzip der Liberalität, fordert die vollkommene Freiwilligkeit sozialer Beziehungen bis zu dem Punkt, an dem sie die Grundlagen entfernt, die notwendig sind, damit sich eine liberale Gesellschaft überhaupt entwickeln und halten kann. Denn auch sie fußt in gewissem Maß auf sozialer Stabilität und auf Zugehörigkeit des einzelnen zu dauerhaften Gemeinschaften jenseits der Familie. Springen die Menschen dagegen Trittbrettfahrern gleich nach Maßgabe ihres aktuellen Interesses von Gruppe zu Gruppe, gehen die Gemeinschaften nach und nach kaputt. So schafft die reine Interessengesellschaft am Ende ein Schnorrertum, das ihre eigenen Institutionen und Mechanismen bedroht.[6]

Gemeinschaft nimmt dem Staat die Arbeit ab: Im Grunde verbirgt sich dahinter nichts anderes als eine auf die Gesellschaft bezogene Variante des Gefangenendilemmas aus der Spieltheorie. Es beschreibt beispielhaft Situationen, in denen alle Beteiligten schlechter als möglich abschneiden, weil sie ihren kurzfristigen und egoistischen Interessen folgen, anstatt Gemeinsamkeit zu pflegen. Würden sie statt des Versuches, den eigenen Vorteil ganz auszuschöpfen, soziale Gemeinschaften stützen, ginge es ihnen am Ende auch selbst besser. Der liberale Staat funktioniert nur, weil die Menschen sich abseits der persönlichen Nutzenmaximierung engagieren und sozialen Normen entsprechend darauf verzichten, alle Möglichkeiten auszubeuten. Andernfalls müßte der Staat alles reglementieren und diese Regeln durchsetzen – was nicht nur hohe Kosten verursachen und viele Kräfte verschlingen, sondern zwangsläufig auch liberale Prinzipien verletzen würde.

Die vernetzte Ideenökonomie erhöht die Freiheit des einzelnen – und damit auch umgekehrt die Gefahr, daß die Gesellschaft und ihr Wirtschaftssystem nicht mehr funktionieren können. Ein »Paradox« macht auch Amitai Etzioni aus, und zwar »in dem Maß, in dem der Markt auf normative Stützen angewiesen ist (um vorvertragliche Grundlagen wie Vertrauen, Kooperation und Ehrlichkeit zu schaffen), die alle Vertragsbeziehungen erfordern: Je mehr Menschen das neoklassische Paradigma« – die kurzfristige Maximierung des eigenen Nutzens – »als Leitfaden für ihr Verhalten akzeptieren, desto mehr ist die Fähigkeit untergraben, eine Marktwirtschaft aufrechtzuerhalten.«[7] Etzioni fürchtet einen »negativen, antimoralischen Effekt«, wenn die Menschen in falsch verstandener Liberalität dazu angehalten werden, nur in enger Sicht der Dinge den eigenen Belangen zu folgen.

In die gleiche Richtung zielt Lester Thurow mit seinem Buch über die »Zukunft des Kapitalismus«.[8] Der Wirtschaftsprofessor geht davon aus, daß die digitale Revolution zusammen mit weltwirtschaftlichen Kräften die alten Strukturen in den nachindustriellen Ländern gänzlich zerstören wird. Die Rettung sieht er keineswegs in frei waltenden Marktkräften und kurzfristiger Orientierung am Beitrag des einzelnen: Thurow glaubt, daß der Staat, daß Wirtschafts- und Sozialpolitik mehr denn je zu tun haben, um den Rahmen für erfolgreiches Wirtschaften zu erhalten. Weil auf Dauer nur noch Wissen und Qualifikation Einkommensunterschiede begründen, wird ein Arbeiter in Amerika im digitalen Zeitalter kaum mehr verdienen als sein gleich ausgebildeter und gleich talentierter Kollege in Indien. Statt aber mit einer Politik zu reagieren, die dieser Einsicht entspricht, könnte sich der Kapitalismus zu Tode siegen, warnt Thurow. Er reiße tiefe Gräben auf zwischen der Elite der Wissensarbeiter und den

Arbeitskräften mit veralteter oder unzureichender Ausbildung. Hinter all dem sieht Thurow ein verheerendes Prinzip am Werk: die fortschreitende Individualisierung – weil die neue Elite ihr Wissen immer mit sich trägt, weil die Kapitalisten über den Ertrag ihrer Investition nicht mehr verfügen, bleibt ihnen nichts anderes übrig, als immer kurzfristiger zu rechnen und weniger in Ausbildung zu investieren. Unter dem Druck der Informationstechnologie und des globalen Wettbewerbs werde zudem eine Ideologie gestärkt, die nur noch ein Ziel betont: Konsumwünsche schnell zu befriedigen. Dem marktkritischen Autor zufolge ziehen sich die Wohlhabenden in umzäunte Villenviertel zurück und verlieren das Interesse an der Gemeinschaft – im Widerspruch zu allem, was die Volkswirtschaft tatsächlich braucht. Deren Erfolg hängt mehr und mehr davon ab, daß die Gesellschaft die Masse der Erwerbstätigen hinreichend ausbildet. Gegen die drohende Abwärtsspirale soll ein neuer Vertrag in der Gesellschaft helfen: Der Staat verpflichtet sich zu einer Bildungsoffensive, die Unternehmen werden ihrerseits verpflichtet, über das kurzfristige Kalkül hinaus in Entwicklung und Ausbildung ihrer Arbeitnehmer zu investieren.[9]

Lester Thurows These ist ein wenig schematisch – und hat trotzdem einiges für sich: Im Informationszeitalter ist die Gesellschaft – und die Wirtschaft zumal – mehr denn je darauf angewiesen, daß ihre Mitglieder umfassend ausgebildet werden. Wenn man weitere Bildungsinvestitionen allein dem Kalkül des Erwerbstätigen überläßt, bleibt der Bildungsstand zu niedrig; denn wieviel der einzelne lernt, wirkt sich nicht nur auf ihn aus, sondern auch auf den Erfolg der anderen. Aber diesen zweiten Effekt auf das Ganze berücksichtigt der einzelne so gut wie nicht, wenn er über seine Lerninvestitionen entscheidet. Folglich müssen Unternehmen oder Staat dieses Kalkül umsetzen. Die Unternehmer, die ihre Macht über das Kapital verlieren, laufen jedoch Gefahr, sich auf einen Kreislauf aus immer kürzerer Sichtweise und immer enger gefaßtem Eigeninteresse einzulassen – Grund genug für einen aktiven Staat. Wenn man so will, verschafft die digitale Revolution wie all die anderen technologischen Umstürze – von der Druckerpresse bis zur Elektrizität – den Menschen mehr Mobilität. Damit untergräbt sie mittelbar die Funktionsfähigkeit der Volkswirtschaft oder, wie Thurow meint, des »Kapitalismus« insgesamt.

Weil sich die Mobilitätsschraube weiterdreht, muß sich auch die soziale Verfassung ändern. Genug Gemeinschaftsaufgaben gibt es allemal: Wirtschaften und Arbeiten wird im Informationszeitalter wieder riskanter. Ähnlich wie unter der Fuchtel der Natur zu Agrarzeiten stehen die Erwerbstätigen nun immer mehr unter dem Einfluß eines höchst veränderlichen – man könnte auch sagen: eines überaus launischen – Wettbewerbs der Ideen und des Wissens. Bei der Frage, wie die gemeinschaftsbildenden Institutionen beschaffen sein sollten, komme ich auf Herbert A. Simon zurück, der genau wußte, daß Menschen nicht unabhängig von äußeren Einflüssen rational entscheiden, sondern mit beschränkter Rationalität umgehen müssen. In erster Näherung geht er sehr wohl davon aus, daß sie ihren eigenen Interessen folgen – das kann indes kurzfristig und eigensüchtig oder mit längerer Perspektive und orientiert am Gemeinschaftsleben geschehen. Simon zufolge muß eine soziale Umgebung geschaffen werden, »in der das Eigeninteresse Anlaß hat, aufgeklärt zu sein«[10]. Die Institutionen müßten »unser besseres Selbst« hervorbringen und dürften den Menschen nicht zumuten, große Teile des Eigeninteresses zu opfern.

Passen die Institutionen nicht mehr zur Realität, beruhen sie auf einer immer wirklichkeitsferneren Fiktion, werden sie diese Aufgabe kaum erfüllen. Sie schaffen dann alles andere als die notwendige gesellschaftliche Übereinstimmung. Obwohl sich mit dem Normalarbeitsverhältnis die Grundlage der Sozialversicherung in Deutschland nach und nach auflöst, beschwören gerade Sozialpolitiker den Status quo: Glaubt man ihnen, darf man so ziemlich alles machen – nur nicht am System rütteln. So haben sie in breitem politischen Konsens auch noch eine Pflegeversicherung nach gleichem Muster auf den Weg gebracht. Sie kämpfen aber für eine Sache, die sich auf dem Weg in die Informationsgesellschaft nicht halten läßt.

Schon heute werden die Leistungen an allen Ecken und Enden mit dem Argument beschnitten, soviel Umverteilung könne sich das Land nicht mehr leisten. Das geben auch die Verfechter bestehender Strukturen zu. Was sie indes so gut wie überhaupt nicht diskutieren: Es sind nicht einzelne Leistungen oder Leistungshöhen, sondern der Aufbau und das dahinterstehende Modell, die sich eine ehemalige Industriegesellschaft tatsächlich nicht leisten kann. Denn das Beharren auf einem alten Modell ist nicht nur ineffizient, es schafft auch allerorten Zweifel und Unzufriedenheit. Und damit zerstört es nach und nach, was Herbert A. Simon treffend als »aufgeklärtes Eigeninteresse« bezeichnet. Das gilt für das Sozialsystem ebenso wie für den Arbeitsmarkt, es gilt für das Versprechen der sicheren Rente an die Generation der heute Fünfzigjährigen ebenso wie für das immer noch durch die Öffentlichkeit geisternde Ziel der Vollbeschäftigung. Nichts ist an dem Ziel auszusetzen, daß alle Suchenden auch eine Arbeit finden, viel aber an der Vorgabe, das könne in dauerhaft angelegten und stabilen Verhältnissen passieren und dazu noch in den gewohnten Berufen. In Bonn ist 1996 das Ziel dahingehend revidiert worden, bis zur Wende des Jahrhunderts die Arbeitslosigkeit zu halbieren. Immer noch denken die meisten Menschen dabei an eine Rückkehr zu alten Zuständen – so als bleibe die wirtschaftliche und gesellschaftliche Grundlage, wie sie war. Genau diese Unterstellung liegt auch in der ebenso beliebten wie abwiegelnden Behauptung, der Sozialstaat sei abhängig von der Konjunktur; läuft diese schlecht, entstehen Löcher in der Renten- und Arbeitslosenkasse. Im Umkehrschluß heißt das: Gedeiht die Volkswirtschaft wieder, erledigt sich die Krise des Sozialstaats. Auf kurze Sicht erklärt die Konjunktur tatsächlich die Lage in den Sozialkassen am besten. Auf lange Sicht aber, und darum geht es, nutzt auch die beste Konjunktur nichts, wenn mittels digitaler Technologie und neuer Wirtschaftsformen immer mehr Selbständige, Teilzeit- und

Zeitarbeiter der staatlich organisierten Sozialgemeinschaft den Rücken kehren.

Die industrielle Fiktion zeigt sich nach wie vor in Öffentlichkeit und Politik. Die sogenannte Industriepolitik kümmert sich immer noch vor allem darum, die Entwicklung von faßbaren Produkten wie Mikrochips oder Magnetbahnen zu unterstützen. Der Entwicklung von Ideen und Konzepten gilt das nachgeordnete Interesse.

Arbeitsplätze werden nach wie vor aufgeteilt in industrielle Jobs und klassische Dienstleistungen – die von Bankkaufleuten am oberen und jene von Putzkräften am unteren Ende der Skala. Diese Trennlinie kennzeichnete die spätindustrielle Gesellschaft, in der Dienstleistung neue, dauerhafte Arbeitsplätze versprach und alte sicherte. Längst bestimmen andere Kategorien die Arbeitswelt. Zum einen geht es traditionellen Dienstleistern heute oft nicht anders als Industriearbeitern: Informationstechnologie und Verschlankung bedrohen auch ihre Stellen. Zum anderen verschmelzen Herstellung und Service vielfach miteinander. Außerdem fallen bei vielen Aufgaben der Wissenswirtschaft Hirn- und Handarbeit zusammen, und zwischen reiner Telearbeit und klassischer Büroarbeit entwickeln sich neue Formen. Gleiches trifft auf die Trennung zwischen Selbständigen und Angestellten zu.

Daß die Netzwelt oft als Möglichkeit von 500 Fernsehkanälen wahrgenommen wird, als Multiplikation eines gewohnten Produkts also, zeigt ebenfalls, wie wenig sich die öffentliche Debatte um den tatsächlichen Wandel dreht. Selbst politische Bekenntnisse zur Informationsgesellschaft beschränken sich oft noch auf die »Neuen Medien« und den Ausbau der Telekommunikation.

Vor allem aber offenbart sich die industrielle Mentalität in der Philosophie der Stabilität, in dem impliziten Versprechen, es könne wieder so werden, wie es war. Wenn wir uns nur zufriedengäben mit dem Lebensstandard von vor zehn Jahren, ließe sich die Krise ausbaden – als ob wir, mittlerweile ein gutes Stück weiter in der digitalen Revolution, tatsächlich so leben könnten wie 1986.

Was sich abzeichnet, ist eine merkwürdige und unfreiwillige Partnerschaft, die indes bei gesellschaftlichen Umbrüchen relativ natürlich ist: die Koalition der Bewahrer und Zerstörer. Gemeint sind damit auf der einen Seite diejenigen, die auf Grundlage des industriellen Modells das Arbeits- und Sozialsystem erhalten wollen – einzelne Leistungen stellen sie durchaus auf den berühmten »Prüfstand«, nicht aber die Struktur als Ganzes. Wenn die Arbeitswelt auseinanderfällt, wollen sie sie wieder kitten. In diese Kategorie gehört der Versuch, alle sogenannten Scheinselbständigen per Gesetz wieder zurückzuholen in die Gruppe der – zu Sozialabgaben verpflichteten und unter Tarifverträge fallenden – abhängig Beschäftigten. Auf der anderen Seite der Koalition stehen die neoliberalen Anhänger freier Märkte, die im Umbruch eine Möglichkeit sehen, das Sozialsystem auf ein Minimum zu beschneiden. Sie begrüßen jeden Befreiungsakt von Arbeitnehmern, die sich dem System entziehen, sie erwarten die höchsten Wohlfahrtsgewinne von möglichst reibungslos funktionierenden Weltmärkten, denen sich die heimische Gesellschaft anpaßt. Sozialpolitiker und marktradikale Freidemokraten, konservative Gewerkschafter und besonders freiheitsgläubige Unternehmer in einem Boot: Das ist ohne Frage eine rüde Verallgemeinerung, die aber einige Erkenntnis für sich hat.

Auf dem Weg in die Informationsgesellschaft tragen eben auch die Bewahrer des Status quo dazu bei, daß sich die Menschen der sozialen Gemeinschaft entfremden und sich von ihr entfernen. Da hilft es nicht, abhängig-selbständigen Arbeitern legal den Garaus machen zu wollen. Bei immer mehr verschiedenen Arbeitsformen greift jede gesetzliche Definition über kurz oder lang ins Leere. Und es nutzt wenig, um jeden Preis das System zu retten, wenn es nachher nur noch als Gemeinschaft von Armen für Arme dasteht. Statt dessen sollte noch einmal überdacht werden, welche Risiken am besten der einzelne auf sich nimmt und welche die Gemeinschaft. Denn mit der alten Skala sozialer Ziele kommt man in der Informationsgesellschaft nicht mehr weit. Wenn die Revolution aber leise verläuft und nicht wirklich wahrgenommen wird, findet das Modell des dezentralisierten Egoisten, der seine Risiken großenteils selbst schultert, immer mehr Sympathie und dann auch Gültigkeit. Dabei ist dieses Modell im Extrem erstens schädlich, und zweitens paßt es überhaupt nicht zur Tradition und zu den sozialen Werten der Bundesrepublik.

Das andere Modell, das des Erwerbstätigen in der hoch veränderlichen Informationswirtschaft, der trotzdem an einem Gemeinschaftswerk beteiligt ist und sein Eigeninteresse aufgeklärt interpretiert, kann sich nur langsam entwickeln. Es setzt voraus, daß die Gesellschaft dem realen Geschehen gegenüber offen ist und ihre Mitglieder auch bereit sind zu experimentieren. Denn es kann ja nur darum gehen, die Möglichkeiten der digitalen Revolution auszuschöpfen, ohne sich von ihr die Wertvorstellungen und den gesellschaftlichen Aufbau diktieren zu lassen. Allgemeiner gefaßt, hat Ulrich Beck das Ziel so anvisiert: »Die andere Seite der Unsicherheit, die die Risikogesellschaft über die gepeinigte Menschheit bringt, ist die Chance, das Mehr an Gleichheit, Freiheit und Selbstgestaltung, das die Moderne verspricht, gegen die Einschränkungen, funktionalen Imperative und Fortschrittsfatalismen der Industriegesellschaft zu finden und zu aktivieren.«[11]

Eine erste Antwort auf die Frage nach sozialer Gemeinschaft im digitalen Zeitalter hat, und er ist dabei nur ein Beispiel, Peter Drucker gegeben: private, dezentrale Wohlfahrtsinitiativen. Ob man diese sozialen Engagements nun als gemeinnützigen oder *Non-profit*-Sektor, als dritten Arbeitgeber oder schlicht als öffentliche Arbeit bezeichnet: Gerade die Wissensarbeiter sollen danach in kleinen Organisationen für die Gemeinschaft arbeiten. Das kann sich als »tätiges Mitgefühl« äußern: Sie setzen sich für ökologische Belange ein, unterstützen Kranke und Sozialfälle oder auch politisch Verfolgte in anderen Ländern. Es kann »praktische Kritik« sein: Die sozial Tätigen setzen ihr Wissen ein, um den Gesetzgeber zu beeinflussen, andere soziale Gruppen zu beraten, um Konsumentenvereinigungen zu ihrem Recht zu verhelfen oder Gefahren für bestimmte Gruppen überhaupt erst aufzudecken. Schließlich mag es sich in »aktiver Demokratie« zeigen: Die Bürger beteiligen sich an lokalen Projekten und an der örtlichen Politik.[12]

Tatsächlich sind solche dezentralen und freiwillig geformten Gemeinschaften ein Weg aus der zersplitterten Gesellschaft. Und vernetzte Computer helfen dabei, sie zu entwickeln und zu organisieren. Sowohl über weite Strecken hinweg als auch innerhalb einer Gemeinde können Gleichgesinnte sich so besser koordinieren. Die Netze gestatten es ihnen auch, sich ohne große Kosten weithin bekannt zu machen und eventuell Einfluß zu nehmen auf öffentliche Entscheidungen. Basisdemokratische Beteiligung hat zudem größere Chancen, wenn die Verwaltung mit Hilfe der Informationstechnologie möglichst weithin dezentralisiert wird. Der Ansatz der öffentlichen Arbeit entspricht durchaus der Natur der enthierarchisierten und von neuen Differenzierungen geprägten Informationswirtschaft. Genauso paßt er zum Prinzip der homogenen Wahlnachbarschaft. Und auch soziale Identität läßt sich aus einer solchen Tätigkeit besser ableiten als aus der Mitgliedschaft in zentralen Sozialsystemen.

Die öffentliche Arbeit also als Königsweg aus einer von kurzsichtigem Eigeninteresse und hyperbeweglichen Märkten bestimmten Gesellschaft? Der Staat muß solche Initiativen fördern, wo er kann, schon weil sich diese Gruppen ihrer Natur nach sonst schnell wieder auflösen können. Das ist die Kehrseite ihrer Schnelligkeit, Reaktionsfähigkeit, Freiwilligkeit. Die Unterstützung fällt dem Staat freilich deshalb schwer, weil die sozial und basisdemokratisch bewegten Bürger Beamten das Leben schwermachen, Politikern sicher geglaubte Spielräume nehmen und öffentlichen Stellen Aufgaben abnehmen; letzteres geht einigen Dienern der Öffentlichkeit gegen den Strich, denn Tradition und Belohnungswesen haben sie gelehrt, ihre Zuständigkeit erst zu maximieren und dann zu verteidigen. Es fällt dem Staat auch schwer, weil ihm unheimlich ist, was er nicht kontrollieren kann – wie beispielsweise die Diskussionen und Initiativen, die aus der Netzwelt hervorgehen. Doch ein solcher Gemeinschaftsgeist entwickelt sich nur, wenn die Gesellschaft gegenüber allen möglichen Arten des sozialen Engagements gleich offen ist – soweit diese nicht selbst liberalen Grundsätzen widersprechen. Dies politisch umzusetzen wäre wichtig. Darüber hinaus braucht die öffentliche Arbeit eine andere Art von Freiraum: Der Sozialstaat darf seinen Mitgliedern weder objektiv noch subjektiv Grund geben zu glauben, daß sie schon einen allzugroßen Teil ihres Eigeninteresses opferten.

Schritte in diese Richtung helfen der Informationsgesellschaft, aber als alleiniges Prinzip sind sie noch keine Grundlage für ein neues Modell Deutschland im digitalen Zeitalter. Denn private Wohlfahrtsinitiativen lassen die soziale Sicherung veränderlich und unberechenbar werden, weil diese Initiativen trotz aller Förderung abhängig sind von den Präferenzen der Wohltäter, von Moden und anderen Zufällen. Sie setzen der Risikowirtschaft zwar eine Form von Solidarität, aber keine echte Stabilität entgegen. Das war jedoch eine Quintessenz des sozialen Leitbildes in der spätindustriellen Gesellschaft der Bundesrepublik: Mehr Freiheit können die Menschen genießen, wirklich frei handeln können sie erst, wenn sie unabhängig von einzelnen Wohltaten und -tätern eine gewisse soziale Sicherung erfahren – und zwar auch abhängig von der eigenen Leistung und der volkswirtschaftlichen Lage. Daß den Institutionen das Fundament abhanden kommt, ist eindeutig, doch die dahinterstehenden Wertvorstellungen muß die Gesellschaft deshalb noch lange nicht aufgeben – selbst wenn Technologie und Globalwirtschaft sie zu dieser Aufgabe zu drängen scheinen und Scheinliberale sie darin immer wieder bestärken.

Daß über all den aktuellen Veränderungen die eigentliche Revolution übersehen wird, ist kein Wunder. Die Geschichte folgt uns auf den Fersen, schreibt der französische Anthropologe Marc Augé. In immer höherer Frequenz kommen unerwartete Ereignisse, von denen die unmittelbar betroffenen Menschen schon ahnen, daß sie Geschichte machen werden.[13] In einer solchen Zeit fällt es besonders schwer, die notwendige Distanz zu gewinnen. Aber solange dies ausbleibt, beschränken immer neue Entwicklungen die Handlungsfreiheit. Es ist Zeit für Experimente, damit sich wirtschaftliche und soziale Innovationen entwickeln, damit die Gesellschaft ihre Werte in ein neues Modell übersetzt, das zum Übergang in das digitale Zeitalter paßt. Die Maßgabe: Möglichst viele Menschen müssen die neuen Freiheiten tatsächlich nutzen können. Der einzelne als Sozialarbeiter – das ist ein Teil der Grundlage. Neue Anreize, ob nun steuerlich oder nur mit Symbolen der Anerkennung, könnten getestet werden, neue Organisationsmodelle für solche Initiativen, neue Freiräume bis hin zu einer breiteren Auslegung des Ersatzdienstes und der Möglichkeit, auf diese Weise staatliche Studienzuschüsse abzugelten. Man kann versuchen, Unternehmen zu gewinnen, die solche Projekte unterstützen. Man kann ebenso die Kooperation mit bestehenden Wohlfahrtsorganisationen fördern und kommunale Stellen dahin führen, daß sie die öffentliche Arbeit mehr unterstützen. Man kann auch entsprechende Projekte im Internet fördern. All das sind Wege, die ausprobiert werden müssen.

Wie gut solche Projekte trotz einer engbegrenzten Tradition privater Wohlfahrt in Deutschland auch laufen: Die sozialen Rechte können sie nicht garantieren. Diese sind aber nicht nur ein humanistischer Kern des hiesigen Modells, sondern das Modell geht davon aus, daß die Volkswirtschaft auf lange Sicht gerade wegen dieser Rechte prosperiert. Die soziale Sicherung vermeidet Unruhe, und sie hilft den Menschen, ihre Arbeitskraft zu erhalten, wenn sie keine Stelle haben. Außerdem können sie dann mit mehr Zuversicht Zeit und Geld in die eigene Bildung investieren. Gerade beim Übergang in die riskante Ideenwirtschaft hat dieses soziale Kalkül viel für sich. Leisten kann das auf Dauer nur ein gründlich reformiertes Sozial- und Arbeitssystem. Und dafür ist es notwendig, den Wettbewerb der Ideen zuzulassen, anstatt alles mit dem Argument abzublocken, ein Rütteln am System verunsichere Rentner, Kranke und Arbeitslose. Die sind schon heute verunsichert.

In einer Welt, in der immer mehr Arbeiter, ob nun selbständig oder nicht, das wesentliche Kapital als Wissen mit sich herumtragen, kann die Trennung in Unternehmer und abhängig Beschäftigte nicht mehr tragen. Irgendwann wird die Gesellschaft überlegen müssen, ob sie nicht alle Erwerbstätigen einschließlich solcher, die großenteils von Vermögenseinkünften leben, in ihre Sozialversicherung integriert. Wenn viele Menschen nur noch projektweise arbeiten, wird sie darüber debattieren, ob nicht sämtliche Jahreseinkünfte der Mitglieder Grundlage von Beiträgen und Leistungen sind. Sie wird darüber diskutieren, ob man sich einen Teil der Rente nicht schon mitten im Erwerbsleben auszahlen lassen kann, um sich zu bilden oder auszuruhen und um dann bis in ein höheres Alter weiterzuarbeiten. Schon bald muß sie überlegen, wie weit sie die Spannbreite der ausgezahlten Renten verringert, damit das System die jungen Beitragszahler nicht vergrault, die immer mehr Möglichkeiten haben, ihm zu entkommen. Sie muß auch diskutieren, wie sie Arbeitslosigkeit langfristig definieren will, wenn viele Menschen auf Zeit arbeiten und Pausen zwischen zwei Verträgen für sie selbstverständlich werden. Und an der Debatte, ob die gesetzliche Krankenversicherung nicht alle Bürger umfassen sollte, unbeschadet weitergehender Privatversicherungen, wird eine aufgeklärte Gesellschaft ebenfalls kaum vorbeikommen. Denn diese und ähnliche Fragen spiegeln wider, wie sich die Grundlage der Sozialgemeinschaft ändert. Werden sie nicht angenommen, erodiert das Gemeinschaftswerk. Dann wird schließlich eine vom Gesetzgeber verordnete Grundsicherung seine Funktion übernehmen – für alle Gruppen. Allzu hoch dürfte diese Mindestsicherung in der Informationsgesellschaft freilich nicht ausfallen: Deren Wirtschaft gründet mehr als jede andere vor ihr auf dem Gedanken, daß jeder einzelne bekommt, was er seiner aktuellen Leistung nach auch verdient – und das wird eine öffentliche Meinung, die nicht von gemeinsamen Werten getragen ist, entsprechend prägen. Vielleicht muß sich das Sozialsystem zum Teil in diese Richtung bewegen – in einer Welt, in der sich zwischen Arbeitnehmern und Selbständigen, zwischen Arbeit im In- und Ausland kaum mehr unterscheiden läßt. Doch ist es etwas anderes, sich nach einer bewußten Entdeckungsreise auf solche Reformschritte zu verständigen, als sich von den Umständen dazu zwingen und dabei die soziale Gemeinschaft kaputtgehen zu lassen.

Verglichen mit der spätindustriellen Gesellschaft werden viele Menschen ohnedies mehr Risiken selbst tragen müssen. Deshalb ist es um so wichtiger, diese neu zu gewichten. In einer von Ideen geprägten Ökonomie ist das größte soziale Risiko fehlendes oder obsoletes Wissen. Erwerbstätige sind auf neue Fähigkeiten angewiesen, und wieviel ihre Talente am Markt einbringen, wird sich vergleichsweise schnell ändern. So wird es eine Aufgabe sein, das Bildungssystem umzubauen, es weniger an traditionelle Berufe und Karrieren zu binden, den Ansatz der Fortbildung weiter zu fassen, Lernphasen als Teil des Arbeitslebens zu institutionalisieren, die private Förderung von Studenten zu erweitern. Außerdem aber zeichnet sich, unabhängig von reformierten Strukturen, ein wachsender Verteilungskonflikt zwischen Bildung und klassischen Sozialaufgaben ab – mehr Ausgaben für das eine bedeuten weniger für das andere. Die hiesigen Erwerbstätigen ohne besondere Fähigkeiten werden sich in der vernetzten Wirtschaft noch weit intensiver als heute mit den Kollegen in Fernost und Südamerika messen müssen. Unternehmen werden dauerhaft immer weniger Mitarbeiter halten, deren Wissen nicht der veränderlichen Nachfragelage angemessen ist. Wenn Konkurrenzländer mehr in die Bildung investieren, wird auch das den Staat zu höheren Wissensinvestitionen drängen. In einer Gesellschaft, in der Wissen zum nahezu allein ausschlaggebenden Kapital wird, ist das Bildungswesen der bei weitem wichtigste Teil der Infrastruktur.

In dem Zusammenhang wird oft ein Konflikt der Generationen vermutet: Die Alten wollen ihre Rente und Gesundheitsfürsorge sichern, die Jungen brauchen dagegen mehr Mittel für Bildung – sei es nun direkt vom Staat oder mittelbar durch geringere Sozialabgaben im Arbeitsleben. Teilweise stehen sich die Interessen tatsächlich entgegen, und das ist auch nicht sonderlich neu, sondern wird in Umbruchzeiten nur deutlicher; einen sozialen Bruch zwischen jung und alt sollte sich die Gesellschaft dennoch nicht einreden lassen. Ohnehin wird die Konfliktlinie in der Informationsgesellschaft an mehreren Stellen brüchig: Die Erwerbstätigen werden vielfach weiterlernen müssen, bis sie aufhören zu arbeiten; Lern- und Arbeitsphasen werden immer weniger einer bestimmten Struktur folgen, sondern sich bis in ein vergleichsweise hohes Alter abwechseln. Außerdem werden Steuern, Beiträge und Initiativen für soziale Belange auf lange Sicht nur von denen kommen, deren Fähigkeiten sich auf den Wissensmärkten auch verkaufen.

Der Wandel zur Informationsgesellschaft wird schneller. Zu Beginn des Jahrzehnts galt das deutsche Modell noch als das zukunftssicherste überhaupt. Mittlerweile haben Informationstechnologie und Ideenwirtschaft diese Annahme weitgehend beseitigt. Politik und gesellschaftliche Gruppen müssen das wahrnehmen. Gleiches gilt für den einzelnen, der sich für eine Ausbildung, eine Arbeit oder eine bestimmte Art der Altersvorsorge entscheidet – die sogenannte Lebensplanung wird im gesellschaftlichen Umbruch noch ungleich schwieriger, als subjektive und objektive Unsicherheiten sie ohnehin schon machen.

Die Gesellschaft ist es sich schuldig, nicht nur auf unübersehbare Spalten im alten sozialen Gefüge zu reagieren, sondern den Weg in die digitale Zukunft zu gestalten. Sie muß offen werden für Experimente und langsam eine neue Werteordnung entwickeln, die zu den veränderten Grundlagen paßt. Sonst übernimmt die digitale Revolution diesen Part. Der Übergang ins Zeitalter der Information ist nicht nur eine Zeit für technische Innovationen und zukunftsweisende Geschäftsideen, sondern auch für Pioniere einer neuen sozialen Verfassung. Nach neuen Unternehmern und Erfindern wird allseits gerufen; sie werden mit Anreizen – und schon bei kleinen Erfolgen auch mit Lob – bedacht. Dabei dürfen wir die andere Seite der Medaille nicht übersehen: Die sozialen Erfinder brauchen ähnlich viel Freiraum und eine ebenso offene Atmosphäre wie die Pioniere digitaler Technologie. Wenn schon ständig nach einem neuen Geist gerufen wird, so sollte dieser die gesamte Gesellschaft erfassen. Seine Essenz wäre das Gegenteil eines alten deutschen Wahlspruchs: Experimente, Experimente!

NACHWORT

In dem Film »Leih mir Deinen Mann« aus dem Jahre 1964 spielt Jack Lemmon einen Durchschnittsamerikaner aus einer x-beliebigen Vorstadt San Franciscos, der sich von seiner Frau jeden Morgen zum Büro in die City fahren läßt. Er hat den Trott satt – überall Männer in den gleichen schwarzen Anzügen, die von neun bis siebzehn Uhr ihre gleichbleibende Tätigkeit für die gleichen, kapitalistischen Arbeitgeber verrichten. Das Einerlei geht ihm so auf die Nerven, daß er eines Tages statt der Pendler überall Schafe mit Schlips und Kragen in ihren sich stauenden Autos sieht. Kein Zweifel: Der Mann steht am Rande des Nervenzusammenbruchs.

Jack Lemmon als Hammel unter Hammeln: Zum Glück trifft er in dem Hollywood-Streifen Romy Schneider, die sein Leben wahrhaft aufregend macht. Der Anfang des Films steht jedoch für die Gleichförmigkeit und Stabilität des Lebens in der Spätphase des industriellen Zeitalters. Damals kämpfte der Schauspieler Lemmon in vielen Filmen gegen den Trott der Wohlstandsgesellschaft. Und in der einen oder anderen Art triumphierte in seinen Rollen der kleine Mann meistens über das große System.

Heute, nur dreißig Jahre danach, würde niemand mehr solche Filme drehen, die eine Spätphase der Industriegesellschaft abgebildet haben. Und in ein paar Jahren werden die ersten modellhaften Rollen für die Informationsgesellschaft völlig anders ausfallen. Vielleicht werden die Hauptcharaktere dann ähnlich verloren sein wie Charlie Chaplin in »Moderne Zeiten«, nur aus anderen Gründen. Vielleicht werden sie sich in historischer Verklärung nach dem Trott der Großväter zurücksehnen. Und statt tumben Schafen werden sie wohl einen ganzen Zoo verschiedener Tiere sehen, für die Nonkonformität das einzig verbindende Element ist.

»Vorhersagen sind sehr schwierig – vor allem, wenn sie die Zukunft betreffen«: Der dänische Physiker und Nobelpreisträger Niels Bohr traf mit seinem launigen Spruch durchaus ins Schwarze. Andererseits aber ist die Zukunft in Teilen längst präsent – auch wenn wir sie nicht immer als solche wahrnehmen.

Von einer Alternative, dem Vorschlag der Maschinenstürmer nämlich, ist indes noch kaum die Rede gewesen: Man könnte doch die Technologie stoppen, den vernetzten Computer aus möglichst vielen Lebensbereichen mittels Gesetzen und anderer politischer Werkzeuge heraushalten. Die Antwort ist ein eindeutiges Nein. Solche Versuche scheitern zwangsläufig. Wo immer moderne Gesellschaften so reagiert haben, hat sich die Technologie erstens am Ende doch ihren Weg gebahnt, in der Zwischenzeit hat aber zweitens der Wohlstand der betroffenen Menschen gelitten. Die digitale Revolution mit all ihren Folgen erlaubt es nicht, einfach auf sie zu verzichten und schlicht so weiterzuleben – als einzelner und als Gesellschaft – wie bisher. Dazu ist der Veränderungsdruck von innen und von außen zu groß. Der New Yorker Kulturkritiker Neil Postman nennt es gar sein eigenes »Gesetz«: Die neue Technologie gewinnt immer. Technologische Revolutionen, die dem Menschen eine höhere räumliche, soziale oder wirtschaftliche Mobilität gewähren, setzen sich in der Regel durch.

Muß man es am Ende noch einmal betonen? Vielleicht: Es geht nicht darum, den technologischen und wirtschaftlichen Umbruch zu verdammen, und es geht ebensowenig darum, ihn lediglich begeistert zu empfangen. Die Freiräume auf dem Weg in die Informationsgesellschaft sind vergänglich. Wer sie nutzen will, muß aktiv werden – fast schon wie die Akteure in besagten Filmen aus der Traumfabrik.

ANMERKUNGEN

Genauere Angaben zu den einzelnen Titeln sowie zu vorliegenden deutschen Übersetzungen stehen im Literaturverzeichnis.

1 DIE MACHT DER IDEEN

1   Daniel Bell: *The Coming of Post-Industrial Society*. Und Alvin Toffler: *The Third Wave*.
2   Fred Block: *Postindustrial Possibilities*. Block vermittelt nicht nur Einsichten in die Wirkungsweise des gegenwärtigen gesellschaftlichen Wandels, sondern auch in die Frage, wie man ihn analysieren kann.
3   Stan Davis u. Jim Botkin: *Wissen gegen Geld* (im Original mit dem schönen Titel *The Monster Under the Bed*). Dieses Buch enthält vor allem eine reichlich erschreckende Vision über die Zukunft des Lernens im Informationszeitalter. Im ersten Teil beschreiben Davis und Botkin aber die verschiedenen Stufen intelligenter Produkte.
4   In dem kleinen Artikel »Beyond the Knowledge Worker« legt Paul Romer seinen Ansatz kurz dar. Der Essay »Ideas and Things« vermittelt weitere Einsichten in sein Verständnis des neuen ökonomischen Paradigmas. Romer ist vor allem dadurch bekannt geworden, daß er, noch an der Universität von Chicago, Ende der achtziger Jahre die volkswirtschaftliche Wachstumstheorie weiterentwickelt hat. Im Zentrum seiner Theorie stehen Erkenntnisse über unvollständigen Wettbewerb und eigentümliche Produktionsgesetze, die

auch für die Ideenökonomie wichtig sind. Romers Schlußfolgerung: »Wir sind nicht daran gewöhnt, Ideen als Wirtschaftsgüter anzusehen, aber sie sind mit Sicherheit die wichtigsten Güter, die wir produzieren.« (»Ideas and Things«)

5   Alvin u. Heidi Toffler: *Creating a New Civilization*, S. 61. Das entsprechende Kapitel ist A. Tofflers früherem Buch *Powershift* entnommen.

6   Lester Thurow: *The Future of Capitalism*.

7   Der Begriff des »Knowledge Workers« (Wissensarbeiter) stammt schon aus den fünfziger Jahren. Den besten Überblick über Druckers Gedankenwelt bietet *Post-Capitalist Society* und, in kürzerer Form konzentriert auf soziale Umwälzungen, »The Age of Social Transformation«.

8   Peter Drucker: »The Age of Social Transformation«, S. 62.

9   Dieses und das folgende Zitat ebenda, S. 67.

10   Alvin und Heidi Toffler fassen das Phänomen in *Creating a New Civilization* so: Der wahre Wert von Unternehmen wie Compaq oder Kodak, Hitachi oder Siemens hängt mehr ab von den Ideen, Einsichten und Informationen in den Köpfen ihrer Mitarbeiter und von den Datenbanken und Patenten unter der Kontrolle dieser Unternehmen als von ihrem Fuhrpark, ihren Maschinenstraßen und anderen physischen Anlagen, die sie vielleicht haben. Kapital besteht selbst mehr und mehr aus unfaßbaren, nicht-materiellen Faktoren.

11   Die erste Behauptung begründet Drucker in *Post-Capitalist Society* auf S. 183-186, die zweite in »The Age of Social Transformation«.

12   Für Lester Thurow ist diese Verbindung negativer Anreize ein zentraler Punkt in *The Future of Capitalism*.

2 WIRTSCHAFT IM NETZ

1   Bill Gates: *The Road Ahead*, S. 158. Seine Vision vom Kapitalismus ohne Friktionen entwickelt der Softwarekönig auf S. 157-183.

2   Nicholas Negroponte: *Being Digital*, S. 163-171. Das Buch ist die wohl radikalste Vision einer neuen, auf digitaler Kommunikation fußenden Gesellschaft.

3 Daß Gates selbst als Quasimonopolist alles daran setzt, sich Wettbewerb vom Hals zu halten, daß er auf der Basis der mittlerweile
weltberühmten Computerbetriebssysteme DOS und Windows
Kunden und Softwarehersteller an sich bindet, daß er mit anderen
Worten den Marktmechanismus für seine Produkte relativ erfolgreich außer Kraft setzt – all das scheint ihn in seinem Glauben nicht
zu erschüttern, sondern allenfalls zu bestärken.

4 Clifford Stoll: *Silicon Snake Oil*, S. 18. Näher begründet Stoll seine
Skepsis gegenüber Online-Geschäften dann noch in Kapitel 7, S.
90-111.

5 Nichts anderes meint auch Nicholas Negroponte mit seiner in
Being Digital entwickelten Vision einer Welt, die nicht mehr auf
Atomen, sondern auf Bits aufbaut.

6 Sakaiyas Buch *The Knowledge-Value Revolution*, das 1985 im japanischen Original erschien, nennt er auch »eine Geschichte der
Zukunft«. Darin untersucht Sakaiya, wie in der Vergangenheit neue
wirtschaftliche Paradigmen entstanden sind, und liest daraus
Trends und Wirkungsweise der Ideenökonomie ab.

7 Taichi Sakaiya: *The Knowledge-Value Revolution*, S. 252. Das folgende Zitat steht zwei Seiten davor.

8 Es gibt Ausnahmen, und die extreme Ausnahme scheint Bill Gates
zu sein, mit dem dieses Kapitel begonnen hat. Seit geraumer Zeit
beherrscht er einen reinen Ideenmarkt: Software für Personalcomputer. Doch eines darf man dabei nicht vergessen: Microsoft hat
diesen Aufstieg den Gesetzen der Ideenökonomie zu verdanken.
Und auch wenn das Unternehmen den Markt seit einer Ewigkeit zu
beherrschen scheint – in Wirklichkeit sind es gerade fünf Jahre –
und obgleich es sich eine breite Plattform geschaffen hat, so können
neue Ideen und Konzepte Gates' Position doch schnell zerstören.
Die Bedrohung kommt bereits aus dem Internet: Ein junges kali-
fornisches Unternehmen beherrscht den Markt für die Software,
mit der sich Netzsurfer durch den größten Teil der Online-Welt bewegen. Ein anderer Konkurrent hat wiederum eine neue Computersprache geschaffen, Java, die Windows und seine Nebenproduk-
te ersetzen könnte. Software für den Personalcomputer ließe sich
dann bei Bedarf im Netz abrufen, und die Gatessche Plattform
würde zusammenfallen. Wenn sich ein neues Konzept erst einmal
durchsetzt, kann es den Markt auch schnell einnehmen.

9 Die indische Filmindustrie, die größte Asiens, zeigt ebenfalls, daß die Ideenproduktion dort eine wichtige Rolle spielt.

10 Robert Reich nennt die Wissensarbeiter, die weltweit um Direktinvestitionen und damit auch um Arbeitsplätze konkurrieren, »symbolic analysts«. Unter anderem hat sein Buch *The Work of Nations* große Aufmerksamkeit erregt. Weil Reich absolute Aussagen trifft und ein mitunter reichlich simples Bild der Weltwirtschaft malt, muß er immer wieder harte Kritik von Ökonomen einstecken. Doch an dem dahinterstehenden Trend kann kaum noch jemand zweifeln.

3 VON DER DAMPFMASCHINE ZUM PERSONALCOMPUTER

1 Werner Dostal: *Perspektiven des Arbeitsmarkte. Beschäftigungspolitische Herausforderungen und Optionen.* In *Multimedia. Arbeitsmarkt von morgen?* zeichnet er den Wandel zur nachindustriellen Arbeit noch einmal nach und vermittelt weitere Einsichten in dessen Wirkungsweise.

2 Davidow u. Malone: *Das Virtuelle Unternehmen.* Den Begriff grenzen sie ein auf S. 14-17.

3 John Naisbitt: *Global Paradox.* Das Zitat ist die Prämisse des Buches.

4 Schon 1993 wurde das Knowledge Net einer großen Leserschaft vorgestellt in *Business Week*: »The Virtual Corporation«.

5 Wenn man die Zielgruppe etwas allgemeiner faßt, kommt man schnell auf ein Vielfaches dieser Schätzungen: Am oberen Ende schätzen Alvin und Heidi Toffler, daß 30 Millionen Amerikaner dank elektronischer Kommunikation zumindest einen Teil ihrer Berufsarbeit in der Wohnung oder unterwegs verrichten.

6 In dem *Business-Week*-Special »Rethinking Work« wird dieser Typus des ultramobilen Managers herausgestellt.

7 Daniel Bell: *The Coming of Post-Industrial Society*, S. 409. Die Diskussion der Meritokratie und ihrer Gefahren nimmt die Seiten 408-455 ein. Interessant sind vor allem die ersten 25 Seiten dieses Teils.

8 Das ändert sich nach den Forschungen von Psychologen und Ökonomen übrigens, wenn es nur um mögliche Gewinne geht. Dann spielen viele Menschen gerne. Doch sobald bedroht ist, woran wir uns gewöhnt haben und was wir als verdientermaßen

Eigenes betrachten, hört es bei den meisten mit der Spielernatur auf. Unter dieses Niveau zu fallen bedeutet einen besonders hohen Verlust.

9 Übersichtsweise beschäftigt sich Shoshana Zuboff mit dem Wandel der Arbeitsphilosophie in »The Emperor's New Workplace«, in *Scientific America*: »Key Technologies for the 21st Century«, S. 203 f.

10 Paul Romer: »Ideas and Things«.

11 Alvin Toffler: *Powershift*, S. 462. Wie der Titel schon verrät, untersucht Toffler in diesem Buch die veränderten Machtverhältnisse der nachindustriellen Gesellschaft – nicht nur politisch, sondern auch im Wirtschaftsleben. Seines Erachtens weist der Trend weg vom Totalitarismus.

12 Alvin u. Heidi Toffler: *Creating a New Civilization*, S. 84.

13 Seine positive Einschätzung gab Handy vor allem in *The Age of Unreason*. In seinem neuen Buch *The Age of Paradox* (in Großbritannien unter dem Titel *The Empty Raincoat*) übt er harsche Kritik an unserem Umgang mit den Möglichkeiten der Ideenökonomie.

14 »Welcome to the Company that isn't there«, Teil des *Business - Week* Specials »Rethinking Work«.

15 Lester Thurow illustriert mit diesem Beispiel gern die menschlichen Widerstände gegen noch so effiziente technologische Neuerungen. In dem Fall macht er dafür die »Höhlenmentalität des Menschen« verantwortlich.

16 William Bridges nennt dies in seinem Essay gleichen Titels »The End of the Job«.

4 AM ENDE DER GEMEINSAMKEIT

1 Jeremy Rifkin: *Das Ende der Arbeit*. Auf S. 139-142 entwickelt er diese These.

2 Ebenda, S. 216.

3 Theodore Roszak: *The Cult of Information*. In der Neuauflage des Buches von 1994 beschreibt er das Argument ausführlich auf den Seiten xlii-xlvi.

4 Auf die »drohende Zweiklassengesellschaft« gehen Davis und Botkin ein in: *Wissen gegen Geld*, S. 162-167.

5 Dieses Szenario steht im Zentrum vieler Arbeiten Peter Druckers. Unter anderem behandelt er den neuen Klassenkonflikt in *Post-Capitalist Society* auf S. 93-96.

6 Paul Romer: »Ideas and Things«. Romer bezieht sich darin auf Handfeuerwaffen, weil er vorher den Waffenhersteller Samuel Colt als einen Begründer der Massenproduktion herausgestellt hat.

7 Werner Dostal: *Multimedia. Arbeitsmarkt von morgen?*, S. 7 und 9.

8 Schon zwischen 1987 und 1992 stieg die Zahl der »sozialversicherungsfrei Beschäftigten« und derer, die einer »geringfügigen Nebentätigkeit« nachgehen, in Westdeutschland um 36 Prozent – von fast drei auf fast vier Millionen Menschen: Berndt Keller und Hartmut Seifert (Hrsg.): *Atypische Beschäftigung*, S. 70.

9 Shoshana Zuboff: »The Emperor's New Workplace«, in: *Scientific America*, »Key Technologies for the 21st Century«, S. 202. In »The End of the Job« kommt William Bridges zum gleichen Ergebnis: Die soziale Infrastruktur für die neue Arbeitswelt, so schreibt er, sei weit weniger entwickelt und akzeptiert als die Technologie. Das gefährde die neue Form der Arbeit.

10 Jerald Hage u. Charles Powers: *Post-Industrial Lives. Roles and Relationships in the 21st Century.*

11 Das Zitat steht auf S. 204 des Buches. Auf S. 203-215 fassen die Autoren ihr Argument eindrücklich zusammen.

5 INFORMATIONSGESELLSCHAFT *MADE IN AMERICA*

1 Arnold Toynbee: *The Industrial Revolution*, S. 6.

2 Der Ausdruck »Informationsgesellschaft« ist wohl zuerst in Japan in den sechziger Jahren benutzt worden. Vorher hatte freilich der kanadische Medienguru Marshall McLuhan schon das »elektronische Zeitalter« und die »Ära der Information« ausgerufen. Peter Drucker zog mit dem Begriff der »Wissensgesellschaft« nach, Zbigniew Brzezinski ein Jahr später mit der »Technotronic Society«. Die Folge der verschiedenen Begriffe wird in *The Information Technology Revolution* (Hrsg. von Tom Forester) auf S. 649 f. beschrieben.

3 Die Schrift ist in mehreren Versionen erschienen, unter anderem am 22.8.1994. Nach Angaben der Verfasser »basiert sie vor allem auf

den Gedanken von vier Co-Autoren: Esther Dyson, George Gilder, George Keyworth und Alvin Toffler«. Herausgegeben wird sie von der Progress & Freedom Foundation.

4 Die Software-Zentren in Indien bieten da schon mehr Konkurrenz. Doch auch diese Jungunternehmen arbeiten meist mit amerikanischem Know-how, und US-Firmen sind dort der bei weitem größte Auftraggeber. Zudem erzielen die Amerikaner allein mit Computer-Diensten wie Datenbanken noch einmal einen Handelsüberschuß von drei Milliarden Dollar.

5 Den Ideenfluß in Sachen Unternehmensorganisation aus den Vereinigten Staaten nach Europa verkörpern auch die großen amerikanischen Beratungsfirmen, allen voran McKinsey und Boston Consulting, die in Europa führend sind. Das Management-Consulting in seiner heutigen Form ist insgesamt eine Geschäftsidee aus Amerika.

6 »Die Amerikaner kontrollieren die neue Unterhaltungselektronik und fügen sie in ihre dezentralen Strukturen ein.« So faßte es Paul Romer vor dem World Economic Forum 1995 im schweizerischen Davos zusammen, dem weltweit größten jährlichen Treffen der Topmanager und Unternehmer. Auch dort ist seit zwei, drei Jahren der Stimmungswandel zu spüren: Das amerikanische Modell gilt dort, fast unwidersprochen, als Vorbild.

7 Das wird beispielsweise deutlich in Masudas Buchauszug »Computopia« aus dem von Tom Forester herausgegebenen Band *The Information Technology Revolution*, S. 620-634. Ebenso kommt es in Sakaiyas Buch *The Knowledge-Value Revolution* zum Ausdruck.

8 Daniel Burstein u. David Kline: *Road Warriors*. Gesellschaftliche Folgen für die Vereinigten Staaten diskutieren sie auf S. 316-360.

9 Ebenda, S. 360.

10 Fred Block: *Postindustrial Possibilities*, S. 210. Block meint, man müsse die Gesellschaft vor einem zu hohen Grad an Marktorientierung beim Organisieren und Produzieren von Information schützen. Wenn man nur auf wirtschaftliche Anreize achte, würden alle anderen Gründe ignoriert, aus denen Menschen neue Ideen entwickeln – vom Spaß an der Tüftelei bis zu künstlerischen Ambitionen.

11 Martin Carnoy et al.: *The New Global Economy in the Information Age*. Auf S. 1-13 geben sie einen Überblick ihrer Argumente.

12 Fast dreißig Jahre nach seinem ersten Essay hat sich Heilbroner

dem Thema angenommen in dem von Merritt Roe Smith und Leo Marx herausgegebenen Band: *Does Technology Drive History?* Das Zitat steht auf S. 77 f. Sein Artikel von 1967, »Do Machines Make History?«, ist auf den S. 53-65 noch einmal abgedruckt.

6 LEBEN IM NETZ

1 Richard Lanham: *The Electronic Word*, S. xii. In dem Essay-Band untersucht der Professor das Potential elektronischer Ausdrucksformen und attackiert vehement Technologiekritiker, die in der Buchkultur die höchste Form des menschlichen Diskurses sehen. »Anders als die meisten Humanisten, die sich mit Technologie befassen«, schreibt Lanham am Anfang, »vertrete ich eine optimistische These. Ich denke, daß die elektronischen Ausdrucksformen die abendländischen Künste und Wissenschaften nicht zerstören, sondern sie vielmehr vollenden werden.«

2 In *The Silicon Snake Oil* geht Stoll auf S. 154-172 vor allem auf die Probleme mit elektronischer Post ein.

3 Ebenda, S. 168.

4 Nicholas Negroponte: *Being Digital*, S. 183.

5 Der *Economist* beschreibt in dem Special »The Accidental Superhighway« verständlich, wie das Internet aufgebaut ist und wie es sich seit den sechziger Jahren entwickelt hat. Gleiches gilt für Kapitel drei in Howard Rheingolds *The Virtual Community*. Einen noch knapperen Überblick geben Wetzstein et al. in *Datenreisende* auf S. 25-31.

6 Die Studie hat Nielsen Media Research für ein amerikanisches Konsortium namens Commerce Net angefertigt. Netzoptimisten wie Nicholas Negroponte schreiben die in solchen Studien zum Vorschein kommenden Wachstumsraten fort und gelangen so zu der Prognose, daß im Jahre 2000 eine Milliarde Menschen am Netz der Netze hängen.

7 Vor allem 1994 und 1995 war infolge dieser Probleme zunehmend die Rede davon, daß das Internet wegen Überlastung gänzlich kollabieren werde. Doch dafür spricht nur wenig, und inzwischen ist diese Diskussion auch wieder leise geworden.

8 *The Economist*: »The Accidental Superhighway«, S. 20. Dort wer-

den auch einige Szenarien zur Zukunft des Internet durchgespielt. Aber die interessante, wenngleich spekulative Diskussion über die künftige Infrastruktur der digitalen Welt soll hier nicht weitergeführt werden – egal ob es nun den Wettbewerb um die erfolgreichste Software für Netzsurfer betrifft, den Kampf um den Standard für elektronisches Geld oder den Streit um den richtigen Weg zum abrufbaren Fernsehen.

9 Howard Rheingold: *The Virtual Community*, S. 2. Mit dem WELL befaßt er sich auf S. 17-37.

10 Der Erfinder von Fido habe für sein Programm eine ungewöhnliche Preisstruktur einwickelt, schreibt Howard Rheingold: Von kommerziellen Nutzern verlangt er das Fünffache des Preises, den Hobbydigitalisten berappen müssen. Rheingold befaßt sich auf S. 136-139 in *Virtual Community* mit dem FidoNet. Wetzstein et al. beschreiben den Verbund in *Datenreisende* auf S. 29 f.

11 Neben den genannten Quellen gibt die von Steven Jones herausgegebene akademische Studie *Cybersociety* Aufschluß über das Innenleben dieses Verbundes.

12 Nicholas Negroponte überschreibt so einen Abschnitt in *Being Digital*, S. 191 ff.

13 Howard Rheingold beschreibt die IRC-Gruppen in *The Virtual Community* auf S. 176-188.

14 Wetzstein et al.: *Datenreisende*, S. 60.

15 Während der Fußballweltmeisterschaft 1994 haben sich zum Beispiel Mitglieder eines Brasilien-Kanals in eine italienische Chat-Gruppe begeben, um die dort ansässigen Tifosi nach dem brasilianischen Sieg im Endspiel gegen Italien zu ärgern. Am Ende wurde die Unterhaltung indes freundschaftlich.

16 Die Bezeichnung als »Viel-Nutzer-Verliese« stammt aus einigen der ersten Spielwelten. Heute wird die Abkürzung alternativ – und wesentlich neutraler – als Multi-User-Domains gedeutet. Die ersten Online-Spiele für mehrere Benutzer kamen 1980 in die Netze.

17 Sherry Turkles Buch *Life on the Screen* gibt vielleicht den besten Einblick in die Spielwelten und deren Einfluß auf die einzelnen Teilnehmer. Es fußt neben eigenen Online-Erfahrungen auf Interviews mit einer langen Reihe von Mud-Teilnehmern, die der Autorin zufolge bis zu achtzig Stunden die Woche in den digitalen Welten zubringen.

18 Sherry Turkle: *Life on the Screen*, S. 20.

19 John Perry Barlow: »It's a Poor Workman Who Blames His Tools«, in: *Wired* (Sonderausgabe »Szenarios«), S. 136. In dem Essay auf S. 120-142 entwickelt und begründet er seine Hoffnungen und Visionen für Digitalien.

20 Ebenda, S. 140.

7 GEMEINSCHAFTEN UND VIRTUELLE CLUBS

1 Clifford Stoll: *The Silicon Snake Oil*, S. 43 f.

2 Stephen Talbott: *The Future Does Not Compute.* Während Clifford Stolls *Silicon Snake Oil* vor allem eine Polemik gegen die Netzwelt ist, dekliniert Talbott seine Argumente gegen die digitale Kommunikation und ihre Protagonisten gewissenhaft durch. Daher gelangt er zu tieferen und teilweise überzeugenderen Einsichten.

3 Ebenda, S. 65. Online-Gemeinschaften diskutiert Stephen Talbott insgesamt auf den Seiten 63-76.

4 Ebenda, S. 75.

5 Das ist eine der Schlußfolgerungen von Wetzstein et al.: *Datenreisende*, S. 299.

6 Jacques Ellul: *The Technological Bluff*, S. 344.

7 Sherry Turkle hat beobachtet, daß vor allem Kinder dem Computer heute Eigenschaften zuschreiben, die noch vor kurzem für den Menschen reserviert waren. Dahinter stehe die Überzeugung, daß die digitalen Objekte des täglichen Lebens, wiewohl Maschinen, doch »denken und wissen«: *Life on the Screen*, S. 25.

8 Ebenda. Auf S. 246-250 beschreibt Turkle den Fall und diskutiert Indizien für eine entstehende Online-Demokratie.

9 Vor allem im Teil über das WELL-Computernetz beschreibt und wertet Rheingold Fälle, in denen reale Ereignisse aus der virtuellen Welt hervorgingen: *The Virtual Community*, S. 17-37.

10 Lawrence Grossmans Buch ist ein Beispiel für die Hoffnungen auf eine elektronische Demokratie. Seinen Optimismus, den er in *The Electronic Republic* formuliert, zieht er daraus, daß »die Distanz zwischen den Regierten und den Regierenden dramatisch abnimmt« (S. 3) und daß die moderne Demokratie mit Hilfe der Tele-

kommunikation »die Bedürfnisse von viel mehr Bürgern als heute befriedigen wird« (S. 254).

11 Der von Axel Honneth herausgegebene Band *Kommunitarismus* faßt die Herkunft und die wesentlichen Ideen dieser politisch-philosophischen Denkschule zusammen.

12 Evan Schwartz: »Looking for Community on the Internet«. In dem einführenden Artikel wird die Frage vor allem anhand des Buches *The Virtual Community* von Howard Rheingold erörtert.

13 Ebenda, S. 58.

14 Yoneji Masuda: »Computopia«, in: Tom Forester (Hrsg.): *The Information Technology Revolution*, S. 620-634.

15 Peter Drucker: »The Age of Social Transformation«, S. 74. Auf S. 73-76 erläutert Drucker seine Thesen über einen sozialen Sektor in der Wissensgesellschaft. Ausführlicher geht er darauf in *Post-Capitalist Society* ein.

8 WENN DER COMPUTER ÜBERNIMMT...

1 1995 veröffentliche Talbotts Verlag sein Buch *The Future does not Compute*.

2 Ebenda, S. 345.

3 In *The Technological Bluff* beschäftigte sich Jacques Ellul mit der digitalen Kommunikation. Ellul sah die Möglichkeiten der Menschen, sich gegen die Technologisierung der Gesellschaft aufzulehnen, überaus skeptisch. Um die wenigen Chancen zu nutzen, müßten sie immer darauf gefaßt sein, Bruchstellen in der Logik der Technologie aufzudecken und neu zu entdecken, daß am Ende alles von den Eigenschaften des Individuums abhänge (S. 411 f.).

4 Die wohl populärste Zusammenfassung und Interpretation dieser Forschung hat Amitai Etzioni in dem Buch *The Moral Dimension* bereits 1988 vorgelegt. In seiner Fundamentalkritik an der neoklassischen Ökonomie tritt er dafür ein, die Erkenntnisse des Kommunitarismus auch zur Grundlage eines neuen Ökonomie-Ansatzes zu machen.

5 Stephen Talbott: *The Future Does Not Compute*, S. 37. Auf S. 37-41 und 356 ff. erklärt Talbott, was er damit meint.

6 Joseph Weizenbaum: *Computer Power and Human Reason*, S. 259f.

7   Nicholas Negroponte: *Being Digital*, S. 167 f.

8   In *Computer Power and Human Reason* erklärte Weizenbaum ausführlich seine Bedenken. Bekannt wurde er mit seiner Kritik an den überoptimistischen Protagonisten der Erforschung künstlicher Intelligenz. Sein Buch schließt mit dem Satz: »Was sollte es bedeuten, von Risiko zu reden, von Mut, Vertrauen, Aushalten und Überwinden, wenn man von Maschinen spricht?« (S. 280)

9   Theodore Roszak: *The Cult of Information*, S. xlv. Das Buch trägt den Untertitel »A Neo-Luddite Treatise on High Tech, Artificial Intelligence, and the True Art of Thinking«. Der zweiten, 1994 erschienenen Auflage hat Roszak Kommentare zur Netzwelt hinzugefügt.

10   Einen ersten Eindruck von der deutschen Debatte gibt der von Hilmar Hoffmann herausgegebene Band *Gestern begann die Zukunft*.

11   David Bolter: *Turing's Man*, S. 229. Das relativ ausgewogene Buch von Mitte der achtziger Jahre erweist sich heute in Teilen als weitsichtig.

9 DER LANGE WEG IN EINE GEORDNETE ZUKUNFT

1   Lester Thurow weist in *The Future of Capitalism* auf dieses Beispiel hin.

2   Robert Heilbroner: »Technological Determinism Revisited«, ein Essay in dem von Smith und Marx herausgegebenen Band *Does Technology Drive History?*. Das Zitat steht auf S. 78.

3   Jacques Ellul: *The Technological Bluff*, S. 346.

4   Martin Carnoy et al. beschreiben diesen Prozeß in *The New Global Economy in the Information Age*.

5   Ebenda, S. 9.

6   Mittlerweile sind die mittleren Manager auch schon mit den geschulten Webern zu Beginn des industriellen Zeitalters gleichgesetzt worden. Vgl. Daniel Burstein u. David Kline: *Road Warriors*, S. 334.

7   Herbert A. Simon: *Reason in Human Affairs*, S. 78.

8   Ebenda, S. 79.

9   So jedenfalls wird McLuhan in seinem Buch *Understanding Media* tituliert. Darin erklärt er nicht nur den berühmten Merksatz »The

Medium is the Message«, sondern untersucht auch die Botschaften so unterschiedlicher Erfindungen wie Uhren und Radios.

10 Marshall McLuhan: *Understanding Media*, S.20. Auf S. 19-35 kommt er mehrfach auf die These vom Ende der Fragmentierung zurück.

10 EXPERIMENTE, EXPERIMENTE!

1 Clifford Stoll: *The Silicon Snake Oil*, S. 234.

2 Dieses Thema zieht sich durch Ulrich Becks *Risikogesellschaft*. Das Zitat stammt aus dem Schlußkapitel, S. 370.

3 Ulrich Beck: *Risikogesellschaft*. Beide Zitate stehen auf Seite 159.

4 In *The Coming of Post-Industrial Society* diskutiert Daniel Bell unter anderem das Spannungsfeld zwischen Meritokratie und Gleichheit. Youngs Fiktion faßt er auf den Seiten 408 f. zusammen.

5 Michael Walzer: »Die kommunitaristische Kritik am Liberalismus«, in: Axel Honneth (Hrsg.): *Kommunitarismus*, S. 157.

6 Vgl. ebenda, S. 169-172.

7 Amitai Etzioni: *The Moral Dimension*, S. 250. Das Zitat ist Teil der Schlußfolgerung des Buches.

8 Lester Thurow: *The Future of Capitalism*.

9 Trotz des Plädoyers für einen starken Staat verabreicht Thurow auch engagierten Sozialpolitikern eine bittere Pille. Alte Menschen beanspruchten über die Sozialversicherungen einen immer größeren Teil des Kuchens für sich und setzten diese Ansprüche als mächtigste Wählergruppe durch – ein massiver Generationenkonflikt sei programmiert. Mit dieser groben Vereinfachung geht Thurow indes wesentlich zu weit.

10 Herbert A. Simon: *Reason in Human Affairs*, S. 105. Auf Grundlage dieses breiteren Horizonts beachtet der einzelne mehr Folgen seines Handelns, wenn er entscheidet, was in seinem Interesse liegt. Das Zitat ist Teil der Schlußfolgerungen auf den Seiten 105 ff.

11 Ulrich Beck: *Risikogesellschaft*, S. 370.

12 Diese Dreiteilung schlägt Ulrich Beck vor in *Kapitalismus ohne Arbeit*. In Ansätzen findet sich die Lösung durch öffentliche Arbeit bereits in seiner *Risikogesellschaft*.

13 Marc Augé: *Orte und Nicht-Orte*, vor allem S. 35 ff.

LITERATUR

Augé, Marc: Orte und Nicht-Orte. Vorüberlegungen zu einer Ethnologie der Einsamkeit, Frankfurt a. M. 1994

Beck, Ulrich: Risikogesellschaft. Auf dem Weg in eine andere Moderne, Frankfurt a. M. 1986

Beck, Ulrich: »Kapitalismus ohne Arbeit«, in: *Der Spiegel*, Nr. 20/1996

Bell, Daniel: The Coming of Post-Industrial Society. A Venture in Social Forecasting, New York 1973

Binswanger, Hans C. u. Flotow, Paschen v. (Hrsg.): Geld & Wachstum. Zur Philosophie und Praxis des Geldes, Stuttgart u. Wien 1994

Block, Fred: Postindustrial Possibilities. A Critique of Economic Discourse, Berkeley 1990

Bolter, J. David: Turing's Man. Western Culture in the Computer Age, Chapel Hill 1984

Brauner, Josef u.Brinkmann, Roland: Cyber Society. Das Realszenario der Informationsgesellschaft, vorauss. 1996

Bridges, William: »The End of the Job«, Titel von *Fortune* am 1.9.1994

Burstein, Daniel u. Kline, David: Road Warriors. Dreams and Nightmares along the Information Highway, New York 1995

Business Week: »The Virtual Corporation«, Feature vom 8.2.1993

Business Week: »Rethinking Work«, Special vom 17.10.1994

Carnoy, Martin et al.: The New Global Economy in the Information Age. Reflections on our Changing World, University Park, PA 1993

Champy, James u. Nohria, Nitin (Hrsg.): Fast Forward. The Best Ideas on Managing Business Change, Boston 1996

Coughlin, Richard M. (Hrsg.): Morality, Rationality, and Efficiency. New Perspectives on Socio-Economics, Armonk, NY 1991

Davidow, William H. u. Malone, Michael S.: Das virtuelle Unternehmen. Der Kunde als Co-Produzent, Frankfurt a. M. 1993

Davis, Stan u. Botkin, Jim: Wissen gegen Geld. Die Zukunft der Unternehmen in der Wissensrevolution, Frankfurt a. M. 1995

Drucker, Peter F.: Post-Capitalist Society, New York 1993 (dt. Die postkapitalistische Gesellschaft, 1993)

Drucker, Peter F.: »The Age of Social Transformation«, in: *The Atlantic Monthly*, 11/1994, S. 53-80

The Economist: »The Accidental Superhighway«. A Survey of the Internet, 1.7.95, 20 Seiten

The Economist: »The Death of Distance«. A Survey of Telecommunications, 30.9.1995, 28 Seiten

Ellul, Jacques: The Technological Bluff, Grand Rapids, MI 1990

Etzioni, Amitai: The Moral Dimension. Toward a New Economics, New York 1988 (dt. Jenseits des Egoismus-Prinzips. Ein neues Bild von Wirtschaft, Politik und Gesellschaft, 1994)

Forester, Tom (Hrsg.): The Information Technology Revolution, Cambridge, MA 1985

Gates, Bill: The Road Ahead, New York 1995 (dt. Der Weg nach vorn. Die Zukunft der Informationsgesellschaft, 1995)

Gilder, George: Microcosms. The Quantum Revolution in Economics and Technology, New York 1989

Grossman, Lawrence K.: The Electronic Republic. Reshaping American Democracy in the Information Age, New York 1995

Habermas, Jürgen: Strukturwandel der Öffentlichkeit. Untersuchungen zu einer Kategorie der bürgerlichen Gesellschaft, Frankfurt a. M. 1990 (Orig. Neuwied 1962)

Hage, Jerald u. Powers, Charles H.: Post-Industrial Lives. Roles and Relationships in the 21st Century, Newbury Park 1992

Handy, Charles: The Future of Work. A Guide to a Changing Society, New York 1984

Handy, Charles: The Age of Unreason, Boston 1990

Handy, Charles: The Age of Paradox, Boston 1994 (dt. Die Fortschrittsfalle. Der Zukunft neuen Sinn geben, 1995)

Heilbroner, Robert: Kapitalismus im 21. Jahrhundert, München 1994

Hoffmann, Hilmar (Hrsg.): Gestern begann die Zukunft. Entwicklung und gesellschaftliche Bedeutung der Medienvielfalt, Darmstadt 1994

Honneth, Axel (Hrsg.): Kommunitarismus. Eine Debatte über die moralischen Grundlagen moderner Gesellschaften, Frankfurt a. M. 1993

Jones, Steven G. (Hrsg): Cybersociety. Computer-Mediated Communication and Community, Thousand Oaks, CA 1995

Keller, Berndt u. Seifert, Hartmut (Hrsg.): Atypische Beschäftigung. Verbieten oder gestalten?, Köln 1995

Kennedy, Paul: Preparing for the Twenty-First Century, New York 1993 (dt. In Vorbereitung auf das 21. Jahrhundert, 1993)

Lanham, Richard A.: The Electronic Word. Democracy, Technology, and the Arts, Chicago 1993

McLuhan, Marshall: Understanding Media. The Extensions of Man, New York (2. Aufl.) 1964 (dt. Die magischen Kanäle. Understanding Media, 1970)

Möntmann, Hans Georg: Das Ende der Mobilität. Leben am Daten-Highway, Wien 1994

Naisbitt, John: Global Paradox, New York 1994 (dt. Global Paradox. Warum in einer Welt der Riesen die Kleinen überleben werden, 1994)

Negroponte, Nicholas: Being Digital, New York 1995 (dt. Total Digital. Die Welt zwischen 0 und 1 oder Die Zukunft der Kommunikation, 1995)

Pfohl, Stephen: Death at the Parasite Café. Social Science (Fiction) and the Postmodern, New York 1992

Reich, Robert: The Work of Nations. Preparing Ourselves for 21st-Century Capitalism, New York 1991 (dt. Die neue Weltwirtschaft, 1993)

Rheingold, Howard S.: The Virtual Community. Homesteading on the Electronic Frontier, New York 1994 (dt. Virtuelle Gemeinschaft. Soziale Beziehungen im Zeitalter des Computers, 1994)

Rifkin, Jeremy: Das Ende der Arbeit. und ihre Zukunft, Frankfurt a. M. 1995

Romer, Paul: »Beyond the Knowledge Worker«, in: World Link, Zeitschrift des World Economic Forum, Genf 1995, S. 56-60

Romer, Paul: »Ideas and Things«, in: The Economist vom 11.9.1993

Roszak, Theodore: The Cult of Information. A Neo-Luddite Treatise on High-Tech, Artificial Intelligence, and the True Art of Thinking, Berkeley (2. Aufl.) 1994

Sakaiya, Taichi: The Knowledge-Value Revolution. Or a History of the Future, Tokio 1991

Schwartz, Evan: »Looking for Community on the Internet«, in: *The Responsive Community*, Winter 1994/95

Scientific America: »Key Technologies for the 21st Century«, 150th Anniversary Issue, September 1995

Simon, Herbert A.: Reason in Human Affairs, Stanford 1983 (dt. Homo rationalis. Die Vernunft im menschlichen Leben, 1993)

Smith, Merritt Roe u. Marx, Leo (Hrsg): Does Technology Drive History? The Dilemma of Technological Determinism, Cambridge, MA 1994

Stoll, Clifford: The Silicon Snake Oil. Second Thoughts on the Information Highway, New York 1995 (dt. Die Wüste Internet. Geisterfahrten auf der Datenautobahn, 1996)

Talbott, Stephen L.: The Future Does not Compute. Transcending the Machines in our Midst, Sebastopol, CA 1995

Thurow, Lester: The Future of Capitalism. How Today's Economic Forces Shape Tomorrow's World, New York 1996 (dt. Die Zukunft des Kapitalismus, 1996)

Toffler, Alvin: The Third Wave, New York 1980

Toffler, Alvin: Powershift, New York 1990 (dt. Machtbeben,1990)

Toffler, Alvin u. Toffler, Heidi: Creating a New Civilization. The Politics of the Third Wave, Atlanta 1995

Toynbee, Arnold: The Industrial Revolution, Boston 1956

Turkle, Sherry: Life on the Screen. Identity in the Age of the Internet, New York et al. 1995

Weizenbaum, Joseph: Computer Power and Human Reason. From Judgment to Calculation, San Francisco 1976 (dt. Die Macht der Computer und die Ohnmacht der Vernunft, 1979)

Wetzstein, Thomas A. et al.: Datenreisende. Die Kultur der Computernetze, Opladen 1995

Wired: »Szenarios. The Future of the Future«, Sonderausgabe 1995